Le Premier Nome du sud de l'Égypte au Moyen Empire

Fouilles de la mission espagnole à Qoubbet el-Haoua (Assouan) 2008–2018

Alejandro Jiménez-Serrano et Juan Carlos Sánchez-León

BAR INTERNATIONAL SERIES 2927 | 2019

BAR PUBLISHING

Published in 2019 by
BAR Publishing, Oxford

BAR International Series 2927

Le Premier Nome du sud de l'Égypte au Moyen Empire

ISBN 978 1 4073 1699 4

COVER IMAGE *"Oudjats et fausse porte du cercueil de Sattjeni A, QH34aa (Individu 1)", auteur Patricia Mora © Proyecto Qubbet el-Hawa.*

Printed in England

BAR
PUBLISHING

BAR titles are available from:

BAR Publishing
122 Banbury Rd, Oxford, OX2 7BP, UK
EMAIL   info@barpublishing.com
PHONE   +44 (0)1865 310431
FAX   +44 (0)1865 316916
www.barpublishing.com

Sommaire

Liste des figures

Préface

L'objectif de cet ouvrage est de présenter les résultats des travaux de la mission espagnole dans la nécropole de Qoubbet el-Haoua (Assouan) entre 2008 et 2018. En 2008, l'Université de Jaén, en collaboration avec le Conseil Supérieur des Antiquités de l'Égypte, a commencé un projet ambitieux dans cette nécropole de l'Ancien Empire (*ca.* 2543-2120 av. J.-C.) et du Moyen Empire (*ca.* 1980-1760 av. J.-C.). La région de la Première Cataracte est l'un des sites archéologiques et historiques les plus importants du pays pour plusieurs raisons. Tout d'abord, les notices des papyri araméens provenant d'Éléphantine ont permis de confirmer le pluralisme original de la religion juive, l'une des bases de l'Occident. Ensuite, la région d'Assouan était déjà considérée, dans l'Antiquité, comme la « frontière du monde » entre l'Éthiopie mythique, les sources du Nil et le monde méditerranéen. De plus, le cimetière de Qoubbet el-Haoua présente la plus grande collection d'inscriptions autobiographiques d'une nécropole non royale. En outre, le sanctuaire d'Héqaïb à Éléphantine atteste le premier culte rendu à une personne privée dans l'histoire égyptienne. Enfin, l'île de Philae apparaît comme l'ultime bastion du paganisme antique en Occident.

Située à quelques milliers de kilomètres au sud du Caire, à la frontière entre l'Égypte et la Nubie, la nécropole de Qoubbet el-Haoua contient des restes monumentaux datant de quasiment toutes les périodes de l'Égypte antique. Y furent ensevelis les gouverneurs du premier nome, lesquels jouaient un rôle majeur dans le système politique égyptien, en raison non seulement de la situation de frontière de la province mais aussi de la gestion des carrières locales et du commerce de luxe provenant d'Afrique centrale et des déserts environnants. Les tombes des gouverneurs de l'Ancien Empire et du Moyen Empire sont situées dans la partie haute d'une colline en forme de mastaba, taillées dans une strate de grès de qualité. Comme le confirme Grajetzki (2006, 85-86), l'histoire locale d'Éléphantine est mieux documentée parce qu'on atteste une série de gouverneurs plus vaste que dans les autres cités égyptiennes où, d'ailleurs, les grandes tombes qui leur sont destinées cessent au milieu de la XIIe Dynastie (1939-1760 av. J.-C.). Au premier nome, nous pouvons suivre les gouverneurs qui se sont succédé pendant la XIIe Dynastie et une partie de la XIIIe Dynastie (1759 – *ca.*1630), car, outre les hypogées de Qoubbet el-Haoua, ils ont laissé des chapelles et des monuments qui leur sont consacrés avec leurs noms dans le sanctuaire d'Héqaïb

à Éléphantine. Seule une situation similaire existe à Edfou, où l'on a trouvé nombre de stèles qui mentionnent des gouverneurs de la XIIIe Dynastie et de la Seconde Période Intermédiaire. Cette richesse documentaire nous a permis de reconstruire la généalogie et la prosopographie des nobles d'Éléphantine et d'analyser l'origine, la légitimation et la transmission du pouvoir des gouverneurs du premier nome au Moyen Empire.

La première partie du livre traite de la nécropole de Qoubbet el-Haoua et du projet espagnol. Elle commence par un chapitre introducteur comprenant une histoire panoramique du premier nome du sud de l'Égypte pendant l'Antiquité qui contextualise les fouilles de la mission espagnole dans cette nécropole. Ainsi, nous avons pris en compte les monographies archéologiques et historiques sur cette région (Kamil, Kaiser, Zaki, Török et Dijkstra), ainsi que les volumes récemment publiés sur l'archéologie régionale (Raue *et al.*, Morenz *et al.*). En second lieu, nous avons élaboré un aperçu sur l'historiographie de la nécropole de Qoubbet el-Haoua durant les XIXe, XXe et XXIe siècles, c'est-à-dire une histoire des interventions anglaise, française, italienne, allemande et égyptienne, antérieures à la mission espagnole, spécialement celle de l'Université de Bonn (1959-1984). Suit un chapitre sur le projet de l'Université de Jaén qui traite d'une part, ses caractères spécifiques et son rôle dans l'égyptologie actuelle et, d'autre part, les objectifs généraux de la mission espagnole quant à la recherche (archéologie et histoire), la conservation et le développement local. La première partie se clôt sur les résultats obtenus par la mission espagnole après ces dix ans de travaux à Qoubbet el-Haoua.

La seconde partie de l'ouvrage aborde les dix campagnes de fouilles menées par la mission espagnole dans la nécropole entre 2008 et 2018. Il s'agit d'un travail de mise à jour et de réinterprétation des données archéologiques. Pour ce faire, nous avons examiné les données à partir de la publication officielle du *Boletín de la Asociación Española de Egiptología* (*BAEDE*) et avons inclus les dernières publications spécifiques de l'équipe espagnole.

Dans cet ouvrage, M. Jiménez-Serrano s'est occupé de la partie archéologique, et M. Sánchez-León, de l'analyse historique et de la rédaction en français.

Jaén, janvier 2019

Résumé

Cette monographie présente les résultats des dix premières années de fouilles archéologiques espagnoles menées sur le site de Qoubbet el-Haoua, la nécropole des gouverneurs de la région d'Eléphantine de l'Ancien Empire et du Moyen Empire. Les travaux qui y sont menés et les découvertes archéologiques qui y sont faites sont particulièrement importants pour comprendre l'histoire de l'Égypte et les contacts interrégionaux, en particulier avec la région la plus méridionale du pays.

Le manuscrit s'ouvre sur une présentation historique de la province du premier nome d'Égypte depuis la fin du quatrième millénaire av. J.-C., lorsque la population de Haute-Égypte s'installe à Éléphantine, jusqu'à la fin de l'Antiquité Tardive.

Le deuxième chapitre décrit la découverte du site archéologique de Qoubbet el-Haoua. Celle-ci débute avec les premières références des voyageurs du XIXe siècle, suivies, dans les années 1880, par les premières fouilles et par la découverte de la colline en tant qu'ancien cimetière. La découverte de nombreuses inscriptions biographiques dans certains des complexes funéraires du site a fait de Qoubbet el-Haoua l'une des nécropoles les plus intéressantes de l'Ancien Empire et du Moyen Empire pour les chercheurs. En outre, la découverte par Labib Habachi du temple d'Héqaïb à Éléphantine, suivie de l'identification de sa tombe à Qoubbet el-Haoua, a renforcé l'importance du site en le liant au développement des cultes privés des hauts-fonctionnaires des Empires Ancien et Moyen. Elmar Edel, qui s'est concentré sur les fonctionnaires de la fin de l'Ancien Empire, a mené des fouilles systématiques de grande envergure (1959-1984).

Le troisième chapitre est consacré aux aspects liés à la mission espagnole à Qoubbet el-Haoua. Il décrit les débuts du projet de l'Université de Jaén en 2008, en collaboration avec le Conseil Suprême des Antiquités. Ce projet a été conçu pour être pluridisciplinaire et faire appel à de nouvelles technologies et méthodologies. Les principaux objectifs étaient la recherche archéologique et historique, la conservation et le développement local à partir de la valorisation du patrimoine, en suivant les dynamiques du XXIème siècle liées aux grands projets archéologiques. Le projet de recherche dirigé par l'Université de Jaén s'est alors consacré à une période peu recherche de la nécropole, la XIIe Dynastie, en développant ses travaux au-delà des données épigraphiques qui avaient été découvertes précédemment, et en concentrant ses recherches sur plusieurs tombes qui n'avaient jamais fait l'objet de fouilles systématiques (QH31, QH32, QH33, QH34, QH35p, et QH36).

Les résultats des fouilles archéologiques (chapitre 4) ont été très positifs, puisque de nouvelles tombes et de nombreuses sépultures intactes, datant de cette période et appartenant à des individus de haut rang, ont été découvertes (QH34aa, QH34bb, QH34cc, QH34dd, QH34ee et QH122). Le nouveau matériel met en lumière le fonctionnement de la famille dirigeante d'Éléphantine. Ces nouvelles données ont alors pu être comparées aux informations épigraphiques trouvées dans les sites voisins, principalement le sanctuaire d'Héqaïb à Éléphantine. Un autre élément intéressant découvert au cours de ces dix années de travaux a permis de mettre en lumière les modes de réutilisation des tombes de l'Ancien Empire et du Moyen Empire à des périodes ultérieures. Il est maintenant clair que la colline de Qoubbet el-Haoua n'est plus utilisée pour l'inhumation des élites dirigeantes mais plutôt pour des fonctionnaires inférieurs au Nouvel Empire et des particuliers ne pouvant équiper que simplement leurs sépultures à la Basse Époque (XXVI-XXVIIe Dynasties).

En outre, un des objectifs majeurs du projet est la reconstruction de l'histoire de la région, en revisitant la prosopographie des gouverneurs d'Éléphantine de la XIIe Dynastie. En ce sens, grâce aux nouvelles données rassemblées, nous avons proposé une nouvelle approche de la généalogie et de l'histoire de la famille dirigeante d'Éléphantine, et avons analysé l'origine et la légitimation politique et idéologique du pouvoir de ce groupe de gouverneurs, ainsi que les procédés de sa transmission.

Enfin, le dernier chapitre du livre présente une description actualisée de chaque saison archéologique de cette décennie, ainsi que les principales découvertes et leur interprétation actuelle accompagnée des dernières références bibliographiques produites par les chercheurs de la mission.

Abstract

The present volume presents the results of the first ten years of Spanish archaeological excavations in the necropolis of Qubbet el-Hawa, the burial site of the highest officials of Elephantine from the Old to the Middle Kingdoms. The information unearthed is significant for our understanding of the history of Egypt and its relation with southern regions.

The report opens with a historical outline of the southernmost province of Egypt from the end of the Fourth Millennium BC, when the Upper Egyptian population settled in Elephantine, to the end of Late Antiquity.

The second chapter offers a description of the discovery of the archaeological site of Qubbet el-Hawa. Thus, it begins with the first references to it from nineteenth-century travellers, followed in the 1880s by the first excavations and the discovery of the hill as an ancient cemetery. Doubtless, the finding of numerous biographical inscriptions in some of the funerary complexes established Qubbet el-Hawa as one of the most interesting necropoleis dated to the Old and Middle Kingdoms. In addition, Labib Habachi's discovery of the temple of Heqaib in Elephantine, followed by the identification of his tomb in Qubbet el-Hawa, added a special element relating to the development of private cults in the Old and Middle Kingdoms. Elmar Edel, who concentrated on the Late Old Kingdom officials, carried out the major systematic excavations (1959–1984).

The third chapter is devoted to the aspects relating to the Spanish mission in Qubbet el-Hawa. It describes the beginning of the project organised by the University of Jaén in 2008, in collaboration with the SCA. This was designed to be multidisciplinary and to make use of new technologies and methodologies. Its main goals were archaeological and historical research, conservation and local development through the valorisation of the heritage, following twenty-first-century trends in the development of large archaeological projects. The research project launched by the University of Jaén focused its interest on a period not completely researched in the necropolis beyond the epigraphic data which had been previously discovered : the Twelfth Dynasty. One of the main reasons for concentrating the research on that period was that there were some tombs which remained unexcavated or which had not been systematically excavated (QH31, QH32, QH33, QH34, QH35p and QH36).

The archaeological results obtained (presented in chapter 4) were very positive, since new tombs and numerous intact burials dated to this period and belonging to high-ranking individuals were discovered (QH34aa, QH34bb, QH34cc, QH34dd, QH34ee and QH122). The new material sheds light on the functioning of the ruling family of Elephantine and it permits comparison with the epigraphic information found in neighbouring sites, mainly the sanctuary of Heqaib in Elephantine. Another interesting element relates to the reuse of Old Kingdom and Middle Kingdom tombs in later periods. Effectively, after this decade of archaeological campaigns, it is clear that the hill of Qubbet el-Hawa was in the New Kingdom no longer used to bury the most important officials of Elephantine, but lower officials or individuals, who could only furnish their burials with basic funerary equipment in the Late Period (Twenty-Sixth to Twenty-Seventh Dynasties).

In addition, another important goal of the project is the reconstruction of the history of the region, revisiting the prosopography of the governors of Elephantine during the Twelfth Dynasty. To this end, we suggest a new approach to the genealogy and the history of the ruling family of Elephantine and we analyse the origin and political and ideological legitimation of the power of this group of governors, as well as the mechanism of its transmission.

The last chapter of the book offers an updated description of each archaeological season during this decade, as well as the major discoveries and their current interpretation, accompanied by the latest bibliographic references produced by the scholars of the mission.

Histoire du Premier Nome du sud dans l'Antiquité

La région d'Assouan constituait le premier des vingt-deux nomes que comptait la Haute-Égypte, région appelée *Ta-Seti*. Le toponyme du nome évoque une relation étroite entre ce territoire et la Nubie voisine; l'histoire de ce nome est donc liée à celle de la Nubie antique. Les principales villes de ce nome étaient Kôm-Ombo et Éléphantine, bien que peu à peu, Assouan, sur la rive droite du Nil, ait acquis une importance historique. La frontière sud se situait de façon naturelle sur la Première Cataracte, correspondant, à proprement parler, à la frontière sud de l'Égypte. Quant à la frontière nord, elle se trouvait à environ 20 kms au nord de Kôm-Ombo, dans le massif de Gebel Silsileh. La ville d'Éléphantine, dont la partie nord était face à Assouan, était la capitale du premier nome de l'Égypte, son nom se rapportant à l'éléphant et au commerce de l'ivoire. Étant donné sa position géographique en tant que « Porte du sud », Éléphantine occupait, dès le début, une place importante comme ville frontière, centre politico-administratif et centre commercial. La Basse-Nubie, territoire voisin du premier nome d'Égypte, s'étendait entre la Première et la Seconde Cataracte. La domination territoriale du pays arrivait presque à la 5e Cataracte au cours du Nouvel Empire. La Nubie était divisée en deux parties : la Basse-Nubie (Ouaouat, entre Éléphantine et la Deuxième Cataracte) et la Haute-Nubie depuis le Moyen Empire (Koush, dont l'extension varie selon les époques).

Dès le début de l'histoire égyptienne, la monarchie prêtait attention à la Nubie, un territoire de culture, de langue et de religion égyptiennes à l'époque pharaonique, bien que lié ethniquement aux Soudanais de Koush (royaumes de Kerma, *ca.* 2500 – *ca.* 1500 av. J.-C. ; Napata, *ca.* 1000 – *ca.* 270 av. J.-C. et de Méroé, *ca.* 270 av. J.-C. – *ca.* 350). Pendant l'Ancien Empire, eurent lieu des campagnes militaires et des expéditions commerciales vers la Nubie en vue de contrôler l'or et le commerce des produits de luxe avec l'Afrique centrale mais également d'empêcher la formation d'un État fort au sud. Il s'ensuivit l'installation permanente de garnisons militaires et de colons en Basse-Nubie depuis le Moyen Empire, dès lors que la frontière sud fut fixée à la Deuxième Cataracte. Il avait alors une présence égyptienne militaire, administrative et commerciale, mais sans une politique systématique d'égyptianisation. Cette zone-tampon de Basse-Nubie permettait aux Égyptiens de se pourvoir de ressources naturelles, de mercenaires et de produits commerciaux de luxe provenant d'Afrique, et elle servait aussi de glacis défensif face à la pression du royaume de Kerma au sud. Pendant le Nouvel Empire (*ca.* 1539-1077 av. J.-C.), l'annexion et la fusion avec le premier nome du territoire de Nubie eurent lieu, quasiment jusqu'à la Cinquième Cataracte et la vice-royauté de Koush fut créée. Dans le même temps, commença un processus de colonisation et d'égyptianisation, d'assimilation linguistique, culturelle et religieuse du territoire nubien, incorporé à l'Empire de l'Égypte après la destruction de la ville et du royaume de Kerma en Haute-Nubie. À la fin du Nouvel Empire (*ca.* 1100 av. J.-C.), la frontière revint à Éléphantine et la Nubie entra dans une situation d'indépendance et de déclin historique jusqu'à l'essor de la XXVe Dynastie « éthiopienne » (*ca.* 722-*ca.* 655 av. J.-C.) et la conquête de l'Égypte par les Soudanais. Le clergé de Khnoum d'Éléphantine représentait de plus en plus le « nationalisme » égyptien face aux envahisseurs étrangers (Libyens, Soudanais, Assyriens et, plus particulièrement, Perses), « nationalisme » que fut maintenu par le clergé d'Isis de Philae à l'époque gréco-romaine face aux envahisseurs grecs, romains et soudanais.

Les Grecs (332-30 av. J.-C.) et les Romains (30 av. J.-C.-642 ap. J.-C.) adoptèrent la même politique au sud de l'Égypte que les pharaons du Moyen Empire : annexer la Basse-Nubie, mais sans pour autant développer une politique systématique d'hellénisation ou de romanisation dans ce territoire. Il s'agissait plutôt, comme au Moyen Empire, de créer un glacis défensif en annexant et faisant fusionner la Basse-Nubie avec le premier nome pour freiner la menace du royaume de Méroé au sud, ainsi que pour maintenir le contrôle économique de l'or nubien et du commerce de produits exotiques avec l'Afrique centrale. Ethniquement rattachée aux Soudanais du royaume de Méroé, la Basse-Nubie subissait, à cette époque gréco-romaine, une plus grande africanisation culturelle et religieuse provenant de ce royaume. Le Dodécaschène et le Triacontaschène, territoires nubiens annexés, étaient considérés par les Grecs et les Romains comme des districts uniquement militaires, sans administration civile, liés à la Thébaïde. Ces terres cultivables de la Basse-Nubie étaient dédiées à Isis de Philae, dont le clergé appuyait les rebellions « nationales » du sud de l'Égypte face aux rois ptolémaïques et était soutenu politiquement et économiquement par Méroé. C'est pourquoi les Ptolémées et les Romains favorisaient le clergé de Philae. Ces domaines d'Isis disparurent définitivement à l'époque de Dioclétien, lorsque Rome abandonna la Basse-Nubie et que le territoire du premier nome égyptien redevint le même qu'à l'époque de l'Ancien Empire. Finalement, à l'époque byzantine, il y eut une christianisation progressive de la région d'Assouan et, en même temps, la religion égyptienne traditionnelle entama son déclin. Mais nombre de pratiques religieuses païennes se maintinrent au niveau local ou régional jusqu'à l'arrivée des musulmans. En fait, Philae resta le dernier bastion du paganisme occidental.

***

Avec l'unification de l'Égypte et l'apparition de l'État vers 3000 av. J.-C., la région d'Assouan, en plus d'être considérée comme un lieu mythique, atteignit une importance militaire, administrative et commerciale, particulièrement en tant que centre commercial avec le sud, mais elle comportait aussi des carrières de pierres dures : le granite, nécessaire pour la sculpture et l'architecture ; le quartz, utilisé pour polir la pierre, qui provenait de la carrière d'albâtre au nord d'Assouan et du Désert ouest et le fer, matériau issu des mines du Désert est, dont on tirait l'ocre pour la peinture.

Le premier temple de la déesse Satet, « dame d'Éléphantine », apparut vers 3200 av. J.-C. Les Égyptiens croyaient qu'Éléphantine était la frontière du monde, que l'origine des sources du Nil se situait dans la Cataracte et que les eaux de l'inondation annuelle provenaient de l'océan primitif. Anouket, patronne de la Cataracte, et Satet étaient les divinités de la crue du Nil avec Khnoum, dieu à tête de mouton, ainsi que leur père et époux, respectivement. Ainsi, on constate depuis le début de l'histoire égyptienne le caractère sacré de la région d'Éléphantine, espace lié à la crue annuelle du Nil, origine de la miraculeuse fertilité de l'Égypte.

L'histoire du premier nome du sud se caractérise, durant l'Ancien Empire, par les explorations à grande échelle vers le sud, qu'elles fussent militaires (Snéfrou, *ca.* 2543-2520 av. J.-C.), commerciales (Menkaure, *ca.* 2247-2242 av. J.-C., et Ouserkaf, *ca.* 2435-2429 av. J.-C.) ou affectées à la recherche de minéraux pour les constructions de la cour royale (Khoufou et ses successeurs). L'or d'Ouadi Alaki, dans le Désert Est, à environ 180 kms, et le gneiss des carrières au Nord-Ouest d'Abou Simbel étaient aussi exploités au cours des IVe (*ca.* 2543-2436 av. J.-C.) et Ve Dynasties (*ca.* 2435-2366 av. J.-C.). Ce fut probablement pendant la Ie Dynastie (*ca.* 2900-2730 av. J.-C.), que fut bâtie la forteresse de l'île d'Éléphantine dans la zone Est. Par la suite, durant la IIe Dynastie (*ca.* 2730-2590 av. J.-C.), la ville fut entourée d'un mur fortifié en brique. Elle avait atteint, à ce moment-là, une grande densité de population : apparurent alors sur l'île des édifices administratifs, des quartiers résidentiels et des ateliers artisanaux. À la fin de la IIIe Dynastie (*ca.* 2592-2544 av. J.-C.), furent bâtis l'édifice administratif des gouverneurs du premier nome, au sud, ainsi qu'une petite pyramide à degrés dans la zone Ouest de l'île, projet certainement en rapport avec l'échange des produits, la centralisation politique et la présence symbolique du roi dans cette zone. Au cours de la Ve Dynastie (*ca.* 2435-2366 av. J.-C.), cette pyramide fut recouverte par le cimetière de la ville avec les mastabas des officiers locaux. Pendant l'Ancien Empire, le temple de Satet fut rénové à plusieurs occasions, mais demeura sous sa forme première : un modeste édifice de briques précédé d'une cour. Néanmoins, avec Pépi I (*ca.* 2276-2228 av. J.-C.), la statue de la déesse fut placée dans un naos en granite. Les inscriptions du sanctuaire nous renseignent sur les visites des rois de la VIe Dynastie (*ca.* 2305-2118 av. J.-C.) au temple, dans lequel le dieu Khnoum commença à être vénéré aux côtés de Satet. Par ailleurs, pendant la VIe Dynastie, le pharaon Mérenrê (*ca.* 2227-2217 av. J.-C.) décida d'ouvrir une partie de la Basse-Nubie aux bateaux égyptiens en creusant un canal navigable dans la

roche granitique de la cataracte d'Assouan. Il chargea le haut officier Oueni, natif d'Abydos, de cette opération. Le pharaon visita la région en personne, commémorant le succès par deux inscriptions dans l'île de Séhel.

À la VIe Dynastie correspond la période de splendeur de la nécropole de Qoubbet el-Haoua, d'Éléphantine et de ses gouverneurs. Les puissants nobles d'Assouan étaient les « gardiens de la Porte du Sud » car Assouan était le point de départ des routes caravanières et des expéditions militaires vers l'Afrique intérieure. Les gouverneurs étaient aussi responsables de la supervision des carrières de granite de la zone et du trafic fluvial avec la capitale royale. Le rôle administratif et les activités des nobles d'Éléphantine apparaissent dans les textes autobiographiques gravés sur leurs tombes à Qoubbet el-Haoua, où ils sont présentés comme des gouverneurs et des politiques, à l'instar des explorateurs et des guerriers efficaces. Leur travail était récompensé par la promotion, et dans certains cas, par une aide royale pour la construction de leur tombe et la fourniture de l'équipement funéraire.

Le noble Herkhouf (QH34n), gouverneur (« Chef des interprètes et Superviseur des pays étrangers ») sous les règnes de Mérenrê (2227-2217 av. J.-C.) et de Pépi II (2216-2153 av. J.-C.), contrôlait les routes commerciales entre l'Égypte et la Nubie et maintint l'influence diplomatique de l'Égypte dans le sud. Sa biographie est gravée des deux côtés de l'entrée de sa tombe, avec des représentations de sa personne et une description de ses trois missions commerciales en Nubie, au-delà de la Deuxième Cataracte. À chaque expédition, Herkhouf rapportait des produits précieux comme de l'or, de l'ivoire, de l'encens, de la gomme et des peaux d'animaux. Fait exceptionnel, Herkhouf rapporta un pygmée pour son pharaon. La lettre de réponse de Pépi II sur ce fait est gravée au nord de la porte d'entrée de sa tombe.

Il faut encore mentionner un certain Pepinakht surnommé Héqaïb, gouverneur et grand guerrier qui conserva l'hégémonie égyptienne sur les routes commerciales du sud et qui mena des campagnes militaires en Basse-Nubie, selon la biographie qui apparaît sur les montants de la porte d'entrée de sa tombe (QH35). Cette figure exceptionnelle fut inhumée dans la colline de Qoubbet el-Haoua (QH35d), donnant lieu à un culte personnel. Ainsi, dans la tombe de son fils Sabni II, figure une salle de culte dédiée au gouverneur vénéré, probablement bâtie peu après sa mort, ce qui n'est pas habituel dans l'Ancien Empire. Dans les inscriptions de l'entrée, apparaissent les noms des serviteurs d'Héqaïb. À mesure qu'ils décédaient, ils étaient enterrés dans des tombes modestes autour de l'entrée. Environ deux siècles après sa mort, le gouverneur du premier nome, Sarenpout I, qui se considérait comme son descendant direct, édifia en son nom un sanctuaire dans l'île d'Éléphantine.

D'autres figures apparaissent, telles que Mekhou et son fils Sabni I. Mekhou était un noble gouverneur d'Éléphantine sous le règne de Pépi II. Au cours d'une expédition à

Ouaouat (Basse-Nubie), il fut assassiné par des tribus du désert. Son fils Sabni organisa une expédition pour récupérer le corps de son père et lui donner une sépulture en terre égyptienne. Cet évènement est rapporté dans la biographie de sa tombe (QH26), située à côté de celle qu'il avait bâtie pour son père (QH25). Le pharaon Pépi II, pour sa part, envoya l'équipement nécessaire à un ensevelissement digne de Mekhou.

Pendant la Première Période Intermédiaire (2118-1980 av. J.-C.), les nobles d'Éléphantine manifestèrent leur soutien aux rois d'Héracléopolis face à ceux de Thèbes. Seulement après que ceux-ci eurent réuni une confédération de provinces et gagné la guerre civile contre Héracléopolis, Mentouhotep II (*ca.* 2009-1959 av. J.-C.) unifia l'Égypte. La politique égyptienne bascula alors vers le sud, comme en témoigne une campagne militaire de Mentouhotep II en Basse-Nubie. La suppression de l'office de gouverneur à Éléphantine fut une conséquence directe de l'hégémonie de Thèbes. D'autre part, Mentouhotep II mena à bien la reconstruction du sanctuaire de Satet à Éléphantine et bâtit un complexe pour la célébration de l'inondation annuelle. Au début de la XIIe Dynastie, Sésostris I (1920-1875 av. J.-C.) rénova ce temple de Satet en le construisant complètement en pierre. De plus, une cour pour le festival de l'inondation fut bâtie en face.

Au cours de la XIe Dynastie (*ca.* 2080-1940 av. J.-C.), fut élevé un autre sanctuaire au nord-est du temple de Satet à Éléphantine. Son origine se trouve dans le culte dédié au gouverneur Héqaïb à la fin de l'Ancien Empire (VIe Dynastie), vénéré comme saint local après sa mort. Il est possible qu'on lui ait rendu un culte dans sa propre tombe de la nécropole de Qoubbet el-Haoua, mais, dès le début de la XIe Dynastie, on édifia un sanctuaire où les gouverneurs de la ville érigèrent, plus tard, leurs propres chapelles commémoratives à côté de celle d'Héqaïb divinisé. Beaucoup d'autres officiers de l'administration provinciale consacrèrent des stèles, des tables d'offrandes et des statues dans ce sanctuaire.

Pendant le Moyen Empire, avec la XIIe Dynastie, Éléphantine revécut son époque de splendeur. À ce moment-là, l'Égypte étendait son influence jusqu'à Pount en Mer Rouge et jusqu'en Libye, au Levant, en Crète et sur le continent grec, en Méditerranée. Amenemhat I (1939-1910 av. J.-C.), probablement en rapport avec le premier nome égyptien, tenta de contrôler la Nubie pour maintenir ouvertes les routes commerciales du sud. De plus, son fils Sésostris I compléta la conquête de la région de la Basse-Nubie en élargissant la frontière sud d'Éléphantine jusqu'à la Deuxième Cataracte (Bouhen). Il prit ainsi les mines d'or d'Ouadi Alaki, conserva les routes commerciales et fit face au royaume de Kerma qui s'était formé près de la Troisième Cataracte. Le gouverneur d'Éléphantine, Sarenpout I, aida sans doute à l'organisation de cette première campagne militaire d'un pharaon en territoire étranger. Les successeurs de Sésostris I, Amenemhat II (1878-1843 av. J.-C.) et Sésostris II (1845-1837 av. J.-C.), prolongèrent cette politique.

Sésostris III (1837-1819 av. J.-C.) mena à bien la conquête finale de la Basse-Nubie et changea officiellement la frontière sud de l'Égypte à la Deuxième Cataracte (stèle de Semna). L'Égypte éleva une chaîne de dix-sept forteresses entre Éléphantine et Semna pour contrer le royaume de Kerma au sud et protéger ses intérêts commerciaux, particulièrement l'accès aux mines d'or d'Ouadi Alaki et le commerce de luxe avec l'Afrique centrale. Ces forteresses étaient subordonnées à un officier qui supervisait la région entre le nome Hermopolis et la Deuxième Cataracte. Ainsi donc, la Basse-Nubie était considérée, du point de vue administratif, comme une partie de l'Égypte annexée au premier nome. Il y avait alors une présence égyptienne militaire, administrative et commerciale, avec des colons autour des postes militaires, mais aucun processus d'acculturation en Basse-Nubie. Le trafic fluvial était facilité par le creusement d'un canal à travers la Première Cataracte, peut-être l'un de ceux qu'Oueni aménagea dans l'Ancien Empire. Par ailleurs, Sésostris III mena à terme une nouvelle division administrative de l'Égypte : 1) la « Tête du sud », avec les sept premières provinces d'Éléphantine à Abydos, incluant la Basse-Nubie ; 2) la Haute-Égypte, avec les provinces 8 à 22, entre Abydos et Memphis, incluant le Fayoum ; 3) la Basse-Égypte, avec les 20 provinces restantes du Delta. Chaque division administrative était contrôlée par un officier sous les ordres directs du vizir. Il est possible que le pharaon voulût freiner, par cette réforme, le pouvoir des gouverneurs provinciaux. Quoi qu'il en fût, vers la fin de la XIIe Dynastie, eut lieu la disparition virtuelle de la noblesse locale d'Éléphantine et, à partir de ce moment-là, les gouverneurs subirent une perte de pouvoir politique.

Avec la conquête de la Nubie, si Éléphantine perdit son importance militaire, elle en acquit une autre aux niveaux politique, administratif et commercial. Malgré la diminution de l'influence des nobles locaux, l'île resta une base importante pour les expéditions commerciales et un port pour le transbordement des produits vers le nord. Les convois commerciaux étaient alors protégés par un mur construit entre Philae et Assouan.

Sésostris I rénova le temple de Satet, au sud-est de l'île, avec une structure de pierre décorée et une cour pour le festival de l'inondation. Il est probable que le dieu Khnoum ait à partir de là acquis une plus grande importance, avec l'érection de son propre temple au centre d'Éléphantine.

Les tombes de Qoubbet el-Haoua du Moyen Empire les plus notables sont celles des nomarques Sarenpout I (QH36) et Sarenpout II (QH31). Le premier, qui aida le pharaon Sésostris I dans la conquête de la Nubie, était très proche du roi. Preuve en est que le pharaon lui envoya des travailleurs et des artistes de la cour royale pour aider à la construction de sa tombe. Dans cette tombe, la figure assise de Sarenpout I est finement sculptée à l'entrée d'une grande cour. Également, on peut distinguer six piliers avec des représentations du gouverneur et des formules religieuses inscrites au-dessus de lui. Autour de la porte, on note une profusion d'inscriptions dans les montants et la corniche, ainsi que des portraits de grande taille du gouverneur. Côté gauche, un très grand relief montre un Sarenpout suivi par le porteur de sandales et deux chiens, chassant et pêchant dans les marais, en train d'inspecter du bétail. On le voit aussi du côté droit avec son épouse, sa mère, ses filles et ses héritiers. La tombe de Sarenpout II, petit-fils de Sarenpout I, est l'une des meilleures du Moyen Empire qui soient conservées. La porte s'ouvre, à travers un passage étroit, vers une nef non décorée comportant six piliers. Après avoir descendu quelques marches, apparaît un corridor avec trois niches de chaque côté (chacune contient une statue du défunt, sculptée dans la roche sous une forme osiriaque). Ce corridor conduit à la chapelle principale, contenant quatre piliers, joliment décorée avec fresques et hiéroglyphes. Ici, l'état des peintures murales est excellent. Sur l'une d'elles, le défunt est assis à sa table et son fils, Ankhou, est en face de lui, une fleur de lotus en main. Sur le mur à droite, apparaît une représentation de la mère de Sarenpout II, également assise à sa table, et le gouverneur est à droite. Sur le mur de gauche, on distingue une scène semblable avec son épouse et son fils.

Le sanctuaire d'Héqaïb à Éléphantine fut aussi rénové au début de la XIIe Dynastie (1939-1760 av. J.-C.) par le nomarque Sarenpout I. À partir de là, les gouverneurs de la ville honorèrent sa mémoire en érigeant ses propres chapelles à côté de celle d'Héqaïb, comme complément à ses tombes monumentales de la nécropole de Qoubbet el-Haoua. De nombreux autres officiers de l'administration provinciale laissèrent dans le sanctuaire des statues, des stèles et des tables d'offrandes mais, pendant la Deuxième Période Intermédiaire, le culte d'Héqaïb commença son déclin. Dans ce temple, sur le mur nord de la chapelle de Sarenpout I, apparaissent son épouse et son fils aîné sur un registre, ainsi que ses deux filles et ses deux autres fils sur l'autre registre. En face, Sarenpout est représenté avec trois générations de ses ancêtres et leurs épouses, identifiés par leurs noms. Ainsi un total de trois générations de la famille de Sarenpout honorait Héqaïb divinisé. La chapelle adjacente d'Héqaïb divinisé, légèrement plus petite que celle de Sarenpout I, comporte deux tables d'offrandes sur lesquelles les libations pouvaient s'écouler dans un canal creusé sur le pavage. Les successeurs de Sarenpout I continuèrent d'ajouter des chapelles au sanctuaire. Sarenpout II, possesseur d'une riche tombe à Qoubbet el-Haoua, bâtit sa propre chapelle au nord et une autre en l'honneur de son père Khema. La fondation suivante fut réalisée par le gouverneur Héqaïb II, fils de Khounes et de Sathathor. Suivent les chapelles d'Amény-Seneb, une vaste construction qui contenait une table d'offrandes sur une élévation, et la grande chapelle de Khakaure-Seneb au sud, en très bon état de conservation. À l'intérieur, on distingue deux statues du propriétaire. Enfin, l'officier Amény-Iatu édifia la petite chapelle au sud.

L'intérieur du temple d'Héqaïb à Éléphantine, espace d'à peine 15 x 15 m, présente des statues de grandeur naturelle, les meilleurs exemplaires jamais trouvés de portraits datant du Moyen Empire, ainsi que 50 tables d'offrandes et d'autres objets conservés aujourd'hui au Musée d'Éléphantine. Le centre du sanctuaire abritait quatre grandes stèles de Sarenpout I, portant des inscriptions des deux côtés. Les textes relatent des épisodes de la construction du sanctuaire, mentionnent les fêtes et festivals qui devaient être représentés dans l'enceinte sacrée et offrent une exhortation à préserver ce site et à continuer d'honorer les défunts. Un élément important de ce sanctuaire est le canal qui coulait à travers le pavage de la cour centrale. Ce canal, utilisé pour drainer l'eau, s'étendait de la chapelle d'Héqaïb divinisé à l'est jusqu'à celle d'Amény-Seneb à l'ouest. Ce gouverneur aurait ainsi été doublement béni : premièrement, pour avoir construit un monument impressionnant avec une belle statue et une table d'offrandes en l'honneur d'Héqaïb, ensuite, pour avoir reçu la libation d'eau qui avait déjà été sanctifiée dans la chapelle d'Héqaïb divinisé.

Pendant la Deuxième Période Intermédiaire, Éléphantine redevint la frontière sud de l'Égypte et la Basse-Nubie fut annexée par Koush. Les conquérants Hyksos ne réussirent pas à avoir de l'influence sur la frontière sud, et le trafic commercial avec l'Afrique intérieure cessa.

Le Nouvel Empire était caractérisé par l'impérialisme expansionniste de l'Égypte vers l'Asie de l'ouest, la Nubie, et plus au sud, le royaume de Koush. Les rois du Nouvel Empire, comme leurs prédécesseurs, reconnurent l'importance de l'or d'Ouadi Alaki en Nubie pour l'Égypte, lequel assurait sa supériorité en tant que le pays le plus riche de l'Afrique et de l'Asie occidentale. Les pharaons du début de la XVIIIe Dynastie (*ca.* 1539-1292 av. J.-C.) reconquirent la Nubie et arrivèrent jusqu'au-delà de la Quatrième Cataracte, détruisant le royaume de Koush, qui menaçait l'Égypte depuis l'Ancien Empire. Avec l'annexion de la Nubie, le premier nome devient un complément indispensable de l'administration centrale de l'Égypte et acquit une promotion politique. À partir de là, pharaon nomma les gouverneurs avec un statut spécial, vice-rois, pour le représenter et administrer le territoire annexé de la Nubie. Portant les titres de « fils du roi » ou « fils du roi de Koush », ils étaient issus de l'entourage du roi et avaient des pouvoirs civils, militaires et religieux dans le premier nome et la Nubie : levée des tributs, répression d'éventuelles rebellions frontalières, exploitation des mines d'or, supervision de la construction des monuments et organisation du trafic commercial.

Lors du Nouvel Empire, le commerce fleurit entre la Nubie et l'Égypte. La ville d'Éléphantine passa par une nouvelle période de splendeur en s'étendant vers le nord, bien que Syène, la ville moderne d'Assouan, commençait à acquérir une certaine importance et à être mentionnée dans les textes égyptiens. Après les campagnes de reconquête d'Ahmose et d'Amenhotep I (1514-1494 av. J.-C.) en Nubie, Thoutmosis I (1493-1483 av. J.-C.) plaça la frontière d'Égypte à la Deuxième Cataracte. Thoutmosis II (1482-1480 av. J.-C.) organisa une autre expédition militaire contre la Nubie, qui s'était rebellée, et voyagea personnellement dans la province du sud pour recevoir la soumission des chefs nubiens, comme on peut le constater sur une inscription sur roche entre Assouan et Philae. Le canal creusé dans la Cataracte d'Assouan par Oueni dans l'Ancien Empire, et aménagé par Sésostris III dans le Moyen Empire, fut à nouveau aménagé par Thoutmosis III (1479-1425 av. J.-C.), ce qui fit fleurir le commerce à la frontière sud. Par ailleurs, ce pharaon mena deux expéditions militaires contre des rebelles nubiens et plaça la frontière sud de l'Égypte à Kourgous, entre la Quatrième et la Cinquième Cataractes. Après la conquête de la Haute-Nubie, eut lieu un processus d'égyptianisation et de colonisation sous les pharaons Thoutmosis III et Hatchepsout (1479-1458 av. J.-C.) : développement de l'administration, construction de temples (aussi centres de production et de redistribution), exploitation des ressources. Quelques forteresses du Moyen Empire sont maintenant transformées en villes fortifiées, avec des colons. Dans cette politique d'assimilation culturelle, linguistique et religieuse et d'égyptianisation du territoire conquis, le pharaon introduisit des membres de l'élite nubienne égyptianisée dans le cadre du gouvernement régional.

Les pharaons Hatchepsout et Thoutmosis III ordonnèrent la construction de nouveaux temples en l'honneur de Khnoum et de Satet. Le temple du premier fut agrandi au cours des Dynasties XIX (1292-1191 av. J.-C.) et XX (1190-1077 av. J.-C.), période où il dépassa en grandeur celui de Satet. Pour sa part, Amenhotep III bâtit à Éléphantine, entre la baie et les temples de la ville, une station de passage pour les barques divines lors de la procession du festival de l'inondation. Tous les pharaons de la XIXe Dynastie laissèrent leurs traces de construction sur ce territoire du sud, zone d'où provenaient la plupart des ressources du trésor égyptien. Ramsès II érigea six temples entre la Première et la Seconde Cataractes, le plus célèbre étant celui d'Abou-Simbel. Après le règne de Ramsès II, l'Égypte se concentra sur les conflits au Proche-Orient. On connaît, néanmoins, les campagnes de Mérenptah et Ramsès III en Nubie.

À la fin de la XXe Dynastie, la rivalité entre le vice-roi de Koush, Panéhesy, et le grand prêtre d'Amon conduisit à l'indépendance du premier nome et de la Nubie, Éléphantine retrouva son importance militaire. Vers le règne de Ramsès XI, le grand prêtre d'Amon Herihor acquit les titres de vice-roi de Koush, de vizir et de commandant de l'armée égyptienne, et usurpa le trône autour de l'an 1000 av. J.-C. Les Libyens (Dynasties XXII-XXIV, 943-723 av. J.-C.) prirent le pouvoir, rétablirent l'ordre et gouvernèrent l'Égypte pendant deux siècles, mais leur contrôle n'atteignit pas la Nubie. La dernière tentative de reconquête de la Basse-Nubie correspond peut-être à celle entreprise par le roi libyen Shoshenq I (943-923 av. J.-C.). Cette région de l'Égypte, devenue indépendante, entama son déclin et se dépeupla. Plus au sud, fut fondé un royaume à Napata, près de la Quatrième Cataracte et du centre religieux de Gebel Barkal, de tradition égyptienne politique, culturelle et religieuse, sur le même pied d'égalité avec les rois égyptiens. Le roi koushite Piânkhy (*ca.* 753-723 av. J.-C.), originaire de la Quatrième

Cataracte et descendant du fondateur Alara, controla Thèbes et décida de libérer l'Égypte de la domination libyenne, inaugurant la XXVe Dynastie (*ca.* 722-*ca.* 655 av. J.-C.) des « pharaons noirs » ou « éthiopiques », époque de développement économique et d'unité politique qui renouait avec la gloire de l'Ancien Empire. Le premier nome d'Égypte fut conquis par Piânkhy. Auparavant, le prince koushite Kashta avait envahi la Basse-Nubie et le premier nome, et avait consacré une stèle au dieu local d'Éléphantine Khnoum. Près d'un siècle plus tard, les Koushites furent repoussés vers leur propre pays par les envahisseurs assyriens. Le premier nome resta dans un état de quasi indépendance face aux rois d'Assyrie et aux princes saïtes, protégé par l'autorité de Tanoutamon (664-655/3 av. J.-C.), qui continuait à se proclamer pharaon d'Égypte et roi de Napata. En même temps, la région entre Assiout et Éléphantine était aux mains d'administrateurs plus ou moins indépendants, comme Montouemhat, quatrième prophète d'Amon et gouverneur du sud, qui maintenaient la tradition égyptienne et la fiction d'une royauté provenant du sud face au pouvoir croissant des princes du Delta ; Montouemhat semble avoir partagé le pouvoir politique avec la noblesse locale à Éléphantine.

L'Égypte fut finalement libérée des Assyriens par Psammétique I (664-610 av. J.-C.), originaire de Saïs, dans le Delta, qui se débarrassa également de figures comme Montouemhat et du pouvoir koushite. La dynastie saïte (XXVIe, 664-525 av. J.-C.) reconnut l'importance économique de la Nubie, renforça l'établissement des soldats à la frontière et établit une forte garnison à Éléphantine afin de protéger la région de la Cataracte des razzias des tribus du désert, de nouveau actives, ainsi que de la menace des Koushites. Psammétique I encouragea le commerce international. Son successeur Néchao II (610-595 av. J.-C.), lequel creusa le canal de la Mer Rouge en vue de favoriser les contacts avec Pount. De plus, ce pharaon envoya une expédition depuis Éléphantine contre les Troglodytes, habitants du Désert est entre le Nil et la Mer Rouge, en vue de contrôler la route commerciale le long du Nil. Psammétique II (595-589 av. J.-C.) mena à terme une campagne militaire contre le royaume de Napata en 593 av. J.-C. pour conquérir le territoire et sécuriser l'Égypte face à l'ennemi koushite. Après la destruction de la ville de Napata, il fixa la frontière sud dans la région de la Première Cataracte et renforça les cultes locaux des dieux Khnoum, Satet et Anouket.

Les rois de la XXVIe Dynastie (664-625 av. J.-C.) reprirent les travaux dans les temples de la ville d'Éléphantine. À ce moment-là, fut installé un nilomètre dans l'enceinte du temple de Khnoum. Le roi Amasis, pour sa part, ajouta une colonnade en face du temple de Satet. Le culte d'Isis, dont le temple dans l'île de Philae allait devenir le centre d'un culte élaboré à l'époque ptolémaïque, fut ici introduit par les troupes saïtes.

Sous la première occupation perse (XXVIIe Dynastie, 525-404 av. J.-C.), on employa des colons judéo-araméens comme mercenaires dans la garnison d'Éléphantine, avec des fonctions de police interne et de protection face aux éventuelles menaces du sud, en particulier de la tribu des Blemmyes autour de la Première Cataracte. Les Juifs étaient établis à Éléphantine et les Araméens dans l'actuel Assouan (Syène). Les premiers bâtirent un temple à Yahvé et laissèrent une grande quantité de papyrus contenant des informations sur leur vie quotidienne de 525 à 400 av. J.-C., ce qu'on appelle les « archives » d'Éléphantine. Le temple de Yahvé aurait finalement été détruit vers 400 av. J.-C. par les prêtres du dieu Khnoum, avec la complicité du chef de la garnison d'Éléphantine, Vidranga.

En 404 av. J.-C., après la mort de Darius II et la révolte de l'indigène Amyrtée (XXVIIIe Dynastie, 404-399 av. J.-C.), l'Égypte retrouva son indépendance. Avec la XXXe Dynastie (380-343 av. J.-C.), commence une autre période de splendeur pour Éléphantine, qui se prolongea jusqu'à l'époque gréco-romaine. La reconstruction du temple de Khnoum pendant la XXXe Dynastie (Nectanebo I, 380-362 av. J.-C., et Nectanebo II, 360-343 av. J.-C.) fut entreprise avec les matériaux du temple de Yahvé. Nectanebo I restaura le temple d'Isis dans l'île de Philae et accorda des privilèges fiscaux au clergé de Khnoum à Éléphantine, politique que suivit son successeur Nectanebo II. D'autre part, le clergé de Khnoum mena la politique de la région par lui-même, ainsi que le montre l'acte d'héritage des filles du prêtre Es-Khnoum : le tableau généalogique de la famille permet d'établir les transmissions des pouvoirs administratif et religieux à cette époque à Éléphantine. En 343 av. J.-C., le roi Artaxerxés III (343-338 av. J.-C.) établit la seconde domination perse sur l'Égypte (343-332 av. J.-C.) et Nectanebo II, dernier pharaon de la XXXe Dynastie, se réfugia en Basse-Nubie.

Alexandre le Grand (332-323 av. J.-C.) libéra l'Égypte de la seconde domination perse en 332 av. J.-C., marquant le début de la plus longue dynastie non égyptienne connue jusqu'alors, les Ptolémées gréco-macédoniens (332-30 av. J.-C.). Deux faits historiques importants marquèrent l'arrivée de la période hellénistique : le changement d'une dynastie indigène (les Nectanebo) par une dynastie étrangère (les Ptolémées) et l'indépendance politique et culturelle de la partie sud du premier nome, la Nubie, avec Méroé comme capitale d'un royaume autour de la Sixième Cataracte qui tente d'atteindre la grandeur historique de la XXVe Dynastie soudanaise. Ce « nationalisme » nubien devint patent dans une plus grande africanisation culturelle de la Nubie et du royaume koushite. Par exemple, la langue et l'écriture méroïtique remplacèrent alors les traditionnels hiéroglyphes.

Les Ptolémées entreprirent la réforme des nomes et divisèrent l'Égypte en trois districts : 1) le Delta, avec Alexandrie pour capitale ; 2) la Moyenne Égypte, c'est-à-dire les sept nomes (« Heptanomie ») plus Arsinoé (le Fayoum), avec Memphis pour capitale ; 3) la Haute-Égypte, avec Thèbes pour capitale. Chacun de ces districts était gouverné par un épistratège, duquel dépendaient à leur tour les stratèges de chaque nome ; le nomarque est placé sous l'autorité du stratège.

Une incursion des Méroïtes dans le premier nome égyptien, après la prise de la Basse-Nubie, provoqua l'intervention militaire de Ptolémée I Soter (285-246 av. J.-C.) dans le sud. Les sources évoquent des combats incessants entre Égyptiens et Méroïtes dans la première moitié du IIIe siècle av. J.-C. En 274 av. J.-C., Ptolémée II Philadelphe (246-221 av. J.-C.) conquit et annexa finalement la Basse-Nubie, avant de fixer la frontière de l'Égypte à la Deuxième Cataracte, récupérant ainsi l'accès aux mines d'or d'Ouadi Alaki dans le Désert Est et le contrôle du commerce exotique avec l'Afrique (en particulier, les éléphants de guerre). D'autre part, les Ptolémées freinaient l'expansion de Méroé. On créa alors le glacis défensif du Dodécaschène ou « District des Douze Mille » de terre cultivable, marche de souveraineté égyptienne au sud d'Assouan qui assurait une limite directe avec la frontière nord du royaume de Méroé et qui comportait douze *schènes* grecques (environ 120 kms). Ce dispositif militaire, dans lequel Hiérasykaminos (l'actuel El-Maharraqa) devint le dernier poste militaire égyptien le long du Nil, avait déjà été prévu après le retour de l'expédition de Ptolémée I. L'aire annexée, ayant fusionné avec le premier nome du sud, fut offerte à Isis par Ptolémée II et la construction d'un temple de la déesse dans l'île de Philae commença. Ce roi fonda aussi un sanctuaire en l'honneur d'Isis dans la localité de Syène, quartier commercial d'Éléphantine. La donation fut plus tard confirmée par Ptolémée IV (221-204 av. J.-C.) et Ptolémée VI (180-145 av. J.-C.). Par ailleurs, Ptolémée II établit un vaste réseau commercial au sud-est : fit explorer les régions méridionales, creusa le canal entre le Nil et la Mer Rouge et aménagea de nouvelles pistes dans le Désert Est jusqu'à la voie du littoral. Pour sa part, Ptolémée III (246-221 av. J.-C.) concéda probablement des privilèges fiscaux à la région d'Éléphantine et de Philae, afin de garantir la loyauté de la population de la frontière sud. La garnison militaire d'Éléphantine / Assouan, établie par Ptolémée II (284-246 av. J.-C.), avait des fonctions de patrouille non seulement en Dodécaschène mais également sur les routes du Désert Est et les carrières.

Les Ptolémées, en particulier Ptolémée VI et Ptolémée VIII (170-163 et 145-116 av. J.-C.), poursuivirent le projet des Nectanebo, qui consistait à restaurer le temple de Khnoum à Éléphantine, qui serait finalement complété par Octave Auguste. Ils commencèrent également des travaux dans le temple de Satet, dans l'enceinte duquel fut installé un nilomètre (Ptolémée VI). À ce moment-là, le temple de Khnoum était plus grand que celui de la déesse de la Première Cataracte. Une partie du domaine du temple de Satet avait déjà été remis au temple de Khnoum pour un cimetière de moutons sacrés.

Sous Ptolémée II Philadelphe, les cultes populaires d'Osiris, d'Isis et d'Horus furent transférés d'Abydos dans la région de la Première Cataracte, où ils finirent par supplanter la triade Khnoum, Satet et Anouket. L'île de Philae devint le centre principal du culte d'Isis. Le temple d'Isis, bâti à l'époque ptolémaïque, se transforma, à son tour, en un centre de culte très populaire, et les pèlerins venaient des provinces lointaines pour assister aux

« mystères » de la triade Isis-Osiris-Horus. L'introduction du culte d'Isis dans le sud date de l'époque saïte. Pendant sa campagne de Nubie, Psammétique II bâtit un petit kiosque en l'honneur d'Isis à l'ouest de l'île. Amasis, dernier pharaon de la dynastie saïte, édifia la première chapelle comprenant trois petites chambres à l'est du kiosque original. Les soldats établis sur la frontière et les tribus nomades furent, au début, les seuls observateurs du culte dans la région. Les constructions à grande échelle furent menées à bien sous Ptolémée II et ses successeurs, et une garnison permanente fut établie sur la frontière pour maintenir les routes commerciales ouvertes. Le culte d'Isis se développa rapidement et la divinité égyptienne était identifiée aux déesses grecques Déméter, Héra et Aphrodite. Une des raisons de la popularité de son culte était la croyance en ses pouvoirs magiques de guérison. Avec le temps, Isis acquit aussi le pouvoir de fertilité, en particulier par son contrôle du Nil, ce qui finit par affaiblir celui des prêtres de Khnoum à Éléphantine. À l'époque romaine, le contact entre Philae et l'État méroïte perdure. Méroé soutenait économiquement le culte d'Isis et les prêtres de l'île.

À la fin du IIIe siècle av. J.-C., eurent lieu les révoltes « nationalistes » des Thébains Hor-Ounnefer (205-199 av. J.-C.) et Ânkh-Ounnefer (199-186 av. J.-C.) contre la domination grecque, soutenus par le clergé d'Amon à Thèbes, celui d'Isis à Philae et par les Méroïtes. Après la victoire de Ptolémée V sur Ankh-Ounnefer en 186 av. J.-C., son successeur Ptolémée VI reconquit le territoire du sud, entre 163 et 145 av. J.-C, grâce à son épistratège Boéthos. Fut alors créé le Triakontaschène (« District des Trente Mille »), c'est-à-dire un territoire de 30 *schènes* (environ 300 kms.) entre la Première Cataracte et Primis (Qasr Ibrim), qui avait été annexé, puis qui a fusionné avec le premier nome à partir de 150 av. J.-C. ; ce « champ » fut aussi donné au temple d'Isis de Philae. La nouvelle démarcation administrative était placée sous l'autorité d'un responsable indigène qui dépendait, à son tour, du stratège grec de Kôm-Ombo. L'autorité effective sur la zone occupée était exercée par le commandant de la Basse-Nubie, c'est-à-dire le *phrourarchos* de la forteresse de Syène. Avec Ptolémée VI, apparut une nouvelle division administrative en Haute-Égypte : le nome ombite se superposa au premier nome, et la localité de Kôm-Ombo devint la capitale politique et administrative du sud, résidence d'un nomarque et d'un stratège envoyé d'Alexandrie. Celui-ci assumait le commandement des troupes de Kôm-Ombo à Hiérasykaminos de Nubie et, à son tour, Boéthos, en tant qu'épistratège de la Thébaïde, commandait les troupes de Syène-Éléphantine-Philae ainsi que les postes militaires du Dodécaschène et du Triakontaschène.

Vers 132-129 av. J.-C., eut lieu l'insurrection « nationaliste » d'Harsiésis avec le soutien du haut clergé de Philae et des Méroïtes. Les projets de construction en Basse-Nubie continuèrent, mais au premier siècle av. J.-C., les Ptolémées avaient perdu le contrôle du territoire en faveur des Méroïtes. Bien que Ptolémée XII (80-51 av.

J.-C.) ait confirmé la donation du Dodécaschène au temple d'Isis, il n'existait probablement pas de pouvoir lagide effectif sur la zone. Au temps de la reine Cléopâtre VII (51-30 av. J.-C.), le premier nome égyptien et le Dodécaschène seraient tombés aux mains des Méroïtes, bien que les territoires du sud fussent sous l'autorité nominale de Kallimachos, épistratège de la Thébaïde.

Rome annexa l'Égypte, qui constitua une province impériale, dont le commandant était un *praefectus Aegypti* installé à Alexandrie, et maintint la division administrative du pays en nomes. Ceux-ci étaient gouvernés par des stratèges, qui furent subordonnés à trois épistratèges, bien que la figure symbolique des nomarques fût maintenue. De plus, Rome installa une garnison militaire à Syène, considérée comme la limite sud de la province romaine. À l'arrivée des Romains, la situation politique en Haute-Égypte était semblable à celle de 186 av. J.-C. En effet, la rébellion de la Thébaïde, l'affaiblissement général du pouvoir politique et l'augmentation du « nationalisme » favorisaient l'expansionnisme méroïte. Ainsi, Rome adopta la même politique que les Ptolémées dans le sud pour contrer Méroé : annexer le Triakontaschène, lié depuis lors à la Thébaïde comme simple unité administrative, afin de conserver l'accès aux mines d'or d'Ouadi Alaki et pour maintenir ouvertes les routes commerciales avec l'Afrique. Bien que le préfet Cornélius Gallus pacifia, en 30 av. J.-C., la zone de la frontière sud, la région de la Première Cataracte était menacée par quelques tribus des déserts oriental et occidental, comme les Blemmyes et les Nobodai (tribus nomades qui avaient émigré de Méroé et qui étaient dévotes de la déesse Isis). D'autre part, plus au sud, le royaume de Méroé était gouverné en ce temps par une série de reines (toutes appelées Candace) qui voulaient élargir leur influence vers le nord. Les Romains répondirent en élevant des forteresses entre la Première et la Seconde Cataractes (comme les pharaons du Moyen Empire) et se consacrèrent, en même temps, à réparer les temples de la Basse-Nubie, en y incluant Philae, Kalabsha et Qasr Ibrim (Primis), à la frontière sud du Triakontaschène.

Sur la stèle trilingue de Philae (29 av. J.-C.), il est dit que Cornélius Gallus reçut sous sa protection le roi d'Éthiopie (*Triacontaschoenus unius Aethiopiae*) ; ainsi s'établit un protectorat romain de la Nubie sous un gouverneur natif de sa région. Même si ce protectorat a, par la suite, été tronqué, la présence romaine se maintint jusqu'à l'époque de Dioclétien dans cette zone tampon de Basse-Nubie, depuis Assouan jusqu'à Hiérasykaminos, environ 120 kms au sud. L'empereur Octave Auguste (30 av. J.-C.-14 ap. J.-C.), et plus tard Tibère (14-37), confirmèrent la donation du Dodécaschène à Isis, « dame de Philae ».

Vers 25-24 av. J.-C., les Méroïtes se révoltèrent contre le paiement des impôts à Rome, s'allièrent aux tribus nomades du désert et attaquèrent le sud de l'Égypte. Philae, Éléphantine et Assouan furent envahies et la garnison romaine, détruite. Les statues de bronze d'Auguste du petit temple romain de Syène (érigé en 29 av. J.-C., sous la préfecture de Cornélius Gallus) furent transportées à

Méroé. Seulement en 23 av. J.-C., avec le nouveau préfet le général Publius Petronius, l'armée romaine repoussa les Méroïtes, en soumettant la reine Candace. Le royaume de Méroé semble avoir connu le désordre à ce moment-là, après la destruction de la ville de Napata. Les Romains prirent possession de la Basse-Nubie et l'agrégèrent à la province romaine d'Égypte. L'occupation militaire du Triakontaschène, qui n'avait pas été complétée par les Ptolémées, fut réalisée grâce à l'utilisation des postes militaires lagides. Ces postes servirent de base au dispositif militaire d'Auguste de Syène à Primis, avec des fortins à Pselkis, Talmis, Primis ou Hiérasykaminos. Les conflits s'achevèrent par le traité de paix de Samos seulement en 21-20 av. J.-C. Le traité consacrait l'annexion romaine du Dodécaschène sous le statut juridique d'un condominium romain-méroïte de la Basse-Nubie, fixait la frontière sud à Hiérasykaminos et permettait le libre accès de Rome aux mines d'or d'Ouadi Alaki, à environ 180 kms au sud-est. De vingt-deux mille soldats d'Auguste stationnés en Égypte, seuls mille cinq cents environ (trois cohortes) étaient déployés à Syène, Éléphantine et Philae pour protéger les intérêts romains sur la frontière sud et en Nubie. Les trois cohortes étaient sous le commandement effectif du préfet de celle de Syène.

Dans l'île d'Éléphantine, les travaux de décoration du temple de Khnoum, commencés sous les Ptolémées, continuèrent sous Auguste, à quoi s'ajouta la construction d'une terrasse monumentale face au temple pour les offrandes lors du festival de l'inondation du Nil. On édifia également une grande cour face au temple d'Isis à Philae, qui le reliait à ceux d'Imhotep, de Mandoulis et Arensnouphis, puis au Nil. Depuis cette cour, à l'ouest, il avait une connexion visuelle avec le sanctuaire d'Osiris situé sur la petite île de Bigeh, lieu de l'Abaton. Les divinités nubiennes locales Arensnouphis et Mandoulis, ainsi que la triade de la Première Cataracte (Khnoum, Satet et Anouket) étaient associées à la figure de l'empereur romain. La politique religieuse des Romains dans le sud pendant le Haut-Empire était semblable à celle des Ptolémées : chercher un accord avec le clergé local du premier nome, en particulier avec les prêtres de Philae, le but étant la stabilité du premier nome et de la Basse-Nubie. En 13-12 av. J.-C., le préfet Rubrius Barbarus « et les habitants de Philae et du Dodécaschène » érigèrent au nord-est du temple d'Isis un temple de style classique consacré au culte d'Auguste. Le don du Dodécaschène à Isis fut confirmé par l'empereur Tibère.

Sous le règne de Domitien (81-96), un temple en l'honneur d'Isis fut bâti dans la localité de Syène, quartier commercial d'Éléphantine. De leur côté, les empereurs Trajan (98-117) et Hadrien (117-138) visitèrent la Haute-Égypte au IIe siècle. En souvenir du pèlerinage impérial d'Hadrien aux sanctuaires d'Égypte en 130, on édifia la « Porte d'Hadrien » dans l'île de Philae, en rapport avec le culte d'Isis.

La frontière sud de l'Égypte resta la même jusqu'aux réformes de Dioclétien à la fin du IIIe siècle, hormis quelques modifications administratives. À l'époque de Septime Sévère (193-211), le nome ombite, en raison de son extension, de sa situation stratégique et de son rôle militaire, fut divisé en deux parties. La partie nord, de Gebel Silsileh jusqu'à la Première Cataracte, avec Kôm-Ombo pour capitale, où résidait le stratège sous le commandement de l'épistratège de la Thébaïde et où était institué un conseil municipal. La partie sud était constituée par le Dodécaschène, entre la Première Cataracte et le poste militaire d'Hiérasikamynos. Elle est divisée, à son tour, en deux toparchies : la supérieure, avec Taphis pour capitale ; l'inférieure, avec Psalkis pour capitale, où était installée une solide garnison depuis le début de l'occupation romaine. Vers 253, l'armée de Syène n'avait plus de postes militaires permanents au sud de Philae.

L'empereur Dioclétien (284-305) redéfinit le territoire des provinces de l'Empire, les ayant regroupées en douze zones administratives supérieures appelées « diocèses ». En Égypte, l'objectif de cette réforme administrative était de mettre fin aux menaces d'insurrection tant des gouverneurs provinciaux que des populations frontalières, par exemple, les Blemmyes, qui avaient commencé à menacer la frontière sous le règne de Trajan Dèce (249-251). La province romaine d'Égypte a alors été divisée en quatre provinces : à l'ouest du Delta, la Libye inférieure ; la Haute-Égypte fractionnée en deux : la Thébaïde au sud et l'Égypte herculéennc au nord ; la Basse-Égypte constituant la province de l'Égypte jovienne. En ce temps, l'Égypte était sous la responsabilité d'un préfet augustal, avec un rang équivalent à celui des chefs militaires (*comes per Aegyptum* et *dux* de la Thébaïde), aidé par des gouverneurs de province de rang équestre. En 297, Dioclétien décida de ramener la frontière sud au niveau de l'île de Philae, abandonnant le Dodécaschène et le Triakontaschène et rapatriant les troupes. À la même période, selon l'historien Procope, l'empereur assigna à la tribu des Nobodai la défense de la Basse-Nubie et de la région de Syène contre les Blemmyes, en échange de terres près d'Éléphantine et du paiement d'une somme annuelle en or. Il concéda encore à ces derniers un subside annuel pour leur faire cesser les pillages. On édifia une grande forteresse à Éléphantine et Dioclétien ordonna construire une chapelle à Isis, où les Romains et les deux tribus du désert se rencontreraient amicalement. Une légion, la *I Maximiana*, fut destinée à la zone de la Cataracte comme garnison permanente.

La stratégie militaire de Dioclétien à la frontière sud de l'Égypte fut maintenue par ses successeurs. Constantin acheva les défenses de la nouvelle frontière et au début du Ve siècle figurait à Philae une garnison, en plus du mur de défense bâti entre cette même ville et Syène durant le Moyen Empire, utile pour repousser une attaque venue de la terre. Au début du Ve siècle, une cohorte romaine fut placée à Éléphantine pour contenir les tribus du désert. Les troupes occupèrent la vaste cour du temple de Khnoum et le transformèrent en camp fortifié. Vers le milieu du IVe siècle, le royaume de Méroé fut détruit par le royaume éthiopien chrétien d'Aksoum.

L'évolution d'Éléphantine en une ville-temple est parallèle à une plus grande concentration du commerce et de l'administration sur la partie continentale, Assouan moderne. Au début du IVe siècle, avec le triomphe du christianisme, Syène / Assouan surpassa Éléphantine une fois pour toutes, et en même temps, l'île perdait son rôle de forteresse. À la fin de la domination romaine, Assouan devint une métropole et la capitale du nome.

Vers 330, peu après le concile de Nicée, l'évêque Athanase créa les diocèses de Syène et de Philae et leurs évêques participèrent aux affaires de l'Église égyptienne pendant le IVe siècle. Sous le règne de l'empereur Théodose I (379-395), le christianisme devint religion d'État. La communauté chrétienne de Philae n'était pas insignifiante. Au Ve siècle, des preuves du christianisme à Philae figurent dans la lettre de l'évêque Appion de Syène. Ainsi que sur les inscriptions de l'évêque Daniélios. De même, les deux autres villes de la région, Syène et Éléphantine, présentent aussi des preuves de leur christianisation durant les IVe et Ve siècles, en particulier Syène (archive Patermouthis, avec des informations sur les chrétiens de 493 à 613). Les cultes égyptiens cessèrent dans la seconde moitié du Ve siècle, et, au siècle suivant, le christianisme était probablement déjà intégré par la société, même si nombre de pratiques religieuses se maintenaient au niveau local ou régional. Il n'y a pas de preuves de la destruction de temples païens dans la région de la Cataracte, ils ont plutôt été remplacés. Dans seulement deux cas, on édifia une église à l'intérieur d'un temple antérieur : dans celui de Khnoum à Éléphantine au VIe siècle, et dans celui d'Isis à Philae au même siècle. La religion égyptienne commença son déclin pendant le IVe siècle, comme le montrent les inscriptions de Philae, tandis que le christianisme s'organisait institutionnellement.

En 395, l'Empire Romain était divisé en deux parties et l'Égypte devint une province de l'Empire Byzantin. Sous le règne de Théodose II (408-450), les conflits militaires commencèrent en Haute-Égypte et en Basse-Nubie : vers 425-450, Blemmyes et Nobodai s'allièrent et envahirent Philae, Assouan et Éléphantine. À ce moment-là, l'évêque de Syène et d'Éléphantine, Appion, demanda à l'empereur Théodose II le commandement de la garnison locale pour protéger les églises du diocèse des attaques des tribus du désert. Les troupes de Philae étaient alors aux ordres de leur évêque. Le général Maximinus, *dux* de la Thébaïde, et Florus, commandant des forces romaines en Égypte, marchèrent vers le sud avec une grande armée et rejetèrent les tribus sur leurs terres environ 450. La surveillance de la zone sud fut négociée avec les Nobodai et un accord de paix fut aussi conclu avec les Blemmyes pour cent autres années. Les deux tribus purent alors continuer à se rendre au temple d'Isis à Philae et transporter la statue sacrée dans leurs villages pour être vénérée.

À l'époque de l'empereur Justinien (527-565), de nouveaux conflits surgirent avec les tribus du désert. L'empereur envoya le général Narsès dans l'île de Philae pour abolir le culte d'Isis en 535-536. Par ordre de l'empereur, le dernier détruisit les sanctuaires de Philae, confisqua les revenus du temple d'Isis, emprisonna les prêtres et envoya les statues à Byzance. Quelques salles du temple furent transformées en chapelles chrétiennes et certains symboles égyptiens comme l'*ankh* furent réutilisés en tant que croix. Les Blemmyes, outragés, revinrent à leurs razzias, bien qu'ils aient finalement été mis en déroute en 541 par Silko, roi chrétien de Nubie (royaume de Nobadie, créé au début du VIe siècle). Entre 525 et 577, avec l'évêque Théodore, le temple d'Isis devint église de saint Etienne, et Philae un évêché « missionnaire ». À la même époque, on édifia une petite église dans la cour du temple de Khnoum, et dans la seconde moitié de ce siècle, on bâtit une basilique, dont il reste quelques éléments de construction.

Ces événements, la fermeture des temples de Philae, la conversion du temple d'Isis en église et la christianisation de la Nubie correspondraient à des mesures politiques et de propagande de l'Empire byzantin sur le royaume nubien de Nobadie, plus que des mesures religieuses contre un paganisme fort dans la région de la Cataracte. La christianisation des Nubiens faisait partie de l'alliance politique de Justinien avec les ennemis des Perses. En 543, la mission monophysite du moine Julian envoyée par l'impératrice Théodora parvint en Basse-Nubie, au royaume de Nobadie. Deux ans plus tard, l'évêque Théodore de Philae continua la mission de christianisation en ce royaume jusqu'à son retour dans l'île en 551. Longin lui succéda. Nommé premier évêque de Nobadie en 566, il continua le travail des missions précédentes : il instruisit le peuple dans la religion chrétienne, bâtit la première église de Nubie et établit le clergé et les institutions ecclésiastiques locales. Au VIIe siècle, on édifia, face à l'extrême sud de l'île d'Éléphantine, le monastère de saint Siméon (Deir Anba Hatre) en l'honneur de l'anachorète local qui fut consacré évêque de Syène par le patriarche d'Alexandrie Théophilus (385-412). Le monastère de Deir Qoubbet el-Haoua (également appelé saint Georges, saint Laurent, saint Antoine et Deir Mari Girgis) dans la nécropole de Qoubbet el-Haoua, près de la tombe de Khounes (QH34h) et de Khui (QH34e), mentionné par les premiers voyageurs qui arrivèrent dans la région de la Cataracte au début du XIXe siècle, était probablement une dépendance du complexe monacal de saint Siméon depuis les VIe-VIIe siècles.

La ligne frontalière du sud de l'Égypte autour de Syène-Éléphantine-Philae, fixée depuis l'époque de Dioclétien, n'aurait pas été modifiée avec l'arrivée des Arabes en 642, car une garnison permanente s'établit à Philae.

2

Historiographie de la nécropole de Qoubbet el-Haoua

Les premières notices sur Qoubbet el-Haoua apparaissent au début du XIXe siècle avec l'œuvre de Vivant Denon, antiquaire, artiste et érudit français[1]. Dominique Vivant Denon (1747-1825) étudia le dessin avec Halle et commença une carrière diplomatique qui le mena à Saint-Pétersbourg, Stockholm, Naples et Venise, ainsi qu'en Suisse. Durant son séjour en Italie, son nom fut proscrit par les révolutionnaires. Sauvé de la guillotine par le peintre Jacques-Louis David, il fréquenta, pendant le Directoire, le salon de Joséphine de Beauharnais, où il rencontra probablement Napoléon. Plus tard, il se joignit à la commission des 167 savants pour l'expédition d'Égypte, 1798-1799. Il écrivit un rapport de son voyage qui fut édité jusqu'à huit fois pendant sa vie et traduit en anglais, en italien et en allemand, La collection principale des dessins fut publiée par E.-F. Jomard dans la *Description de l'Égypte*, 1809-1822, sur ordre de Napoléon. Vivant Denon est le premier Européen à avoir mené à bien cette exploration jusqu'à Assouan, précédant les savants de la *Description* que Bonaparte avait envoyés dans la vallée du Nil. Dans l'œuvre de Vivant Denon, on signale l'existence du couvent de saint Laurent sur la colline de Qoubbet el-Haoua, sur la rive occidentale du Nil[2].

En 1813, l'explorateur suisse et orientaliste J.-L. Burckhardt[3] signala également la présence d'une colline face à la ville moderne d'Assouan surs laquelle se trouvaient des tombes et le couvent de saint Laurent[4]. Johan Ludwig Burckhardt (1784-1817) fréquenta les universités de Leipzig et Göttingen, étudia la langue arabe à Cambridge et voyagea en Orient sous le nom de Sheikh Ibrahim. Entre 1812 et 1817, Burckhardt se trouvait en Égypte, où il fut le premier Européen à voir Abou Simbel, tel qu'il est rapporté dans son livre de voyages.

Peu après, l'explorateur et aventurier italien Giovanni Battista Belzoni (1778-1823) constate aussi l'existence d'un couvent à Qoubbet el-Haoua[5]. Belzoni, après sa rencontre avec Burckhardt en 1815, devint pourvoyeur d'antiquités égyptiennes du consul britannique, H. Salt. L'Italien explora la Vallée des Rois, où il découvrit le remarquable tombeau du pharaon Séthi I. Belzoni se rendit ensuite à Assouan et en Nubie, où il essaya d'ouvrir le temple d'Abou Simbel. D'autre part, il entreprit des fouilles à Karnak, où il découvrit la tombe du pharaon Ay, fit un moulage du portique du temple d'Isis de Philae et ouvrit la pyramide du pharaon Khephren (1818). Il

découvrit, en outre, le port ptolémaïque de Bérénice sur la Mer Rouge[6].

Plus de soixante-dix ans s'écoulèrent avant d'obtenir d'autres informations sur la nécropole. Pendant ce temps, l'écriture hiéroglyphique fut déchiffrée et les premières chaires d'égyptologie créées dans les universités les plus prestigieuses d'Europe, ce qui permit à l'Égypte ancienne d'émerger peu à peu. Les premiers égyptologues ne se limitèrent pas aux fouilles archéologiques, ils compilèrent aussi des données et des inscriptions sur des monuments, débarrassés du sable. Durant cette période, les fouilles étaient menées par toutes sortes de personnes qui pouvaient se permettre les dépenses qu'elles entraînaient. Bien qu'Auguste Mariette dirigeât, en 1858, le Service égyptien des Antiquités récemment créé, le manque de spécialistes permit à des amateurs d'antiquités de continuer les fouilles.

En 1885, le général britannique Francis Grenfell apprit que quelques objets antiques provenant de la colline de Qoubbet el-Haoua étaient apparus sur le marché noir d'Assouan et étaient vendus comme « souvenirs » aux touristes et aux voyageurs[7]. Francis Algernon Wallace, premier baron Grenfell (1841-1925), commandant en chef de l'armée égyptienne et président de l'*Egypt Exploration Society* entre 1916 et 1919, entreprit des fouilles à Assouan en 1885. Fort d'une permission officielle du Service des Antiquités égyptien, Grenfell ordonna à une partie de ses troupes et de ses officiers de génie de commencer les travaux dans un lieu où il semblait y avoir des tombes de l'époque pharaonique, Qoubbet el-Haoua. La campagne fut menée par l'adjoint du général, le commandant G.T. Plunkett. Le résultat de la première campagne, 1885-1886, fut un vrai désastre, puisqu'aucune des pièces ne parvint au Musée égyptien de Bulaq[8]. Malgré tout, Grenfell découvrit plusieurs tombes des VIe et XIIe Dynasties, ainsi que la rampe d'accès à la tombe de Sabni (QH26). Ces tombes furent numérotées par Grenfell de 25 à 36, et les travaux postérieurs d'autres chercheurs en augmentèrent le nombre[9].

En 1886, E.A.T. Wallis Budge (1857-1934), qui avait obtenu un poste de conservateur au Département d'Égyptologie et d'Assyriologie du British Museum,

---

[1] Dawson-Uphill (2012 : 150-151) ; Gran-Aymerich (2001 : 214-216). Voir Jiménez-Serrano – Sánchez-León (2011 : 538-542) pour ce qui suit.
[2] Denon (1802 : 51).
[3] Dawson-Uphill (2012 : 94) ; Gran-Aymerich (2001 : 123).
[4] Burckhardt (1819 : 131-132).
[5] Belzoni (1820 : 59-60).

[6] Dawson-Uphill (201 : 52-53) ; Gran-Aymerich (2001 : 59-60).
[7] Dawson-Uphill (2012 : 226).
[8] Budge (1920 : 89).
[9] Le numérotage est devenu plus complexe ayant été fondé sur différentes terrasses. On a constaté un total de 129 tombes, 94 documentées par Elmar Edel et 37 par Lady Cecil, avec deux tombes répétées (QH26a et QH34a). Première terrasse : 24-36 (Edel, 2008 : 1-967) ; deuxième terrasse : 86-110 (Edel, 2008 : 969-1815) ; troisième terrasse : 206-210 (Edel, 2008 : 1817-2044) ; terrasse inférieure : 602-603 (numérotation donnée par Edel, mais sans publication connue).

arriva à Assouan avec l'idée de choisir les pièces les plus intéressantes que les fouilles de Grenfell avaient mises au jour ; sûrement, Grenfell devait être persuadé de la nécessité de faire superviser les travaux de terrain par un spécialiste. Ernest Alfred Thompson Wallis Budge (1857-1934)[10], égyptologue et orientaliste britannique, s'intéressa à l'égyptologie en visitant les salles du British Museum et apprit la langue égyptienne avec S. Birch. Il voyagea plusieurs fois en Égypte, au Soudan et en Mésopotamie pour acquérir des antiquités pour ce musée, dont il fut conservateur de 1893 à 1924. Il mena des fouilles à Assouan, Gebel Barkal, sur l'île de Méroé, à Semna et en d'autres lieux de Nubie et du Soudan, puis à Ninive et à Der en Irak. Budge obtint une grande quantité de tablettes cunéiformes et d'autres antiquités assyriennes et babyloniennes, ainsi que des sculptures, des papyrus et divers objets égyptiens, en particulier les tablettes de Tell el-Amarna, en 1887. Il acquit aussi un grand nombre de manuscrits coptes, syriaques, arabes et éthiopiens pour le British Museum. Il publia environ 140 livres et édita des textes cunéiformes, hiéroglyphiques, coptes, syriaques et éthiopiens.

Grenfell et Budge commencèrent par le nettoyage des tombes les plus anciennes qu'on avait découvertes au cours de la campagne 1885-1886. Pendant les travaux de la deuxième campagne (1886-1887) on découvrit les tombes de Mekhou et de Sabni (QH25 et QH26), personnages importants de la VIe Dynastie qui vécurent sous le règne de Pépi II. À ces tombes, il faut ajouter celles d'Héqaïb (QH35) et d'Aku (QH32) découvertes par Grenfell. Ainsi, plus d'une vingtaine de tombes furent mises au jour, dont quelques-unes ne purent être fouillées. Pour sa part, Budge identifia le propriétaire de la tombe nº 30 comme étant Héqaïb, de la XIIe Dynastie, et celui de la tombe nº 31 comme étant Nub-ka-Ra (Sarenpout II), gouverneur du premier nome d'Égypte durant les règnes d'Amenemhat II et de Sésostris II. D'un point de vue artistique, cette tombe en dépasse bien d'autres, car ses peintures atteignent des sommets de perfection dans l'art égyptien. Les tombes de la XIIe Dynastie QH31 (Sarenpout II) et QH36 (Sarenpout I) sont décrites par Budge dans son article sur les fouilles de Grenfell à Qoubbet el-Haoua. À la fin de ce travail, il signale la présence d'un monastère copte sur la colline[11].

Mais le fait majeur pour l'égyptologie naissante fut la découverte de textes historiques importants : les biographies de Pepinakht-Héqaïb (QH35 = Héqaïb divinisé) et de Sabni (QH26), datées de la VIe Dynastie, ainsi que celle de Sarenpout I (QH36), remontant à l'époque d'Amenemhat I. Dans les tombes d'Héqaïb divinisé et de Sabni, sont évoqués différents événements qui concernent la politique internationale égyptienne, principalement en Nubie. La troisième biographie, écrite en deux versions, se trouve dans la tombe de Sarenpout I (QH36), une à l'intérieur, l'autre sur la façade, les deux textes comportant très peu de différences. La raison principale de cette ressemblance

tient sûrement au fait que Sarenpout I n'était pas sûr de survivre jusqu'à l'achèvement de sa tombe. Le nomarque Sarenpout I joua probablement un rôle prépondérant dans l'organisation de la conquête de la Nubie à côté de Sésostris I.

En 1892, Ernesto Schiaparelli (1856-1928) commença les fouilles sur le versant nord-est de Qoubbet el-Haoua et, peu de temps après, il avait déterré la tombe du gouverneur Herkhouf (QH34n), dans laquelle se trouvaient quelques « mùmmie nel tempo romano ». Schiaparelli[12] étudia l'égyptologie avec F. Rossi à l'Université de Turin et G. Maspero à Paris, entre 1877 et 1880. Directeur du Musée de Turin, il réalisa une douzaine de campagnes de fouilles en Égypte entre 1903 et 1920. Avec le soutien économique de l'Accademia Nazionale dei Lincei, il obtint la création d'une mission archéologique italienne, financée personnellement par le roi Victor-Emmanuel III, et soutenue par des crédits des ministères de l'Instruction Publique et des Affaires Étrangères. Il travailla à Gizeh, Hermopolis Magna, Assiout, Qau el-Kebir, El-Hammamia, dans la Vallée des Reines à l'ouest de Thèbes, à Gebelein, ainsi que dans la nécropole de Qoubbet el-Haoua et à Deir el-Medina. Là, il trouva intacte la tombe de l'architecte Kha et de son épouse, dont les objets donnent une bonne image de la vie et de la civilisation de l'ancienne Égypte. Il travailla aussi sur les papyrus funéraires et le *Livre des Morts*, et publia une grande quantité de facsimilés.

Schiaparelli mit au jour l'une des plus importantes inscriptions de la nécropole de Qoubbet el-Haoua. Sur la façade de la tombe du gouverneur Herkhouf (QH34n) avaient été gravés les succès qu'il considérait comme les plus importants de sa vie et qui racontaient ses voyages à l'intérieur de l'Afrique, notamment celui qu'il avait entrepris pour l'établissement de relations commerciales avec le Pays de Iam. Herkhouf fit également reproduire dans sa tombe une lettre dans laquelle le roi Pépi II lui réclamait le pygmée qu'il avait rapporté d'une de ses expéditions. Il s'agit de la mention la plus ancienne de cette ethnie qui vit dans l'actuel Cameroun.

En 1894, l'expédition du Service des Antiquités, dirigée par Jacques de Morgan arriva à Assouan. Celui-ci avait l'intention de commencer à cataloguer tous les monuments et inscriptions d'Égypte, de la Nubie à la Syrie-Palestine. Jacques Jean-Marie de Morgan (1857-1924) était à la fois ingénieur, géologue, archéologue, préhistorien et orientaliste[13]. Nommé Directeur général du Service des Antiquités égyptien de 1892 à 1897 (service fondé par A. Mariette en 1858), il mena des fouilles dans les pyramides de Dashur, les tombes royales de Naqada, les mastabas de Saqqara et le temple de Kôm-Ombo. En 1893, il conduisit la première expédition scientifique pour l'exploration du Sinaï et, en 1894, il commença à cataloguer les monuments existants en Égypte. Quelques volumes sur la Haute-Égypte furent publiés, mais son travail ne fut pas poursuivi

[10] Dawson-Uphill (2012 : 90-92) ; Gran-Aymerich (2001 : 120).
[11] Budge (1888 : 39-40).

[12] Dawson-Uphill (2012 : 492-493) ; Gran-Aymerich (2001 : 625-626).
[13] Dawson-Uphill (2012 : 387) ; Gran-Aymerich (2001 : 470-472).

par ses successeurs. Entre 1897 et 1912, il travailla comme responsable de la délégation archéologique française en Perse, notamment à Suse, où il réalisa d'importantes découvertes comme la stèle de Naram-Sin et le code de Hammourabi.

Le premier volume du *Catalogue des Monuments et Inscriptions de l'Égypte antique* comprend les tombes de Qoubbet el-Haoua. Pour la première fois, les inscriptions de Sabni, Héqaïb divinisé, Sarenpout I et Herkhouf[14] étaient publiées, les nombreuses erreurs que Schiaparelli avait commises ayant été rectifiées. L'équipe de De Morgan, dans laquelle collaborèrent d'importants égyptologues français comme B. Bouriant, G. Jéquier et G. Legrain, catalogua les monuments existants entre Kôm-Ombo et la frontière méridionale de l'Égypte. De Morgan n'entreprit pas de fouilles dans cette zone, mais pour la première fois, une vue détaillée de l'architecture et des inscriptions alors visibles à Qoubbet el-Haoua fut obtenue. L'égyptologue français réalisa une planimétrie générale des tombes de la nécropole et en dessina l'iconographie. De plus, Morgan documenta et numérota de façon différente les tombes découvertes par Grenfell et Schiaparelli et en découvrit quelques autres, comme celle de Khui (QH34e) et celle contiguë de Khounes (QH34h), toutes deux occupées postérieurement par les coptes. Il documenta encore la tombe d'Herkhouf (QH34n)[15] et celles de la terrasse inférieure : Sobekhotep (B1, actuelle QH90), Khnoum-khenu ou Khui-Khnoum (B2, actuelle QH102), Tjétji (B3, actuelle QH103) et Aba (Héqaïb ?, actuelle QH35d ?) (H5)[16].

Au début du XXe siècle, une aristocrate britannique, Lady William Cecil, parvint à obtenir une concession pour faire des fouilles à Qoubbet el-Haoua, grâce à son amitié avec Howard Carter qui était alors inspecteur de la Haute-Égypte au Service des Antiquités[17]. Mary Rothes Margaret Cecil, seconde baronne Amherst of Hackney (1857-1919), mariée à Lord William Cecil en 1885, hérita de son père un intérêt pour l'Égypte ancienne. Le baron Amherst possédait une remarquable collection d'antiquités égyptiennes, produit de ses voyages et de fouilles qu'il avait personnellement financées. Lady Cecil voyagea souvent en Égypte et réalisa des fouilles à Assouan. De nombreuses antiquités acquises ou trouvées par Lady Cecil entrèrent dans la collection de son père au musée de Didlington Hall, à Norfolk. La richesse épigraphique qu'avait révélée la nécropole de Qoubbet el-Haoua stimula sans doute l'appétit de chercheurs désireux de découvrir de nouvelles biographies qui aideraient à reconstruire l'histoire de l'Égypte pharaonique.

Lady Cecil entreprit, de façon rudimentaire, des fouilles dans plusieurs zones de la nécropole pendant deux campagnes, 1901-1902 et 1904. Elle s'attacha

principalement à la colline voisine de Qoubbet el-Haoua, connue sous le nom de Naga el-Qubba. Pendant la campagne de 1901-1902, l'aristocrate britannique mena des fouilles dans les tombes suivantes : 1) au sud de Qoubbet el-Haoua ; 2) au nord et au nord-ouest ; 3) du côté est, en direction des « tombes Grenfell » ; 4) sur le versant nord-est de Qoubbet el-Haoua, juste au-dessus du couvent de Deir Qoubbet el-Haoua. Lors de la campagne de 1904, elle fouilla les tombes suivantes : 1) sur le versant nord-est de la nécropole, juste au-dessus du couvent copte de Deir Qoubbet el-Haoua ; 2) du côté est de Qoubbet el-Haoua, au sud des « tombes Grenfell ». Le résultat de ces travaux fut regroupé dans deux articles des *Annales du Service des Antiquités de l'Égypte*[18]. Lady Cecil trouva quelques objets et quelques tombes qui, à l'heure actuelle, sont reconnus pour leur valeur historique, comme le sarcophage de Heqata. Mais, après deux campagnes sans découvertes spectaculaires, l'aristocrate abandonna le travail de terrain.

Il est difficile de savoir pourquoi aucune fouille n'a été pas menée à Qoubbet el-Haoua pendant plus de quarante ans. C'est peut-être en raison des conflits politiques internationaux ou de la pseudo-indépendance égyptienne en 1922, ou encore des efforts déployés par l'Égypte dans la Basse-Nubie afin de sauver les monuments et les sites archéologiques à cause de la construction du premier barrage d'Assouan. Pendant ce temps, on réalisa quelques études épigraphiques et philologiques sur les biographies trouvées dans les tombes des gouverneurs des VIe et XIIe Dynasties.

Une tentative plus sérieuse de poursuivre les travaux dans la nécropole procéda de Hans-Wolfgang Müller, qui avait étudié l'égyptologie avec H. Kees en 1926, et qui publia les détails sur les tombes, déjà découvertes, des gouverneurs et des personnages importants de la XIIe Dynastie, en particulier les tombes QH30, QH31, QH32 et QH36[19]. Nous ignorons pourquoi il ne publia rien sur la tombe QH28, de la même période, qui avait été découverte par les hommes de Grenfell. À ce moment, la tombe était couverte de sable, mais rien n'est mentionné dans le catalogue de Morgan. Par ailleurs, Müller avait découvert la tombe n° 33, mais le commencement des hostilités en 1939 l'obligea à quitter le pays. Son étude, avec l'analyse planimétrique et photographique de plusieurs tombes et leur environnement (notamment QH31 et QH36), a dû servir de base au travail de terrain.

Au cours de plusieurs campagnes menées pendant les décennies de 1930 et 1940, on trouva dans l'île d'Éléphantine, voisine de la nécropole, un temple dédié à Héqaïb, un gouverneur de l'Ancien Empire appelé Pepinakht. Il s'agit de la plus ancienne structure de culte dédié à un personnage qui n'était pas membre de la famille royale et qui avait été divinisé au moins depuis sa mort. Les fouilles furent conduites par Labib Habachi (1906-

[14] Morgan (1894 : 141-201).
[15] Morgan (1894 : 157-158 ; 158-162 et 162-173, respectivement).
[16] Morgan (1894 : 195-201).
[17] Dawson-Uphill (2012 : 18).
[18] Cecil (1903, 1905).
[19] Dawson-Uphill (2012 : 390-391) ; Müller (1940).

1984), égyptologue égyptien, qui décida de chercher la tombe de ce personnage à Qoubbet el-Haoua[20]. À partir de 1930, Habachi devint inspecteur du Service des Antiquités et exerça son autorité sur toute l'Égypte. En 1944, il fut nommé inspecteur chef de la Haute-Égypte jusqu'en 1946, puis entre 1951 et 1958. Entre 1960 et 1963, il fut nommé consultant archéologique de l'expédition de Nubie de l'Institut Oriental de Chicago.

Habachi avait trouvé, dans le sanctuaire d'Héqaïb à Éléphantine, de nombreuses statues et chapelles de hauts fonctionnaires locaux du Moyen Empire, lesquels avaient probablement été ensevelis dans la nécropole de Qoubbet el-Haoua. Leur publication, dans *The Sanctuary of Heqaib* (1985), atteste le premier culte à un personnage privé dans l'histoire égyptienne et son développement pendant l'Ancien Empire, la Première Période Intermédiaire et le Moyen Empire. D'autre part, entre 1946 et 1951, le chercheur égyptien avait fouillé un complexe funéraire dans la nécropole de Qoubbet el-Haoua disposé autour d'un grand hypogée ayant appartenu à Héqaïb divinisé (QH35). Cette tombe avait déjà été identifiée par J. de Morgan en 1894. Le texte autobiographique de la porte de la tombe décrit Héqaïb comme un administrateur juste et bienveillant, un inspecteur des routes commerciales en Basse-Nubie, un médiateur entre les tribus nubiennes, ainsi que comme un envoyé en missions spéciales, celle, par exemple, qui fut conduite sur la côte de la Mer Rouge. Mais Héqaïb n'est pas le seul noble de l'Ancien Empire à se présenter dans sa tombe comme juste, bienveillant, responsable et efficace ; son identification avec le personnage vénéré à Éléphantine n'est pas claire. Finalement, Habachi plaça ce culte à Héqaïb dans le contexte des activités politiques d'Égypte en Nubie : pendant le Moyen Empire, l'armée égyptienne réalisa des expéditions militaires jusqu'à la Seconde Cataracte, à 200 kilomètres au sud. Le nom d'Héqaïb, populaire à ce moment-là, était sans doute en rapport avec les attributs nécessaires en temps de conquête. Avec son fils Sabni, il aurait donc été chef d'expéditions militaires à la fin de l'Ancien Empire selon Habachi[21]. Héqaïb fut enseveli à Qoubbet el-Haoua, et ce fut peut-être le fait de voir une grande quantité d'offrandes dans la tombe de son père qui incita son fils Sabni à bâtir une sorte de mémorial dans sa propre tombe, ce qui n'avait encore jamais eu lieu lors de l'inhumation d'un noble[22].

Habachi publia tardivement la découverte de la tombe de Sabni, fils d'Héqaïb divinisé, s'attachant principalement à la biographie[23]. Ses notes sur le reste des trouvailles à Qoubbet el-Haoua furent publiées plus tard par K.-J. Seyfried et G. Vieler dans l'édition de l'œuvre d'Edel[24].

En 1958, Elmar Edel (1914-1997), égyptologue allemand, spécialiste en philologie, reprit les fouilles de Qoubbet el-Haoua et, après presque trente ans d'activité, découvrit un grand nombre de tombes sur le versant sud-est de la colline[25]. Elmar Edel étudia l'épigraphie, l'hittitologie et l'assyriologie dans les universités de Heidelberg (avec H. Ranke, 1933) et de Berlin (avec K. Sethe et H. Grapow, à partir de 1934). En 1955, il devint professeur à l'Université de Bonn. Il s'intéressa particulièrement à l'épigraphie de l'Ancien et du Moyen Empires, ainsi qu'aux relations égypto-hittites. Sa bibliothèque et ses archives furent acquises en 1999 par les archives égyptologiques de l'Università degli Studi di Milano[26].

Edel mena à terme vingt-trois campagnes de fouilles dans la nécropole de Qoubbet el-Haoua entre 1959 et 1984. Le projet de fouiller cette nécropole fut mis au point par le chercheur allemand en 1957, lors de sa participation à la campagne de sauvetage des monuments nubiens avec le *Centre d'Etude et de Documentation sur l'Ancienne Égypte*[27]. En 1959, Edel travailla sur quelques textes inédits, en particulier ceux de la tombe A7 de Qoubbet el-Haoua. En 1960, il commença à trouver des vases de céramique avec des informations sur le contenu, la provenance, le donateur et le récipiendaire. Entre 1967 et 1980, ces découvertes furent publiées en cinq tomes, dont un de paléographie, dans lequel apparaît aussi le dessin des céramiques, des observations sur la typologie, les textes avec leur transcription et une étude des mots, des anthroponymes et des titres des inscriptions. L'œuvre complète sur Qoubbet el-Haoua devait être organisée en trois parties selon le plan d'Edel. La seconde, comprenant les inscriptions des vases et leur étude, était complète. Néanmoins, la première partie, consacrée à la description architectonique des tombes et à la publication des reliefs, des inscriptions et de divers objets trouvés, était incomplète au moment de sa mort (1997). La troisième partie de la série consacrée à Qoubbet el-Haoua devait comprendre l'étude des restes humains et animaux et des matières organiques contenus dans les tombes. Bien que cette partie n'ait pas été publiée en tant que section du grand projet du chercheur allemand sur la nécropole, la recherche de F. W. Rösing sur les restes humains (autorisée par Edel) a donné d'intéressants résultats anthropologiques sur les liens entre les personnes ensevelies dans une même tombe et, plus généralement, dans la nécropole[28]. Par ailleurs, l'analyse des objets de métal découverts à Qoubbet el-Haoua fut publiée dans *ZÄS,* suivie d'un appendice écrit par Edel.

Elmar Edel fouilla près de 55 tombes de Qoubbet el-Haoua. Ses travaux avaient deux objectifs : découvrir de nouvelles tombes et fouiller celles qui avaient été découvertes antérieurement, étant admis que les recherches

[20] Dawson-Uphill (2012 : 235).
[21] Kamil (2007 : 174).
[22] Kamil (2007 : 175).
[23] (1981 : 11-27).
[24] (2008 : 667 et suiv.).

[25] Dawson-Uphill (2012 : 171).
[26] Piacentini (2006).
[27] Piacentini (2006 : 26 suiv.).
[28] Rösing (1990).

n'y avaient pas été complètement réalisées[29]. Le résultat définitif de ses travaux apparut dix ans après sa mort, grâce à l'empressement de deux de ses collaborateurs, K.- J. Seyfried et G. Vieler, qui compilèrent ses notes et celles de L. Habachi dans *Die Felsengräbernekropole der Qoubbet el-Haoua bei Assuan* (2008) en trois volumes. En tant qu'archéologue, Edel récupéra les répertoires de céramique et les répertoires iconographiques de la nécropole (par exemple le vase « Camares » trouvé en 1972 dans la tombe n° 88[30]), et émit des propositions pour identifier les propriétaires des tombes. Comme épigraphiste, il se consacra à la transcription, à l'étude des inscriptions des tombes de Qoubbet el-Haoua, et notamment à la biographie de Sarenpout I[31].

Avant l'arrivée de l'Université de Jaén en 2008, le Conseil Supérieur des Antiquités de l'Égypte réalisa quelques travaux de terrain à Qoubbet el-Haoua. Dans les années quatre-vingts, P. Grossmann marqua de nouveaux progrès sur la colline par ses études sur le monastère copte de Deir Qoubbet el-Haoua près de la tombe de Khounes (QH34h)[32]. Ce travail se développa[33] en 1998, quand le Conseil Supérieur des Antiquités (Magdi Abdin) retira le sable d'une zone située au nord de la tombe de Khounes, où apparut une église d'époque copte qui est reliée aux structures de brique que l'on peut observer sur la tombe QH34h (VI-VII siècles). Les fouilles continuèrent en 2010 et permirent de retirer tout le sable de l'édifice[34].

Au début des années 1990, Mohy el-Din[35] mena en urgence des fouilles au pied de la nécropole, après la découverte soudaine d'une tombe (mastaba), numérotée QH110. Cette tombe de l'Ancien Empire, appartenant à Setka, « Superviseur » sous Pépi II, prouve qu'il y avait une stratification spatiale et sociale dans les sépultures de Qoubbet el-Haoua : tandis que les membres de l'élite locale étaient inhumés dans les hypogées de la partie supérieure, leurs officiers étaient ensevelis dans la partie inférieure de la nécropole. Selon el-Din, ce mastaba est semblable à ceux trouvés dans le cimetière d'Éléphantine, occupés par des membres de l'administration provinciale[36]. La tombe fut aussi documentée par M. R. Jenkins[37].

En 2003, une équipe italienne, dirigée par M. Al-Khouri et G.M. Infranca, à laquelle participe depuis 2005 le Dr. Jiménez-Serrano (Université de Jaén), élabora un projet de conservation et de restauration de la nécropole de Qoubbet el-Haoua, sur proposition émise par l'ISAD (Istituto Superiore per le Tecniche di Conservazione dei Beni Culturali e dell'Ambiente « Antonino de Stefano », Roma, centre associé au Centro Nazionale della Ricerca), en collaboration avec le Service des Antiquités égyptien. Ce projet comprenait parmi ses objectifs : 1) la prospection géophysique de la colline avec géoradar ; 2) la prospection archéologique visuelle de la nécropole ; 3) l'étude physique des tombes (microclimat, documentation technique multimédia avec les nouvelles technologies, état de conservation, gestion du site pour la mise en valeur de son exploitation touristique, etc. ; 4) des recherches chimiques ; 5) la conservation des tombes QH90 (Sobekhotep) et QH98 (Ii-Shema) déjà découvertes ; 6) l'ouverture, par le Service égyptien des Antiquités, d'une tombe fermée assurant les fouilles et la conservation des matériaux récupérés ; 7) la conservation de la décoration picturale des tombes ouvertes, et 8) l'organisation muséologique et la mise en valeur des tombes (illumination, ventilation, panneaux didactiques, etc.). De plus, le projet italien s'accompagnait de cours de formation pour les restaurateurs égyptiens et la valorisation du patrimoine culturel de Garb Assouan[38]. L'équipe italienne réalisa quelques analyses de pigments dans la tombe QH90 ainsi qu'une prospection avec géoradar qui confirma la présence de douze nouvelles tombes et de trois tombes non fouillées, bien que découvertes préalablement[39].

---

[29] Edel (2008 : XX-XXIII).
[30] Piacentini (2006 : 38-39).
[31] Piacentini (2006 : 38-39).
[32] Grossmann (1985).
[33] Dekker (2008, 2013).
[34] Dekker (2008, 2013) ; Abdin (2013).
[35] (1994).
[36] (1994 : 34) ; cf. Jenkins (2000 : 68).
[37] (2000).

[38] Al-Khouri (2005 : 190) ; cf. Greca (2005).
[39] Al-Khouri (2005).

3

Le « Projet Qoubbet el-Haoua » de l'Université de Jaén

Le « Projet Qoubbet el-Haoua » est une initiative de l'Université de Jaén proposée au Conseil Supérieur des Antiquités d'Égypte[40]. Il commence avec la participation du Dr. A. Jiménez-Serrano, de la section d'Histoire ancienne de l'Université de Jaén, dans les campagnes de la mission italienne à Gharb Assouan, dirigées par M. Al-Khouri et G.C. Infranca. Le Dr. Jiménez-Serrano collabore, depuis 2005, à ce projet italien grâce à une convention conclue entre l'Institut « Antonino de Stefano » et l'Université de Jaén, dans le cadre du projet « Andalucía en Egipto » de la Junta de Andalucía, dont le Dr. Sánchez-León était le responsable entre 2004 et 2007.

Devant l'impossibilité, pour l'équipe italienne, de continuer ses recherches dans la zone, l'Université de Jaén signa, en 2006, une convention de collaboration avec le Conseil Supérieur des Antiquités d'Égypte, suite à une invitation personnelle du Dr. Mohamed el-Bialy, Directeur général des Antiquités d'Assouan et de Nubie. Les deux institutions s'engagèrent d'abord à développer un projet d'étude, de documentation et de mise en valeur de la tombe QH33. Entre 2006 et 2007 se constitua une équipe multidisciplinaire, laquelle entama les travaux en 2008. En 2009, fut ajouté à ce projet la tombe QH34, qui faisait partie du complexe funéraire de la QH33, et des travaux de consolidation de la tombe de Khounes (QH34h), qui risquait de s'effondrer, furent entrepris. À partir de 2015, après la fin du moratoire de la Loi du Patrimoine de la République d'Égypte en 2013, qui empêchait l'extension des fouilles en Haute-Égypte, le projet se développa, couvrant la fouille d'autres tombes du Moyen Empire : les puits funéraires de QH31, QH32 et QH36, ainsi que la tombe inédite QH35p et l'aire jamais fouillée, appelée QH-Nord. En raison des particularités du terrain, la zone de fouille au nord de QH34 fut élargie et cinq nouvelles tombes furent découvertes : QH34aa, QH34bb, QH34cc, QH34dd et QH34ee, datant toutes du Moyen Empire (sauf QH34cc et QHdd, datées de l'Ancien Empire).

Dès le début, il était clair que le travail de l'Université de Jaén allait bien au-delà des projets archéologiques et égyptologiques « classiques ». En ce sens, on voyait la nécessité d'ouvrir de nouveaux domaines de recherche pour y inclure différentes disciplines et les dernières technologies. Les travaux archéologiques se seraient déroulés dans une tombe déjà connue mais non fouillée jusqu'alors, la QH33. Elmar Edel n'avait ni fouillé ni documenté cette tombe probablement parce qu'il pensait que le feu dans l'Antiquité avait détruit ou endommagé gravement les inscriptions et la décoration.

Ainsi, à la demande du Dr. El-Bialy, les travaux de l'Université de Jaén dans la nécropole de Qoubbet el-Haoua se structurent selon trois axes : recherche, conservation et développement local.

La recherche est axée sur différents aspects. D'une part, il s'agit de la fouille archéologique, de la documentation des matériaux trouvés et d'une étude de médecine légiste des restes humains. Dans ce sens, l'objectif du projet est de « nettoyer » les tombes, bien qu'il s'agisse d'une fouille archéologique. Il faut ajouter que les excavations ne sont plus un objectif prioritaire du Conseil Supérieur des Antiquités d'Égypte, sa nouvelle politique étant de favoriser la conservation, la restauration et la mise en valeur des sites archéologiques. Les missions étrangères s'attachent désormais à la conservation des tombes et des temples qui demandent une intervention urgente. Dans cette optique, l'Espagne a une longue histoire de collaboration avec l'Égypte, à savoir depuis le sauvetage des monuments de Nubie dans les années soixante, comme on le verra plus loin.

D'autre part, la recherche comporte la contextualisation historique des tombes QH31, QH32, QH33, QH34, QH34α, β, QH34aa, QH34bb, QH34dd, QH34ee, QH35p et QH36 à l'époque du Moyen Empire et dans les périodes de réoccupation, de même que l'étude de leur importance aux niveaux régional, national et international (relations Égypte-Nubie). Pour cela, nous utiliserons différentes sources, en particulier celles à caractère littéraire qui, jusqu'à présent, n'ont pas été traduites en espagnol (égyptiennes, araméennes, grecques et coptes) et qui seront sans doute un outil fondamental pour les historiens et les philologues.

La conservation concernera, d'une part, l'analyse géomécanique de la colline de Qoubbet el-Haoua pour éviter de futurs effondrements de tombes et, d'autre part, l'étude des pigments des peintures murales, ce qui permettra leur consolidation et leur récupération.

Finalement, au sujet du développement local, nous tenterons de mettre en valeur le site moyennant des plans viables qui augmentent l'intérêt touristique de la zone, notamment pour favoriser un tourisme de qualité, tourisme qui n'a aucun avenir sans la préservation du patrimoine et de l'environnement, ni la protection de la diversité culturelle. Par ailleurs, nous diffuserons les activités et les résultats de la recherche tant à travers des forums spécialisés que par les médias, spécialement par la page web du projet (http ://ujaen.es/investiga/qubbetelhawa/index.php).

Le projet de l'Université de Jaén est un projet singulier.

---

[40] Cf. Jiménez-Serrano – Sánchez-León (2011 : 535-538 ; 542-545) pour ce qui suit.

3.1. Un projet de Jaén pour Jaén au niveau de la recherche

Les débuts de ce troisième millénaire sont riches en découvertes archéologiques en Égypte et en progrès technologiques appliqués à l'égyptologie en général. Les nouvelles technologies sont très présentes dans cette équipe et ce projet. Ce dernier se caractérise notamment par la multidisciplinarité (présence d'archéologues, d'historiens, de philologues et de divulgateurs) et la transdisciplinarité (présence d'ingénieurs, d'architectes, de topographes, de géologues, de conservateurs et d'anthropologues légistes).

L'équipe de recherche de l'Université de Jaén est composée en majorité de jeunes chercheurs, ce qui concorde avec la nouvelle politique du Ministère espagnol de la Science et de l'Innovation, ainsi qu'avec le Ministère de l'Économie et de la Compétitivité, soucieux de renouveler les équipes de recherche en encourageant de nouveaux talents et en soutenant les projets des jeunes chercheurs. Trois disciplines de l'Université de Jaén (Histoire ancienne, Philologie grecque et Didactique des sciences sociales) de trois départements universitaires différents sont impliquées dans le travail de cabinet sur des thèmes d'histoire, de philologie et de divulgation de l'Égypte ancienne. Dans le groupe de travail de terrain, la plupart de chercheurs (environ 70%) sont des doctorants de notre université et des professionnels autonomes de notre province collaborant à notre projet (archéologues, topographes, géologues, architectes, conservateurs, photographes spécialisés, ingénieurs). D'un point de vue académique, nous avons eu recours à la collaboration de spécialistes étrangers à Jaén dans les domaines de la conservation de peintures, de l'anthropologie légiste, des études araméennes et coptes. En ce sens, le présent projet est une belle occasion de développer des formations pratiques sur le travail de terrain pour les élèves du troisième cycle de l'Université de Jaén et ceux d'autres centres dans plusieurs disciplines : égyptologie, histoire des religions, histoire de l'art, philologie grecque, philologie araméenne, philologie copte, conservation, restauration, didactique de l'histoire, médecine légiste, développement local, études de genre, géologie, archéozoologie, etc. La spécialisation régionale permet ainsi la formation de nouveaux chercheurs qui jusqu'ici pouvaient à peine travailler avec du matériel inédit en Égypte.

La mission de l'Université de Jaén intervient à Qoubbet el-Haoua pendant les campagnes de fouilles de 2008 à 2018 avec le financement d'entreprises privées et d'institutions de notre province (environ 50%), à côté d'organisations nationales : l'Université de Jaén, la Caisse Rurale de Jaén, la Société IGEA-Jaén, la Société G. García S.L., Groupe Obras Civiles del Atlántico, Endesa Ingeniería, l'Association espagnole d'Égyptologie, le Ministère de la Culture, le Ministère de la Science et de l'Innovation et le Ministère de l'Économie et de la Compétitivité. L'internationalisation de la recherche et la diffusion des résultats donnent une visibilité nationale et internationale tant à l'Université de Jaén qu'aux sponsors du projet et à la province de Jaén en général. Pour les périodes 2010-2013, 2014-2016 et 2017-2019, nous avons compté spécifiquement sur le financement institutionnel du Ministère de la Science et de l'Innovation (puis Ministère de l'Économie et de la Compétitivité) grâce aux projets I+D+I « Excavación, estudio y conservación de la tumba n° 33 de la necrópolis de Qubbet el-Hawa (Asuán, Egipto) », « Excavación, estudio histórico y conservación de las tumbas de los gobernadores del Reino Medio de la necrópolis de Qubbet el-Hawa (Asuán, Egipto) » et « Excavación, estudio histórico y conservación de las tumbas del Reino Medio de la necrópolis de Qubbet el-Hawa (Asuán, Egipto) ». Dans la même ligne, nous avons aussi reçu un financement de la part du Ministère de la Culture, entre 2009 et 2013, pour le projet « Excavación, conservación y puesta en valor de la necrópolis de Qoubbet el-Haoua » (2012/00022/001 ; 2010/00192/001 ; 2009/00127/001), et un du Groupe Obras Civiles del Atlántico, entre 2010 et 2013, pour le projet « Promoción, desarrollo y ejecución del proyecto de investigación Qubbet el-Hawa » (2010/00160/001).

Grâce à ces projets, la présence espagnole, en particulier celle de l'Université de Jaén, a été maintenue dans une zone archéologique importante d'Égypte, la région d'Assouan. Cette recherche singulière a pour vocation de devenir une référence au niveau international dans la recherche égyptologique, selon l'esprit du document « Stratégie Espagnole de Science et Technologie et d'Innovation » du gouvernement espagnol.

Le « Projet Qoubbet el-Haoua », première mission archéologique concédée par l'Égypte à une institution universitaire d'Andalousie, permet donc à l'Université de Jaén de se situer à l'avant-garde de l'égyptologie en Espagne, au même niveau que les institutions publiques qui avaient déjà une mission au pays du Nil. Ainsi, depuis 1984, Mª. C. Pérez Díe, conservateur du Museo Arqueológico Nacional, mène des fouilles à Héracléopolis Magna (Ehnasya el-Medina, le Fayoum), dont les interventions ont eu lieu dans les nécropoles des Première et Troisième Périodes Intermédiaires. Depuis 1992, J. M. Padró, de l'Université de Barcelone, a entrepris des fouilles à Oxyrinchos (al-Bahnasa), dont l'objectif est une recherche urbanistique de la cité gréco-romaine ainsi que l'étude des nécropoles des époques saïte, romaine et copte. D'autre part, depuis 2002, J. M. Galán, du CSIC de Madrid, réalise des fouilles à Dra Abu el-Naga, plus précisément dans les tombes de Djehuti et de Hery, deux grands dignitaires de la cour de la reine Hatchepsout. Pour sa part, depuis 2008, M. Seco, de la Real Academia de Bellas Artes Santa Isabel de Hungría de Seville, mène des fouilles à Louxor, dans le cadre d'un projet de recherche, de restauration et de mise en valeur du temple funéraire de Thoutmosis III[41]. De son côté, A. Morales, de l'Université d'Alcalá de Henares (Madrid) mène des recherches depuis 2016 à Deir el-Bahari (Louxor), dans le cadre d'un projet

---

[41] Pérez Díe-Al Saliik (2009) ; Martín Flores-Lopez Hervás (2004).

sur la XIe Dynastie. Dans le même temps, M. Molinero Polo, de l'Université de La Laguna, développe, quant à lui, ses recherches sur la TT 209 à Louxor depuis 2012. Et, finalement, F.J. Martin et T. Bedman, poursuivent depuis 2009 à Deir el-Bahari (Louxor), leur projet sur le vizir Amen-hotep Huy.

3.2. Un projet de Jaén pour l'Égypte au niveau de la conservation et du développement local

La mission de l'Université de Jaén intervient dans la traditionnelle coopération hispano-égyptienne pour le développement de la région d'Assouan, une zone défavorisée de l'Égypte avec la seule minorité ethnique du pays, les Nubiens. Le point de départ de cette coopération est l'appel lancé par l'UNESCO, en 1959, afin de sauver les monuments de la Basse-Nubie qui menaçaient d'être submergés par la construction du barrage d'Assouan.

En Espagne, l'intérêt témoigné à l'Orient en général et à l'Égypte en particulier, suivit les mêmes voies que les pays européens pendant le Sexenio Revolucionario (1868-1874) et les premières années de la Restauration Bourbonique, mais selon un processus beaucoup plus rapide et à une échelle plus réduite[42]. À cette époque, apparut en Espagne un intérêt tout particulier pour la philologie ancienne et pour un certain esprit antiquaire qui s'était déjà heurté aux difficultés survenues en Égypte pour l'exportation des pièces. Ainsi, l'égyptologie espagnole commença de façon « officielle » en 1871, lorsque le gouvernement envoya la frégate « Arapiles » dans la zone orientale de la Méditerranée avec pour mission d'étudier les monuments et de relever les collections et les exemplaires susceptibles d'être acquis pour le nouveau Museo Arqueológico Nacional de Madrid, créé en 1867. À bord de cette frégate voyageait une commission archéologique pour l'Orient présidée par le conservateur Juan de Dios de la Rada y Delgado. À son retour, l'expédition apporta en Espagne des pièces qui sont aujourd'hui abritées par le Département des Antiquités Égyptiennes du Museo. Par ailleurs, en 1884, arriva au Caire le consul général d'Espagne Eduardo Toda i Güell (1855-1941), considéré comme le premier égyptologue espagnol à avoir exercé une activité de terrain. En 1886, il accompagna Gaston Maspero, directeur du Service des Antiquités d'Égypte, dans un voyage d'inspection en Haute-Égypte, entouré d'égyptologues de renom : Ch. E. Wilbour, E. Grébaut et U. Bouriant. À Deir el-Médineh, près de Louxor, Maspero chargea Toda i Güell de fouiller la tombe récemment découverte de Sennedjem, chef d'artisans, qui vécut sous les règnes de Séthi I et de Ramsès II. En même temps, Toda rassembla des pièces archéologiques et forma la collection particulière la plus importante qui arrivât en Espagne ; une partie fut donnée au Museo de Vilanova i la Geltrù, une autre fut acquise par le Museo Arqueológico Nacional. De retour en Espagne, Toda publia quelques monographies dans sa série *Estudios Egiptológicos* sur Sésostris (1886)

et sur la conception égyptienne de la mort (1887), auxquelles il faut ajouter son mémoire sur les fouilles de la tombe de Sennedjem (1887). L'egyptologue cherchait ainsi à créer une école égyptologique espagnole, mais il échoua. En 1889, il publia *A través del Egipto,* où il relate son expérience et son travail d'exploration dans le pays du Nil. Par ailleurs, Vicente de Galarza y Pérez Castañeda, professeur de philosophie à l'Université du Caire entre 1913 et 1920 et ami du premier ministre égyptien d'alors, Saad Zaglul, obtint du Service des Antiquités égyptiennes un permis de fouilles dans une tombe de la nécropole de Gizeh en 1907. Galarza y trouva la statue de la reine Khamerernabty II, datant de la IVe Dynastie, épouse du pharaon Menkaourê. Parallèlement aux découvertes de Toda et Galarza, quelques personnalités introduisirent l'étude de l'Égypte ancienne en Espagne, parmi lesquels J.R. Mélida, M. Morayta et M. Treviño y Villa.

Par la suite, entre 1907 et 1960, aucun chercheur espagnol ne travailla en Égypte et les publications sur ce pays diminuèrent, bien que quelques prêtres, portés par leur intérêt pour les études bibliques, aient étudié l'histoire ancienne de l'Égypte. Tel est le cas du père Benito Celada, professeur à l'Université de Madrid. Après la perte des dernières colonies à la fin du XIXe siècle, l'Espagne chercha une alternative coloniale en Afrique du Nord. Ainsi, en 1912, fut instauré un protectorat espagnol au Maroc et, après la guerre du Rif, ce dernier retint l'attention des archéologues. À ce moment-là, les intellectuels espagnols se fixent sur la question de l'identité espagnole et de la décadence de la nation, le développement d'un orientalisme scientifique et artistique étant devenu impossible à cause de la perte du rôle de l'Espagne dans les relations internationales.

L'égyptologie scientifique commença en Espagne dans les années soixante. Le compromis avec l'Égypte, la communauté internationale et avec le patrimoine universel favorisa le développement de l'égyptologie moderne espagnole. Face au risque de perdre des sites archéologiques d'une grande valeur historique, l'Espagne répondit avec des moyens économiques, humains et scientifiques. En 1960, le Comité espagnol pour le sauvetage des trésors archéologiques de Nubie fut créé sous la direction de Martin Almagro Basch, professeur de l'Université de Madrid, qui plaça de nouveau l'Espagne au niveau de la communauté égyptologique internationale. Deux équipes de spécialistes réalisèrent six campagnes entre 1960 et 1966, menant des fouilles tant dans la Nubie égyptienne (Cheik Daoud, Masmas) que dans la soudanaise (Argin, îles de Ksar-Ico et d'Abkanarti). Le sauvetage des temples de Ramsès II et de Nefertari à Abou Simbel, ainsi que celui d'Isis dans l'île de Philae a été réalisé. En contrepartie, le gouvernement égyptien donna à l'Espagne des milliers de pièces (la moitié du matériel archéologique soudanais et quasiment tout le matériel de la Nubie égyptienne), en plus du temple de Debod (cédé en 1968 et placé dans le Parc de l'Ouest de Madrid). Il lui accorda également la concession archéologique d'Héracléopolis Magna (Ehnasya el-Medina, le Fayoum) en 1966.

---

[42] Voir Molinero Polo (2004) pour ce qui suit.

Cette intervention espagnole au sud de l'Égypte contribua à établir la continuité historique de la Nubie du néolithique à l'époque islamique. La mission espagnole dans cette région joua, indirectement, un rôle primordial dans la naissance de l'actuelle égyptologie espagnole et son épanouissement. Le temple de Debod et les antiquités données par l'Égypte à l'Espagne favorisèrent des vocations. De la même façon, la concession d'Héracléopolis Magna servit, ces dernières années, à former les égyptologues espagnols.

Par ailleurs, le développement de l'égyptologie scientifique en Espagne se vit favorisé par la création des premières chaires d'Histoire ancienne, toujours durant les années soixante. Au cours de ces dernières années-là, les égyptologues espagnols entreprirent des interventions en Égypte et furent intégrés dans des équipes internationales et des missions étrangères, moyennant des collaborations précises[43].

Enfin, depuis les années quatre-vingts, la création d'associations pour la divulgation historique de l'Égypte ancienne, le travail de diffusion des médias, la présence d'équipes et de chercheurs espagnols au pays du Nil, ainsi que l'enseignement dans les universités développèrent considérablement l'égyptologie espagnole.

* * *

Dans la nécropole de Qoubbet el-Haoua, les premiers travaux commencèrent dans les années 1880 et, à partir de là, quelques archéologues seulement y travaillèrent jusqu'aux fouilles d'Elmar Edel vers le milieu des années cinquante. Les méthodologies archaïques utilisées, de même que les intérêts disparates des chercheurs, eurent pour conséquence une vision confuse du site d'un point de vue archéologique et historique. Par ailleurs, l'exposition à l'air libre et le tourisme, une mauvaise surveillance des peintures murales des tombes et l'évolution géomécanique de la colline provoquèrent des dégâts assez conséquents quant à l'état de conservation de nombreuses tombes.

On peut signaler les principaux problèmes ayant surgi après les interventions sur le site, qui constituent les objectifs généraux de la mission de l'Université de Jaén :

• Publication incorrecte ou parution tardive du matériel provenant de la nécropole, ce qui a conditionné en partie les recherches[44] ;
• Manque d'un plan de travail comprenant l'intervention de plusieurs disciplines[45] ;

• Absence totale d'études préliminaires permettant la description des travaux de conservation et de restauration[46] ;
• Absence d'une cartographie du site qui aurait permis de situer dans l'espace toutes les tombes[47].

D'autre part, l'équipe de l'Université de Jaén a décidé de centrer ses recherches pendant les dix dernières années sur le Moyen Empire dans la nécropole de Qoubbet el-Haoua (QH31-36), une des périodes qui a reçu le moins d'intérêt de la part des historiens pendant ces cinquante dernières années. Le Moyen Empire se caractérise par une grande quantité d'œuvres littéraires. C'est pourquoi la plupart des études égyptologiques publiées sur cette période concernent les aspects littéraires et philologiques, plutôt que les éléments historiques et archéologiques. De ce fait, les fouilles qui auraient pu produire du matériel nouveau intéressant, comme celles conduites par l'Institut Archéologique Allemand du Caire à Éléphantine, sont rares. Dans ce sens, l'importance de la nécropole des nobles d'Assouan nous a convaincus que cette dernière constituerait un excellent abri pour les nouvelles découvertes, du point de vue non seulement de la culture matérielle mais encore historique. Dans les tombes de Qoubbet el-Haoua, ont été trouvées des biographies et des inscriptions qui ont permis de reconstruire quelques-uns des événements historiques et politiques importants de l'histoire de l'Égypte. Par leur caractère exceptionnel, ces biographies et inscriptions nous permettent de suivre le parcours de certains personnages importants de l'administration provinciale des Ancien et Moyen Empires, ainsi que d'analyser la politique internationale que l'Égypte a menée en Nubie et, dans une moindre mesure, dans d'autres régions voisines du pays du Nil. De plus, nous avons pu analyser les rapports internes des familles de gouverneurs de la région pendant ces périodes, ainsi que leur relation avec la cour royale. Mais, les résultats des études sur la divinisation de personnages privés depuis la fin de l'Ancien Empire et pendant le Moyen Empire, comme Héqaïb à Éléphantine, sont également importants.

Le projet de l'Université de Jaén est structuré selon trois axes fondamentaux : recherche, conservation et développement local, suivant les prémisses de l'UNESCO, dans les années 2006-2008, concernant la conservation du patrimoine et de l'environnement et la protection de la diversité culturelle, spécialement dans les pays en voie de développement comme l'Égypte.

3.3. Recherche

La recherche s'établit à partir de deux domaines différents bien que complémentaires. D'un côté, nous proposons d'approfondir l'histoire de la région d'Assouan d'un

---

[43] Pérez Díe-Al Sadiik (2009).
[44] Edel a réalisé des publications préliminaires et des études du matériel découvert (2008 : XX-XXIII).
[45] Le seul qui avait dans son équipe une personne non égyptologue était Edel, qui compta sur la présence d'un anthropologue légiste, cf. Rösing (1990).
[46] Les seules interventions menées à bien comportèrent un caractère d'urgence pour éviter l'effondrement des tombes QH34h et QH35d.
[47] Edel (2008 : Plan 1) a publié un plan avec la localisation de toutes les tombes de la nécropole (point 0 = QH25).

point de vue local, régional, national, ainsi que dans la perspective des rapports internationaux entre l'Égypte et la Nubie. Ainsi, nous traduirons en espagnol et analyserons l'ensemble des inscriptions et des sources littéraires de la zone : hiéroglyphiques, araméennes, grecques et coptes, notamment les papyrus et ostraca araméens et grecs. Ces sources nous aideront à interpréter l'abondante culture matérielle trouvée dans la région et ses alentours. Ceci permettra la réalisation d'une analyse historique profonde qui enrichira nos connaissances sur plusieurs points :

- Les communautés méridionales égyptiennes depuis la période prédynastique jusqu'au Haut Moyen-Âge ;
- L'organisation administrative au niveau provincial et ses liens avec le palais royal ;
- Le rôle politique des élites locales pendant le Moyen Empire, en particulier pendant la XIIe Dynastie ;
- Les rites funéraires dans la province du sud aux époques pharaonique et copte ;
- La religiosité dans la période pharaonique, la communauté juive d'Éléphantine et les communautés monacales coptes ;
- L'administration gréco-romaine dans une région périphérique comme Assouan ;
- Les relations internationales entre l'Égypte et la Nubie.

Outre l'analyse historique de la région d'Assouan, la deuxième ligne de recherche de ce projet concerne la fouille archéologique des tombes QH31 à QH36 de la nécropole de Qoubbet el-Haoua.

À partir de là, nombre de travaux techniques restent à faire :

- Détermination de l'éventuelle présence de fresques avec des scènes et une écriture hiéroglyphique sur les parois des tombes ;
- Caractérisation des composants chimiques de peintures murales et de céramiques ;
- Prospection et documentation photographique des tombes ;
- Mesurage complet des tombes, une fois leur nettoyage achevé ;
- Analyse au radiocarbone pour déterminer la date à laquelle a eu lieu l'incendie à l'intérieur de la tombe QH33, à l'Institut Français d'Archéologie Orientale du Caire ;
- Étude d'anthropologie légiste des nombreux restes humains présents à l'intérieur des tombes et des momies restées intactes (TAC au Conseil Supérieur égyptien des Antiquités) ;
- Prise d'échantillons d'ADN (si possible).

3.4. Conservation

La conservation du patrimoine est l'un des piliers fondamentaux de notre intervention à Qoubbet el-Haoua, notamment lorsque le travail de terrain se déroule dans un pays qui consacre des ressources insuffisantes pour

conserver un patrimoine aussi vaste et divers qu'est celui de l'Égypte. Nous souhaitons que des membres du Service des Antiquités égyptiennes participent à notre projet. De cette manière, la dépendance scientifique et technique de l'Égypte par rapport aux missions étrangères pourrait se réduire peu à peu. Pour atteindre nos objectifs de conservation et de mise en valeur des tombes QH31 à QH36, quelques techniques sont nécessaires :

- La prise d'échantillons et l'analyse des pigments utilisés dans les tombes, de façon à pouvoir déterminer leur chronologie avec le maximum d'exactitude et établir des stratégies de conservation et de restauration pour l'avenir ;
- La consolidation et la conservation des objets en bois, en pierre, en os et des céramiques trouvés à l'intérieur des tombes ;
- L'achèvement de l'étude géomécanique de la colline de Qoubbet el-Haoua, une fois la cartographie du site réalisée, afin de développer les stratégies de conservation des hypogées qui menacent de tomber en ruine ;
- L'intervention dans quelques tombes en danger d'écroulement imminent, comme la QH34h (Khounes) ;
- L'analyse de l'état de conservation et du degré de stabilisation des tombes.

Une fois la fouille des tombes achevée, nous évaluerons les besoins pour une conservation appropriée qui suit des critères de conservation et de développement soutenables. Parmi eux, citons :

- Le renforcement des tombes afin de prévenir l'action de la dune ;
- Le choix de zones accessibles ;
- La réalisation de représentations en 3D pour les zones non accessibles ;
- Un système de climatisation ;
- Un système d'éclairage électrique qui génère peu de chaleur et préserve les conditions internes de la tombe ;
- Des mesures contre les corrosions du vent ;
- L'installation d'éléments de protection pour éviter le contact des mains des visiteurs avec les objets ;
- L'installation d'un plancher en vue de prévenir la corrosion des murs internes des tombes, due à la poussière et au sable provoqués par les pas des visiteurs ;
- Couverture des puits funéraires de la tombe avec un sol en fer et en bois permettant une visite sûre.

3.5. Développement local

Les relations multiculturelles qui se sont établies dans la région d'Assouan tout au long de son histoire peuvent servir de point de départ pour des expériences futures, où prime la diversité culturelle. La localité la plus proche de la nécropole de Qoubbet el-Haoua est Gharb Assouan (à l'ouest d'Assouan), éloignée d'un peu plus d'un kilomètre du site archéologique ; cette localité est d'origine nubienne, minorité ethnique partagée entre l'Égypte et le Soudan[48]. Les possibilités économiques qu'offrent Assouan et Gharb Assouan sont faibles et de mauvaise qualité. Traditionnellement, les Nubiens étaient agriculteurs et pasteurs. Néanmoins, l'important parcellement des terres, dans le passé, obligeait les familles à les entretenir et, dans de nombreux cas, plusieurs frères (et leurs familles respectives) devaient vivre du même terroir que leurs parents, ou alors tenter leur chance dans les pays du Golfe Persique.

Le développement touristique a partiellement soulagé cette situation, puisque beaucoup de jeunes ont été engagés sur les navires de croisière qui sillonnaient le Nil, bien qu'ils aient généralement occupé les postes mal rétribués, comme cuisiniers ou porteurs. L'industrie touristique s'est développée à Assouan depuis la construction du barrage dans les années 1960. Deux décennies plus tard, quelques hôtels ont été bâtis pour répondre aux flux touristiques qui se densifiaient rapidement à cause de l'aéroport et de la station de chemin de fer. En 1986, de trente à quarante croisières étaient programmées sur le Nil entre Louxor et Assouan. Les touristes visitaient les tombes de la nécropole de Qoubbet el-Haoua, l'ensemble d'Abou Simbel, l'île de Philae, le barrage et les villages nubiens. Aujourd'hui, le tourisme local a un caractère primitif et déstructuré, étant plus facilement contrôlé par les tour-opérateurs. En outre, très peu de visites incluent la nécropole de Qoubbet el-Haoua en raison du petit nombre de tombes visibles. Néanmoins, ces derniers temps, les femmes nubiennes s'impliquent chaque fois davantage dans le commerce touristique, acquérant connaissances, contribuant à gagner de l'argent pour leur famille. Enfin, cette même population nubienne représente, en soi, un bien qu'il importe de conserver. Tel que le définit l'UNESCO, la structure sociale et les particularités culturelles de la zone constituent un patrimoine immatériel qui n'a pas encore été mis en valeur.

Le projet de l'Université de Jaén possède toutes les compétences pour renforcer la mise en valeur touristique et économique du site grâce à la collaboration hispano-égyptienne. En ce sens, nous tentons, par notre intervention, de renforcer le développement local, de conserver le patrimoine naturel et culturel et d'améliorer la situation de la femme dans les zones les moins favorisées, par une série de mesures :

- Cartographie complète du site, non réalisée jusqu'ici, utile pour le développement des itinéraires touristiques, la reconnaissance des tombes et l'identification des structures architectoniques ;
- Construction d'un nouvel édifice administratif du site pour aménager l'entrée. La nouvelle structure utilise les matériaux locaux (bois et grès) et s'intègre au paysage, accomplissant ainsi la conservation du milieu, assurée par notre projet ;

- Édition d'itinéraires de visites et de guides, axés sur la didactique de la nécropole, afin d'augmenter l'intérêt touristique de la zone ;
- Conservation du patrimoine archéologique mobilier et immobilier en 3D ;
- Illumination de Qoubbet el-Haoua. Cette intervention attirera l'attention des touristes pour les heures nocturnes et rendra le site plus visible ;
- Inclusion du site dans un parc fluvial régional d'environ 10 kms le long du Nil, qui comporte des biens naturels et des biens culturels dans un itinéraire touristique. Ce parc renforce l'identité locale et constitue un élément économique attractif pour le territoire.

Comme le signale le Dr. Díez Bedmar dans son rapport[49], le site est à seulement un kilomètre et demi (de 15 à 20 minutes environ en bateau à moteur) de la ville d'Assouan, point touristique d'excellence au sud de l'Égypte et arrêt obligatoire pour n'importe quelle route touristique, en raison de la proximité d'autres enclaves comme Éléphantine, Philae et le barrage d'Assouan.

C'est pourquoi, il convient de développer deux types de stratégies pour stimuler le tourisme à Assouan et offrir de nouvelles chances au développement local. D'un côté, il est nécessaire d'élaborer une brève documentation en plusieurs langues pour les guides professionnels, de façon à augmenter l'offre pour les touristes. Ensuite, nous organiserons la diffusion du site moyennant l'élaboration d'itinéraires de visites et de guides didactiques, par le biais d'une page web, en plusieurs langues, notamment pour les agences de tourisme et les tour-opérateurs de la zone dans des circuits établis par les autorités. En troisième lieu, il s'avère indispensable d'étudier de nouveaux moyens pour que les habitants de Gharb Assouan bénéficient du tourisme, offrant une valeur ajoutée à celle qui est déjà proposée, et d'améliorer la situation spécifiquement des femmes de milieux sociaux peu favorisés.

Díez Bedmar souligne que la mise en valeur de Qoubbet el-Haoua suivant les prémisses d'accessibilité, d'hygiène, d'éclairage électrique, d'établissement d'itinéraires, d'élaboration de matériel didactique, d'indications, d'affiches informatives, etc., supposerait un devis très élevé. Ainsi donc, nous recommandons d'émettre, année après année, quelques propositions d'amélioration. Selon Díez Bedmar, les nécessités prévues sont les suivantes :

1. La construction d'un nouveau bureau pour les tickets, ainsi que des bains à l'usage exclusif du site et d'une zone de repos afin de prendre une collation ;
2. L'aménagement de l'accès à la nécropole, très prononcé à l'heure actuelle, avec la construction d'une rampe qui élimine le sable dangereux ;
3. La pose d'une rampe qui facilite la montée et le parcours. Pour ce faire, il est possible d'utiliser de la corde de coton fabriquée à Assouan ou dans les environs ;

---

[48] Cf. Jennings (1995 : 31 suiv.) pour ce qui suit.

[49] Cf. Díez Bedmar (2010), pour ce qui suit.

4. L'installation d'arrêts dans la visite du site, indiquant les « lieux intéressants » recommandés aux visiteurs. Préalablement, il faut sélectionner une tombe ou un édifice singulier de chaque période historique et une tombe typique de la nécropole dans laquelle sera proposée une explication sur les pratiques funéraires des Égyptiens : typologie des colonnes, position des défunts, sépultures principales et secondaires, usage des tables d'offrandes, etc. ;
5. Création d'itinéraires à l'intérieur des tombes accessibles ;
6. Propositions pour développer des visites adaptées aux différents publics.

La suggestion de visiter le site doit être basée sur plusieurs aspects, notamment l'adaptation de la topographie, pour que le touriste puisse s'arrêter plusieurs fois le long du parcours, facilitant la compréhension des contextes historiques, géographique et artistique de la nécropole. De toute évidence, les restes non pharaoniques, comme le complexe copte des VI-XII siècles et le dôme fatimide qui couronne la colline, sont également pris en considération. Nous proposons d'abord un itinéraire complet avec sept arrêts pour l'explication des différentes phases historiques, enceintes et niveaux structuraux du site, suivant l'ordre dans lequel doit être visitée la nécropole (Arrêt 1 : tombe n° 103 ; 2 : tombe n° 90, Sobekhotep ; 3 : tombes nos 25-26, Mekhou et Sabni ; 4 : tombe n° 31, Sarenpout II ; 5 : tombe n° 34g, à côté de la tombe de Khounes (n° 34h) ; 6 : tombe n° 35, Héqaïb divinisé ; 7 : tombe n° 36, Sarenpout I). On pourrait ainsi montrer l'information à l'intérieur de ces arrêts avec des panneaux explicatifs sur de petites étagères, ou bien avec des plaquettes mobiles, dont le contenu serait en plusieurs langues. Cette visite serait accompagnée d'un diptyque avec l'itinéraire à suivre et une enquête de satisfaction auprès des visiteurs. En dehors de la visite, il faudrait expliquer aux visiteurs le numérotage des tombes, leur orientation et la position panoramique de la nécropole par rapport à Éléphantine et Assouan.

4

Résultats de la mission espagnole, 2008-2018

L'équipe de l'Université de Jaén est partie en expédition en 2008 avec trois objectifs fondamentaux : la poursuite des fouilles dans la nécropole de Qoubbet el-Haoua (interrompues depuis les années quatre-vingts après l'intervention de l'équipe allemande d'Elmar Edel), la conservation des tombes du site archéologique et la mise en valeur des monuments de la nécropole. Pour cela, nous avons constitué un groupe pluridisciplinaire qui, à l'heure actuelle, poursuit différentes tâches. Le projet est divisé en trois grands objectifs : la recherche (archéologique et historique), la conservation et le développement local. Les résultats actuels commencent à être appréciables, après dix ans de travaux de la mission espagnole à Qoubbet el-Haoua (2008-2018).

4.1. Recherche

Le premier objectif du projet Qoubbet el-Haoua est la recherche sur le site archéologique. Les travaux dans la nécropole de Qoubbet el-Haoua portaient sur les tombes connues du Moyen Empire QH31 (Sarenpout II), QH32, QH33 (Héqaïb-Ankh ou A+mény-Seneb), QH34, QH35p et QH36 (Sarenpout I), à quoi s'ajoute l'intervention dans la tombe QII34h (Khounes) pour sa conservation, la QH35n et, à la frontière de notre concession, de la QH122, les trois appartenant à l'Ancien Empire ou la Première Période Intermédiaire. D'autre part, durant ces dix ans, nous avons aussi découvert dix nouvelles tombes de moindre taille dans le complexe funéraire de la QH33 et au nord de la QH34 : QH33a, b, c ; QH34α, QH34β ; QH34aa ; QH34bb ; QH34cc ; QH34dd ; QH34ee. Toutes ces tombes sont situées dans la partie haute de la colline en direction du nord, et appartiennent à la famille gouvernante d'Éléphantine pendant le Moyen Empire -sauf QH33a, QH33b, QH33c, QH34 cc et QHdd, de l'Ancien Empire ou la Première Période Intermédiaire- (Figures 2 et 3).

Ces tombes fouillées par la mission espagnole ont permis d'étudier pour la première fois, pendant de nombreuses années en Égypte, les sépultures de plusieurs membres d'une famille de gouverneurs provinciaux du Moyen Empire. Ce type de fouilles n'avait pas eu lieu depuis plus d'un siècle, ce qui a permis d'analyser avec les technologies actuelles l'information matérielle.

La tombe QH33 est, en réalité, le centre d'un complexe funéraire qui, s'il avait été achevé, aurait été plus grand que les enceintes funéraires contemporaines connues de Sarenpout I -QH36- et Sarenpout II -QH31-. Pour sa part, la tombe QH34, considérée en principe comme indépendante, a été construite dans l'enceinte funéraire originale de la QH33. Ce fait révèle sans doute un titre de parenté très élevé du propriétaire de la QH33 avec celui de la QH34.

Les recherches pluridisciplinaires mises en œuvre depuis 2008 dans la QH33 et la QH34 ont permis d'étudier les sépultures d'un grand nombre de sujets. Le moment culminant est marqué par la trouvaille de la sépulture inconnue d'un gouverneur d'Éléphantine, Héqaïb III (2013), enseveli dans la même tombe QH33 (C23), bâtie par son frère Héqaïb-Ankh ou Améný-Seneb (C25). Cette double sépulture de la QH33 est un cas unique dans la nécropole. En ce qui concerne Héqaïb III, il s'agit des restes les plus anciens connus aujourd'hui d'un gouverneur d'Éléphantine du Moyen Empire. Durant le Nouvel Empire (XVIIIe Dynastie), les tombes QH31, QH32, QH33 et QH34 étaient réoccupées, en général, par des officiers de l'administration provinciale de rang plus bas, qui n'avaient pas la capacité de construire leur propre tombe, mais qui ont apporté un riche mobilier funéraire. La phase suivante d'occupation est la Basse Époque (XXVIe Dynastie), lorsque quelques tombes de Qoubbet el-Haoua ont été rouvertes à nouveau. En particulier, la chapelle de culte et quelques chambres (C18, C24) de la tombe n° 33 ont été réutilisées indistinctement par les membres d'une « classe aisée » (mais sans responsabilités politiques ou religieuses ; Psammétique, « Superviseur des soldats de la flotte d'Assouan » pendant la XXVIe Dynastie, est peut-être une exception), ainsi que par des personnes sans ressources, inhumées dans des cercueils de bois pauvrement décorés. La dernière réoccupation d'époque pharaonique de la tombe QH33 se situerait au Ve siècle av. J.-C. selon les analyses au radiocarbone et de la céramique. Finalement, à un moment qui reste indéterminé, Qoubbet el-Haoua a été occupé par une communauté chrétienne, subordonnée au monastère proche de saint Siméon pendant les VIe et VIIe siècles. Ces coptes ont bâti une église, des fours pour cuire la céramique et des dortoirs. La mission espagnole a fouillé plusieurs fours de différentes tailles et le dépôt avec la céramique défectueuse -entre les tombes QH34 et QH34e- et a documenté environ soixante ostraca.

Les principaux résultats de la recherche archéologique sur les tombes des nobles à Qoubbet el-Haoua pendant le Moyen Empire sont les suivants :

1. QH31, 2015 : nous avons mené à bien la planimétrie et la fouille des puits funéraires, explorés de façon préliminaire en 2013, non fouillés complètement jusqu'aujourd'hui (Figures 4 et 5). La chambre funéraire de Sarenpout II a été identifiée dans le secteur C3 de la tombe, où l'on a trouvé un fragment du panneau des pieds de son sarcophage intérieur et plusieurs fragments de la caisse extérieure. Les chambres secondaires

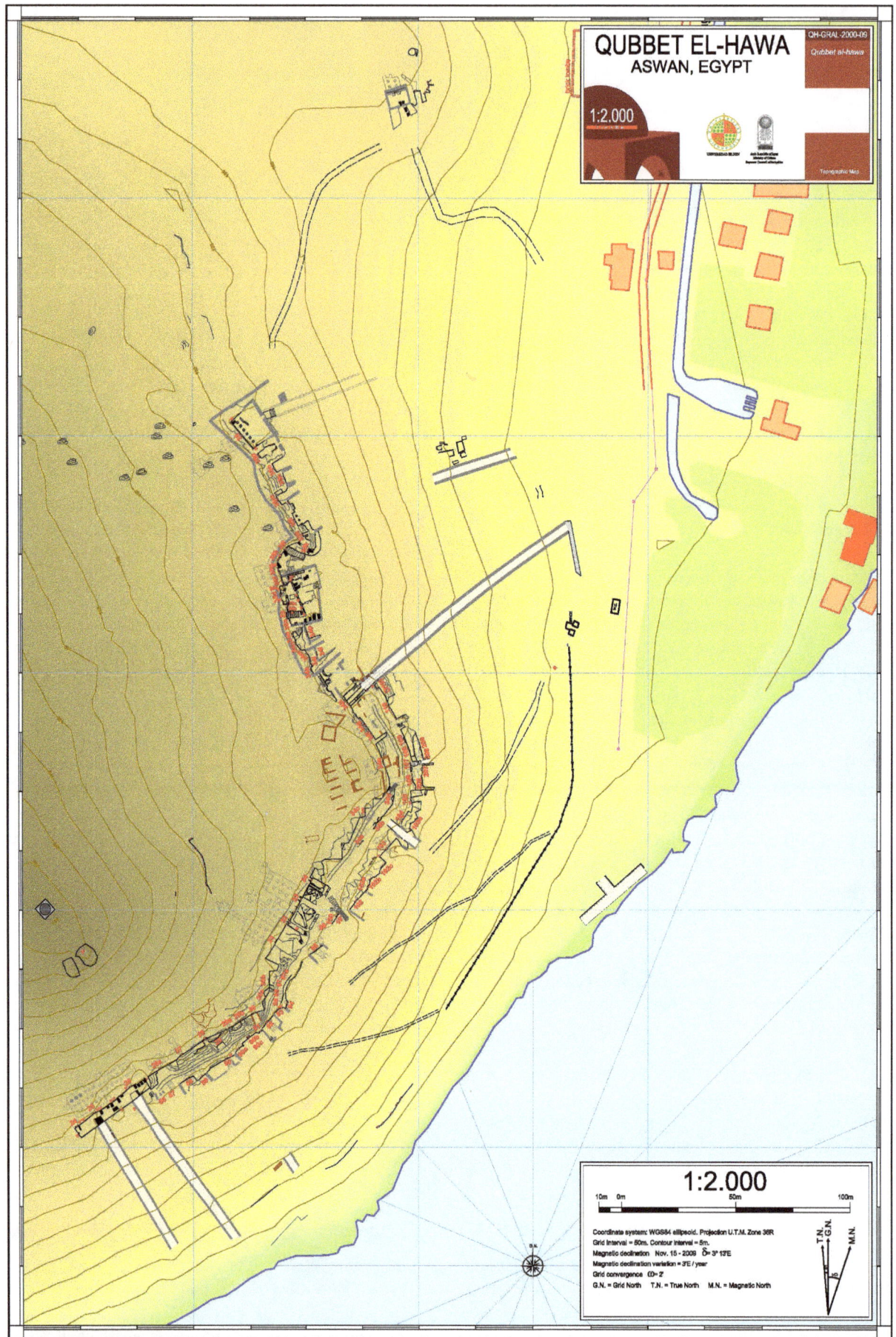

Fig. 1. Cartographie de Qoubbet el-Haoua. Auteur : Juan Manuel Anguita Ordóñez © Proyecto Qubbet el-Hawa, Universidad de Jaén.

QH36
+128.83m

QH35p

QH35o

QH35n

QH35m

QH35l

QH35i

QH35k

N

| 0 | 5 | 10 | 15 | 20metros |

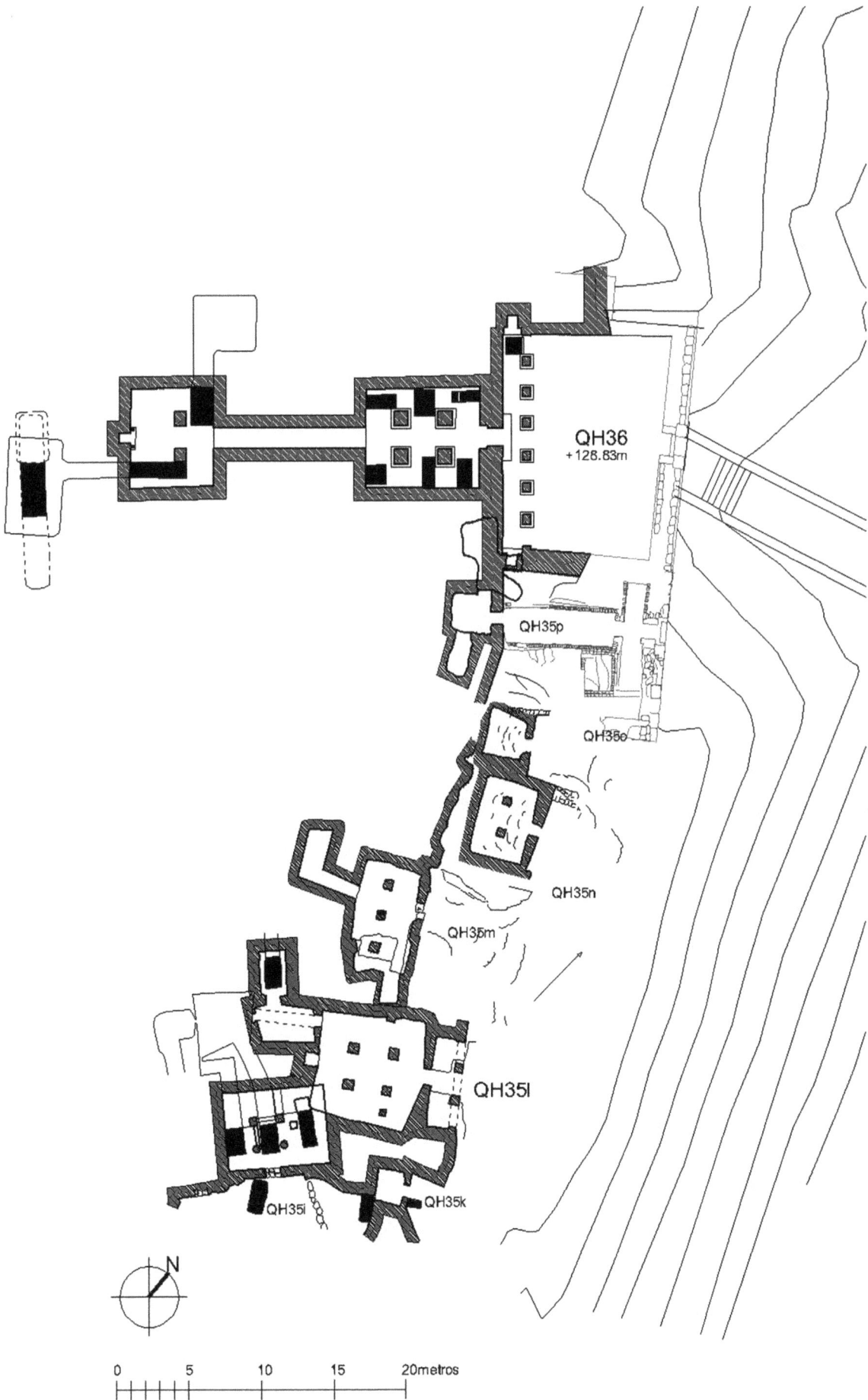

Fig. 2. Partie nord-est de Qoubbet el-Haoua. Auteur : Juan Antonio Martínez Hermoso © Proyecto Qubbet el-Hawa, Universidad de Jaén.

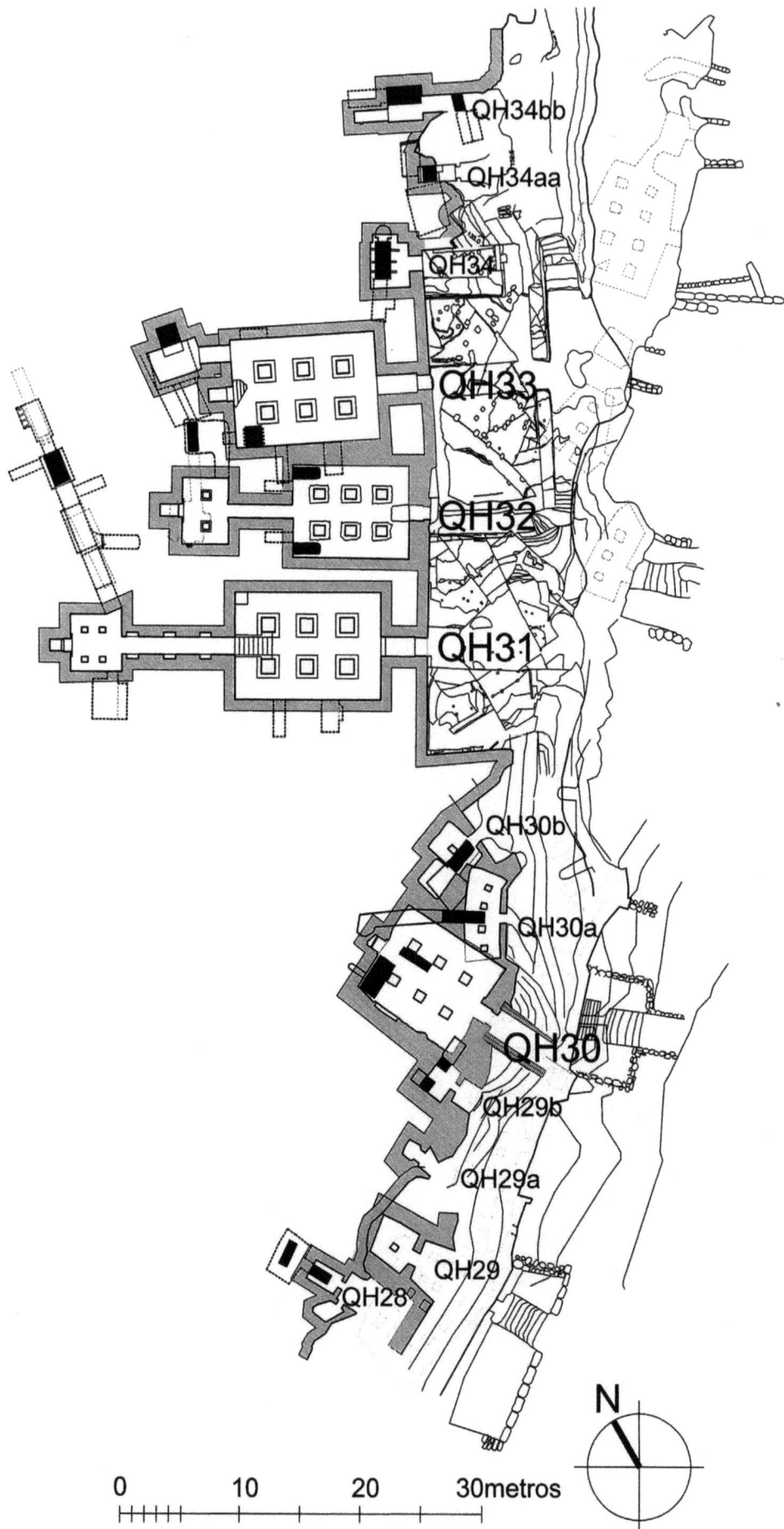

Fig. 3. Tombes du Moyen Empire de Qoubbet el-Haoua (terrasse sud-est). Auteur : Juan Antonio Martínez Hermoso © Proyecto Qubbet el-Hawa, Universidad de Jaén.

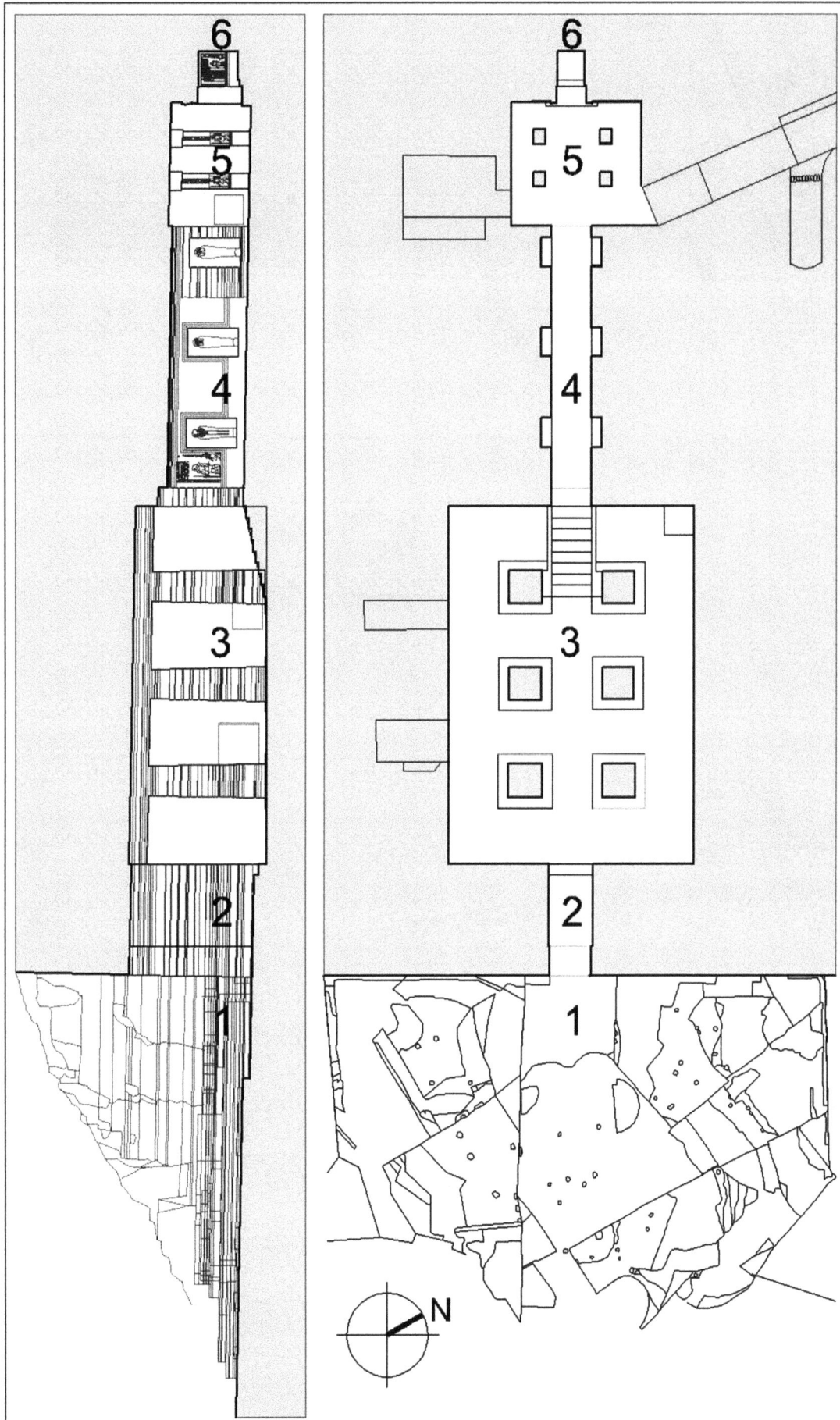

Fig. 4. Chapelle funéraire de Sarenpout II, QH31. Auteur : Juan Antonio Martínez Hermoso © Proyecto Qubbet el-Hawa, Universidad de Jaén.

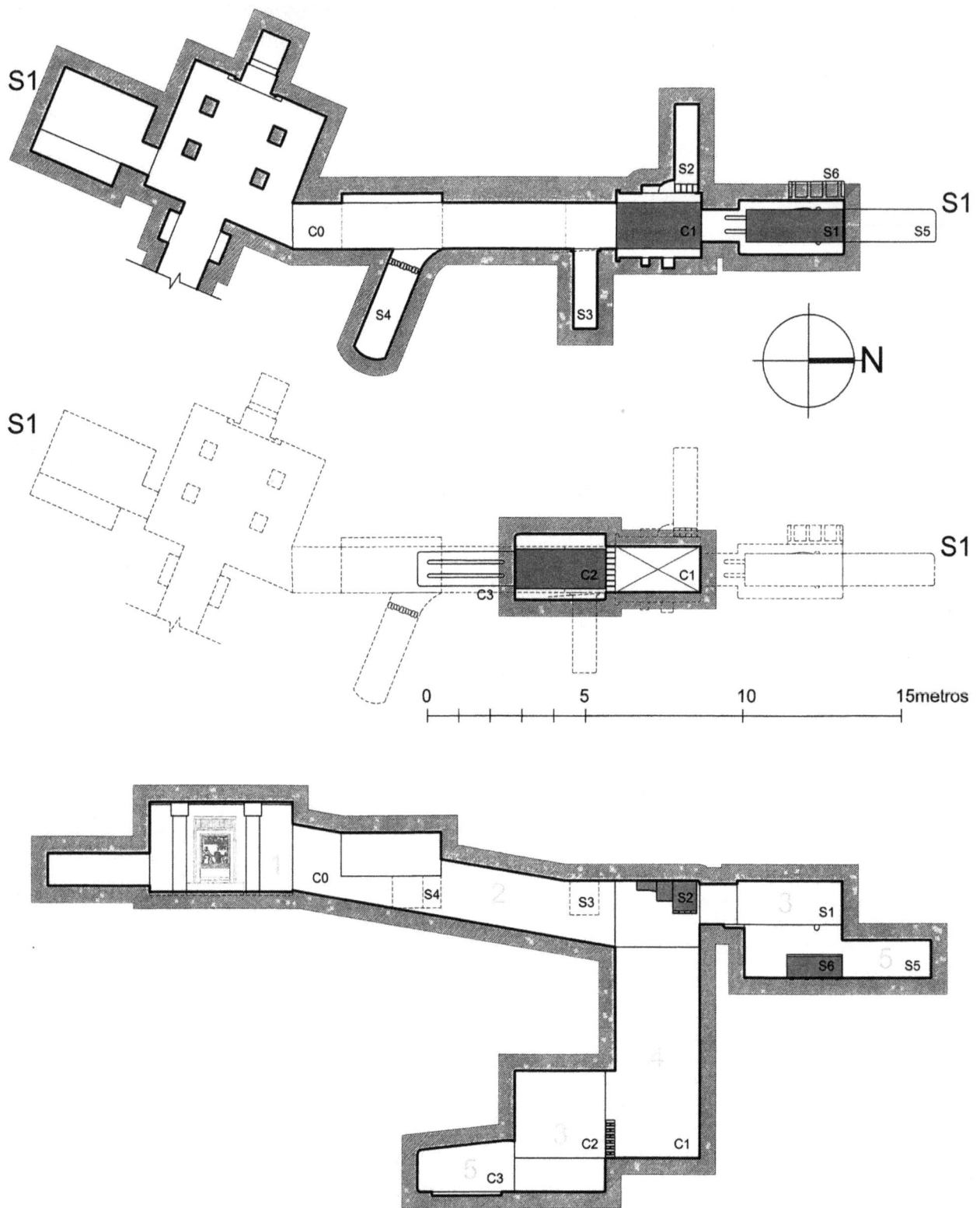

Fig. 5. Chambres funéraires de Sarenpout II, QH31. Auteur : Juan Antonio Martínez Hermoso © Proyecto Qubbet el-Hawa, Universidad de Jaén.

étaient peut-être destinées à son épouse Dedet-Khnoum (S5 ?) et à ses fils Héqaïb […] d […] (?) et Ankhou (?) (S2, S3, S4, S6 ?). Nous avons étudié les fragments des sarcophages, en bois de cèdre, de Sarenpout II (QH31). Ainsi, dans celui de l'intérieur (face intérieure) apparaît une liste d'objets offerts au défunt et la représentation de sandales, de l'*ankh* et de jarres (Figure 6). La trouvaille

d'un petit fragment de bois portant le nom d'Héqaïb […] d […] à l'intérieur de la tombe QH31 (secteur C2) n'est pas moins importante. Il est possible que ce soit le fils aîné du nomarque Sarenpout II selon la norme onomastique de la famille gouvernante d'Éléphantine (alternance des noms Sarenpout et Héqaïb pour les aînés des cinq premières générations, *ca.* 1955-1820

Fig. 6. Fragment du cercueil intérieur de Sarenpout II, QH31-C3. Auteur : Patricia Mora © Proyecto Qubbet el-Hawa, Universidad de Jaén.

av. J.-C.). Dans cette tombe, nous avons aussi trouvé des modèles en bois, en particulier des bateaux (2017) (Figure 7).

2. QH32 : les fouilles des zones souterraines, commencées en 2017, sont en cours.

3. Près de l'entrée de l'antichambre (C16) du puits principal de QH33, nous avons mis au jour, en 2013, un *chaouabti* en basalte du Moyen Empire avec une inscription qui mentionne Sen(et)-Ankh(ou) (Figure 8), probablement la sœur du gouverneur Ankhou, fils de Sarenpout II, laquelle aurait été inhumée dans cette tombe avec son constructeur, son neveu Héqaïb-Ankh ou Amény-Seneb.

4. De nouvelles chambres latérales intactes construites pendant la XIIe Dynastie ont été découvertes dans la QH33 (Figure 9) :

• C18, 2008 : avec trois cercueils de la Basse Époque et plusieurs statues de Ptah-Sokar-Osiris. Un des cercueils, en bois de cèdre, avec la formule d'offrande connue et la protection des dieux funéraires, contient une représentation polychrome d'une déesse ailée, probablement Nephtys, entre deux yeux *oudjat* et une inscription hiéroglyphique sur un des panneaux. Le second cercueil présente une décoration en noir et jaune. Cette sépulture latérale C18 contenait, à l'origine, les restes d'un membre de la famille du gouverneur d'Éléphantine propriétaire de la QH33.

• C19, 2010 : avec deux cercueils de bois de cèdre (Figure 10) qui contiennent un individu négroïde et une dague égyptienne d'une grande beauté (Figure 11), un des exemplaires les plus anciens connus. Ce sujet, décédé entre 22 et 26 ans et membre de

Fig. 7. Gouvernail d'un modèle de bateau en bois, chambre funéraire de Sarenpout II, QH31-S1. Auteur : Patricia Mora © Proyecto Qubbet el-Hawa, Universidad de Jaén.

Fig. 8. *Chaouabti* de Sen(et)-Ankh(ou), QH33-C16.
Auteur : Yolanda de la Torre © Proyecto Qubbet el-Hawa, Universidad de Jaén.

la famille gouvernante d'Éléphantine, est un prêtre nommé Khema.

• C20, 2011-2012 : la chambre apparaît vide après le pillage.

5. La mère du gouverneur d'Éléphantine Héqaïb III, Sattjeni, lui fit une offrande dans un récipient de céramique utilisé pour les rituels funéraires, conservé dans le petit puits sud de QH33 (C21) (2013) (Figures 12 et 13). Dans ce vase, nous avons découvert, pour la première fois à Éléphantine, le titre de « Fille du gouverneur » (*s3t ḥ3tj-ꜥ*) dans une inscription à caractères hiératiques.

6. La momie du gouverneur Héqaïb III (C23), intacte, a été trouvée avec un magnifique masque réalisé en cartonnage (Figure 14), avec la même polychromie que celle du sarcophage extérieur, jaune et bleu (2012). Le corps de ce gouverneur, aux traits ethniques méditerranéens, mort entre 25 et 30 ans, était aussi couvert d'un suaire qui ressemble beaucoup à celui de son grand-père Sarenpout II, représenté sur les statues osiriaques de la chapelle de sa tombe QH31 (2012). En face d'Héqaïb III, nous avons trouvé la tombe pillée de Gaut-Anouket (C22), probablement son épouse, ensevelie avec un appuie-tête en bois d'excellente facture (2013) (Figure 15). La défunte, de 25 ans, fut inhumée dans deux caisses, l'une intérieure avec les textes funéraires du Moyen Empire (les formules d'offrande et de respect envers la défunte devant des dieux variés et les petites et grandes Ennéades), et une autre extérieure.

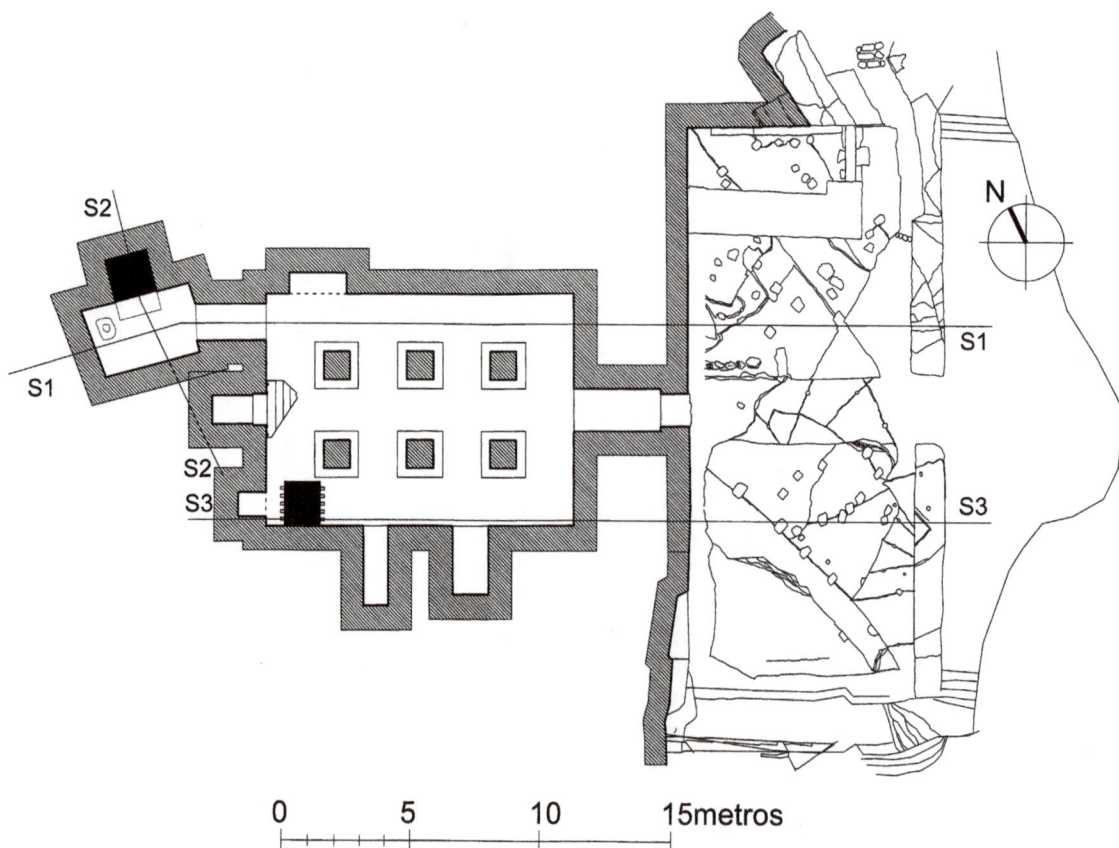

Fig. 9. Section est, QH33. Auteurs : Juan Luis Martínez de Dios et Juan Antonio Martínez Hermoso © Proyecto Qubbet el-Hawa, Universidad de Jaén.

Fig. 10. Cercueil intérieur de Khema, QH33-C19. Auteur : Raúl Sánchez © Proyecto Qubbet el-Hawa, Universidad de Jaén.

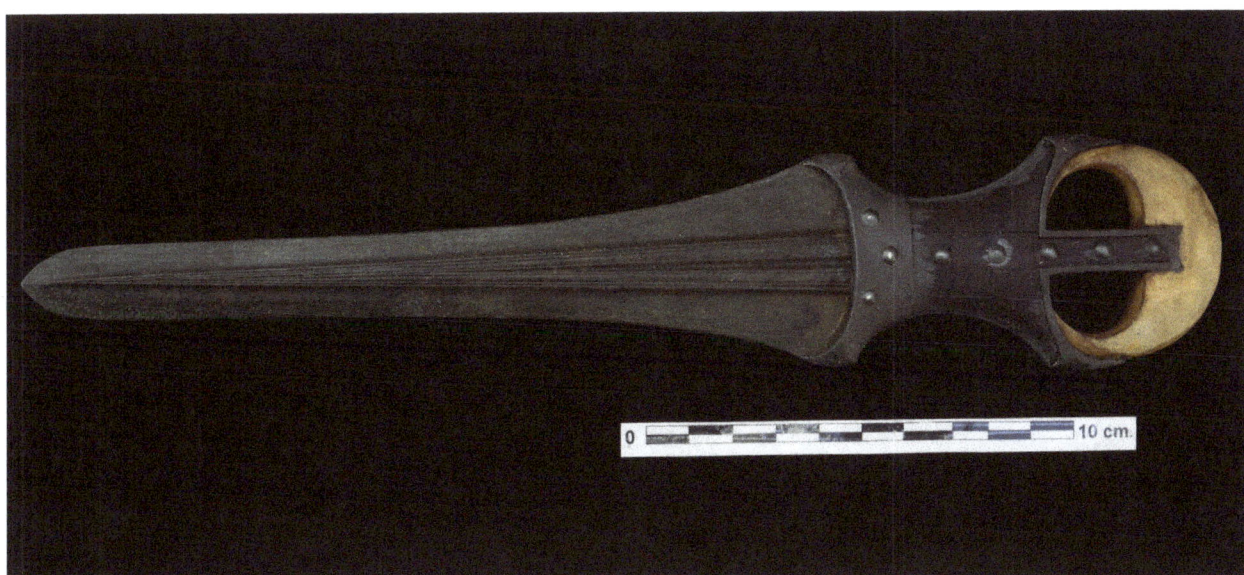

Fig. 11. Dague de Khema, QH33-C19. Auteur : Raúl Sánchez © Proyecto Qubbet el-Hawa, Universidad de Jaén.

7. De nouvelles chambres funéraires sont aussi apparues dans la QH33 au fond du puits principal nord (2015) (Figure 16) : C24, avec neuf inhumations (huit individus et un canidé) de la Basse Époque (XXVIe Dynastie, Figure 17), C25 et C26 (vides après pillage). Dans C24, on distingue les sarcophages, avec des textes et une décoration, ainsi que le mobilier funéraire (statue de Ptah-Sokar-Osiris et caisse de bois) de Psammétique, « Superviseur des soldats de la flotte » (*Hry nfw.w*), également de Nespaper, Paefy et Hor-Wedjat. L'analyse épigraphique montre l'éventuelle relation généalogique entre les trois sujets de la chambre C18 et quelques-uns provenant des sépultures de C24 à partir de la corrélation des noms et la chronologie associée. Les fouilles de QH33 ont été achevées (2018).

8. La tombe QH34β, découverte intacte en 2009, appartient au jeune Sarenpout, fils de Sattjeni, «Superviseur de Swnw» (*ḥr(j) (-pr) Swnw*) et demi-frère des gouverneurs Héqaïb III (QH33-C23) et Amény-Seneb (QH33 ?) (2016). La momie de ce Sarenpout, aux traits ethniques négroïdes, qui a dû mourir entre 16 et 18 ans, se trouve dans un sarcophage joliment décoré, comportant des textes hiéroglyphiques. Ce cas témoigne du fait que la famille des gouverneurs d'Éléphantine de la deuxième moitié de la XIIe Dynastie avait des origines ethniques négroïdes et méditerranéennes. Le sarcophage montre l'émergence d'un nouveau programme décoratif et textuel à Assouan (Figure 18), ainsi qu'à Thèbes, Hu et en d'autres lieux liés au culte solaire en vogue à la fin du Moyen Empire. D'autre part, dans un fragment écrit sur une plaque d'or sur le cartonnage du défunt et sur son *chaouabti*, apparaît le nom de la mère de Sarenpout, Sattjeni. Le *chaouabti* (Figure 19), de marbre vert, est l'un des premiers exemplaires connus de la fin de la XIIe Dynastie. Il était dans un petit sarcophage anthropomorphe, trouvé à côté de la tête

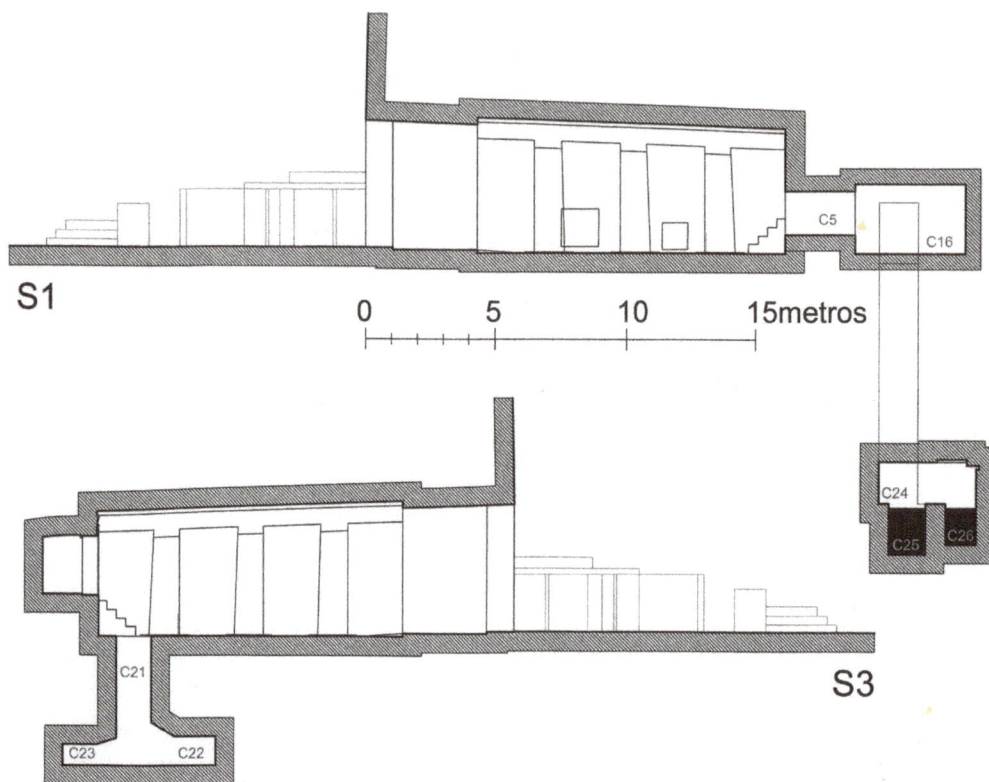

Fig. 12. Sections nord et sud, QH33. Auteurs : Juan Luis Martínez de Dios et Juan Antonio Martínez Hermoso © Proyecto Qubbet el-Hawa, Universidad de Jaén.

Fig. 13. Céramique de Sattjeni, fille de Sarenpout II, QH33-C21. Auteur : Raúl Sánchez © Proyecto Qubbet el-Hawa, Universidad de Jaén.

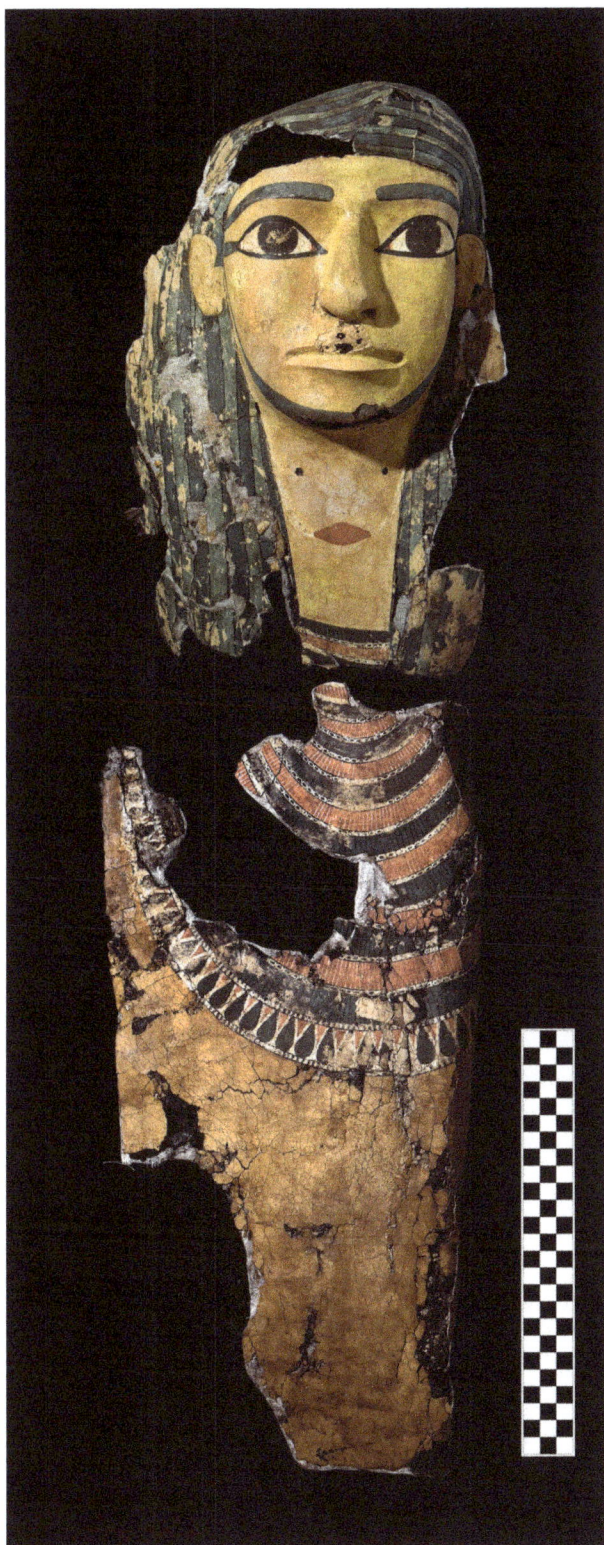

Fig. 14. Cartonnage d'Héqaïb III, QH33-C23. Auteur : Raúl Sánchez © Proyecto Qubbet el-Hawa, Universidad de Jaén.

QH33/13/C22/VE214/T2599/551

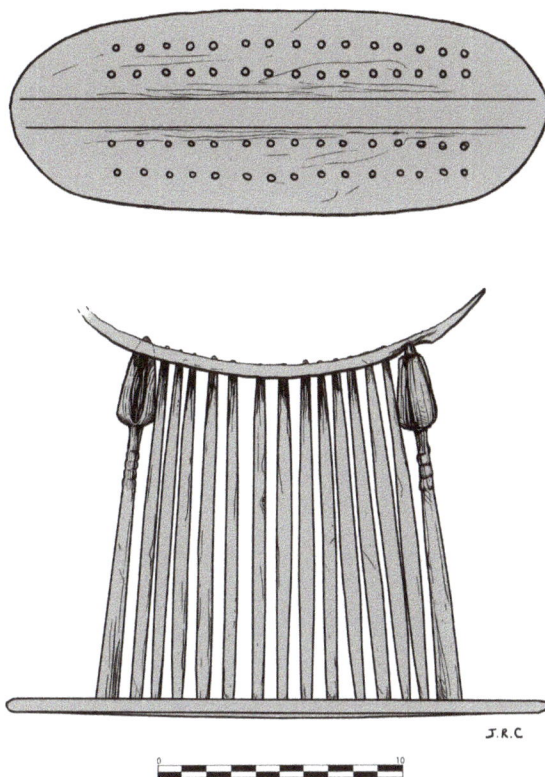

Fig. 15. Appuie-tête de Gaut-Anouket, QH33-C22. Auteur : Javier Ramos Cabello © Proyecto Qubbet el-Hawa, Universidad de Jaén.

du défunt. Ce personnage est probablement le dernier membre de la famille gouvernante d'Éléphantine à avoir été inhumé dans l'enceinte de la QH33.

9. Nous avons découvert de nouvelles tombes datant du Moyen Empire : QH34aa, QH34bb et QH34ee (2016). En 2016 et 2017, nous avons fouillé les sépultures des membres de la famille gouvernante d'Éléphantine de

la fin de la XIIe Dynastie trouvées dans ces nouvelles tombes : celle de Sattjeni (B) (QH34aa, individu 4), peut-être la fille de Sarenpout II et en même temps la sœur, l'épouse et la mère de gouverneurs d'Éléphantine ; la sépulture de son époux, l'officier de l'administration Dedu-Amon (QH34dd) ; celle du prêtre et scribe de Dedu-Tjeni, fils de Dedet-Ouseret (QH34aa ; la femme qui apparaît dans le cercueil de Dedu-Tjeni est revêtue de cartonnage, Figure 20) ; la sépulture de Sarenpout, fils de Neferet-Hesou (QH34aa, avec un *chaouabti* dans une petite caisse, Figure 21), et celle de Sattjeni (A) (QH34aa, individu 1), à caractères ethniques négroïdes (Figure 22). En 2017, nous avons fouillé la tombe QH34bb, découverte en 2014, avec la sépulture intacte d'(Ii-)Shemai : nous avons trouvé un double cercueil portant de formules funéraires du type *htp dj nsw*. Ce personnage était fils du gouverneur Khema et Satethotep, frère du nomarque Sarenpout II. (Ii-)Shemai, qui avait le titre de « Superviseur de l'Entrepôt », apparut aussi avec un masque de cartonnage, une amulette portant le nom de Sésostris I et quelques modèles de bateaux (2018) (Figure 23). Enfin, il importe de remarquer la prière en copte et en grec trouvée en haut du puits de la tombe QH34aa (Figure 24).

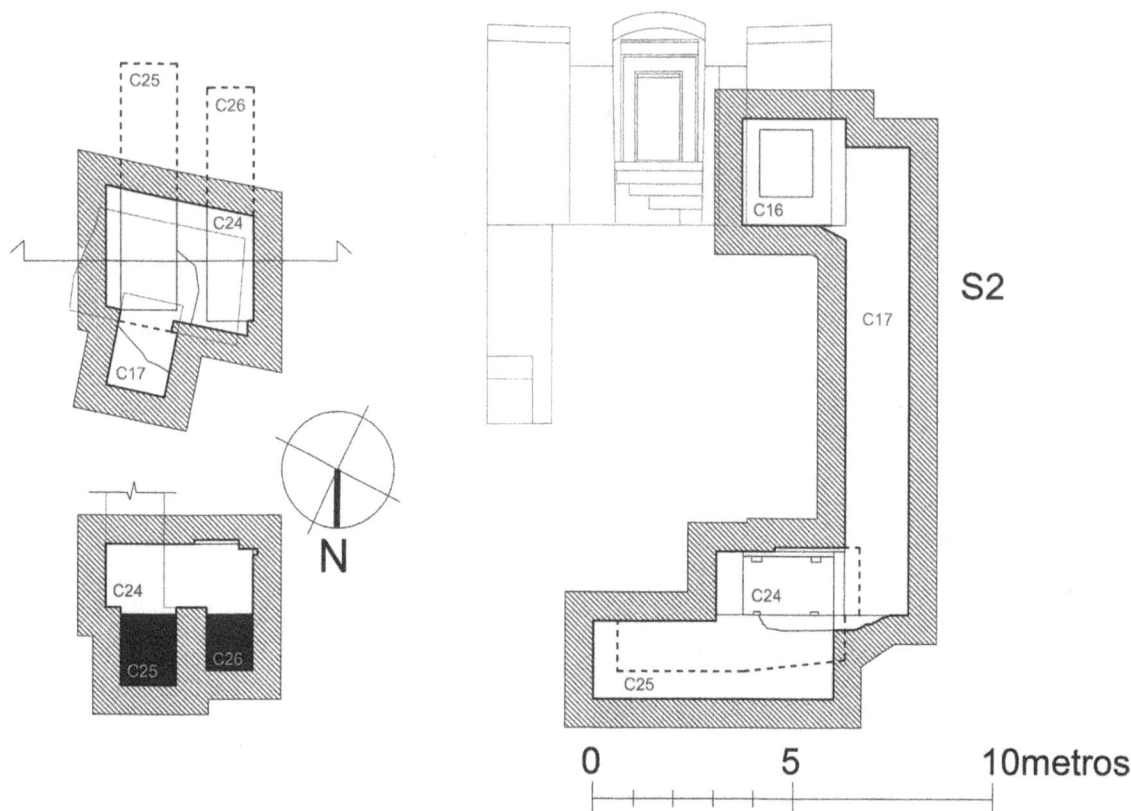

Fig. 16. Plante de la chapelle funéraire, QH33. Auteurs : Juan Luis Martínez de Dios et Juan Antonio Martínez Hermoso © Proyecto Qubbet el-Hawa, Universidad de Jaén.

10. Nous avons découvert, dans la tombe QH34cc, de l'Ancien Empire, probablement le premier cas connu dans l'Histoire d'un cancer du sein chez une femme (2015).

11. Dans la QH35p, nous avons mis au jour la stèle funéraire (Figure 25), de production locale, d'une femme nommée Sattjeni, proche parente du gouverneur Sarenpout I (inhumé dans la tombe voisine QH36), à côté de son cercueil de cèdre et d'un mobilier funéraire avec des objets de luxe (2015). Finalement, on a trouvé une momie de femme, dans le secteur extérieur de cette tombe, atteinte d'un cancer du sang (2015), très certainement le premier exemple connu dans l'Histoire.

12. Dans la QH36, puits 7, nous avons découvert un groupe de fragments d'un cercueil appartenant à un individu nommé Khnoumhotep (Figure 26). Nous avons également découvert la sculpture d'un sphinx écrasant deux ennemis (un Nubien et un autre, inconnu) (puits 9) (Figure 27).

Enfin, nous avons aussi fouillé les tombes de l'Ancien Empire QH35n et QH122, dans les limites de notre concession (2018).

Au sujet de la recherche historique, la reprise des fouilles des tombes QH31 à QH36 nous a permis de revoir les données préalables de la prosopographie des gouverneurs d'Éléphantine pendant la XIIe Dynastie, et de proposer une nouvelle approximation à la généalogie et à l'histoire de la famille gouvernante du premier nome. Il s'agissait, d'une

part, d'étudier la composition de cette famille gouvernante, d'autre part, d'analyser l'origine et la légitimation politique et idéologique du pouvoir des gouverneurs de cette famille (onomastique, constructions monumentales, culte funéraire des ancêtres) ainsi que les mécanismes peu ordinaires de sa transmission (rôle joué par les femmes lors des crises dynastiques, « corégences » provinciales) (Jiménez-Serrano et Sánchez-León 2015, 2016 et sous presse; Sánchez-León et Jiménez-Serrano 2015 et 2016).

Nous avons effectué une nouvelle reconstruction historique du rôle politique des élites provinciales de la région d'Assouan et de leurs rapports avec le palais durant la XIIe Dynastie à partir de matériaux archéologiques nouveaux combinés à d'autres déjà existants. Ainsi donc, le matériel provenant du temple d'Héqaïb à Éléphantine, joint aux découvertes archéologiques de l'Université de Jaén dans la nécropole de Qoubbet el-Haoua, nous a permis de confirmer que tous les gouverneurs du premier nome pendant la XIIe Dynastie et la première partie de la XIIIe, étaient membres d'une seule et même famille, celle fondée par Sarenpout I. Cette lignée commença pendant le règne de Sésostris I avec la nomination de Sarenpout I en tant que gouverneur d'Éléphantine (1955 av. J.-C.) et aurait disparu pendant la première partie de la XIIIe Dynastie, après environ 200 ans, avec Khakaure-Seneb (1780 av. J.-C.) (il est douteux que les derniers gouverneurs connus, Ankhou II et Khnoumhotep, soient ses descendants). Après le bref gouvernement d'Héqaïb I, fils aîné du nomarque Sarenpout I, la lignée masculine disparut et les droits dynastiques furent acquis

Fig. 17. Statue de Ptah-Sokar-Osiris pour Maat-m-ankh, QH33-C24. Auteur : Patricia Mora © Proyecto Qubbet el-Hawa, Universidad de Jaén.

Fig. 18. Panneau des pieds du cercueil de Sarenpout, fils de Sattjeni, QH34β (dessin). Auteur : Ana Belén Jiménez © Proyecto Qubbet el-Hawa, Universidad de Jaén.

par la fille aînée de Sarenpout I, Satethotep. Durant cette crise dynastique, apparurent deux gouverneurs temporaires à Éléphantine avec épithètes et titres de cour d'une certaine importance : Amény (à la fin du règne de Sésostris I) et Ipi (sous Amenemhat II). Ces identifications sont fondées sur une nouvelle analyse des matériaux de la région d'Assouan : un graffito à caractère administratif découvert au sud d'Éléphantine (Amény) et une statue votive dans une chapelle du temple d'Héqaïb dans la même ville (Ipi). Sans doute, le pharaon envoyait ces officiers pour superviser la gestion du premier nome égyptien durant cette période spéciale de la minorité de Khema, neveu de Sarenpout I. Khema épousa sa cousine Satethotep, fille aînée de Sarenpout I et, par la naissance de Sarenpout II, la lignée dynastique de la famille gouvernante fut restaurée. La figure féminine de Satethotep put ainsi maintenir les droits et la succession de la famille gouvernante dans le premier nome.

Par ailleurs, l'apparition du vase votif de Sattjeni à Qoubbet el-Haoua (QH33) nous permet de comprendre

Fig. 19. *Chaouabti* **de Sarenpout, fils de Sattjeni, et son cercueil, QH34β. Auteur : Yolanda de la Torre © Proyecto Qubbet el-Hawa, Universidad de Jaén**

Fig. 20. Cartonnage d'une femme inconnue (cercueil de Dedu-Tjeni), QH34aa. Auteur : Vicente Barba © Proyecto Qubbet el-Hawa, Universidad de Jaén.

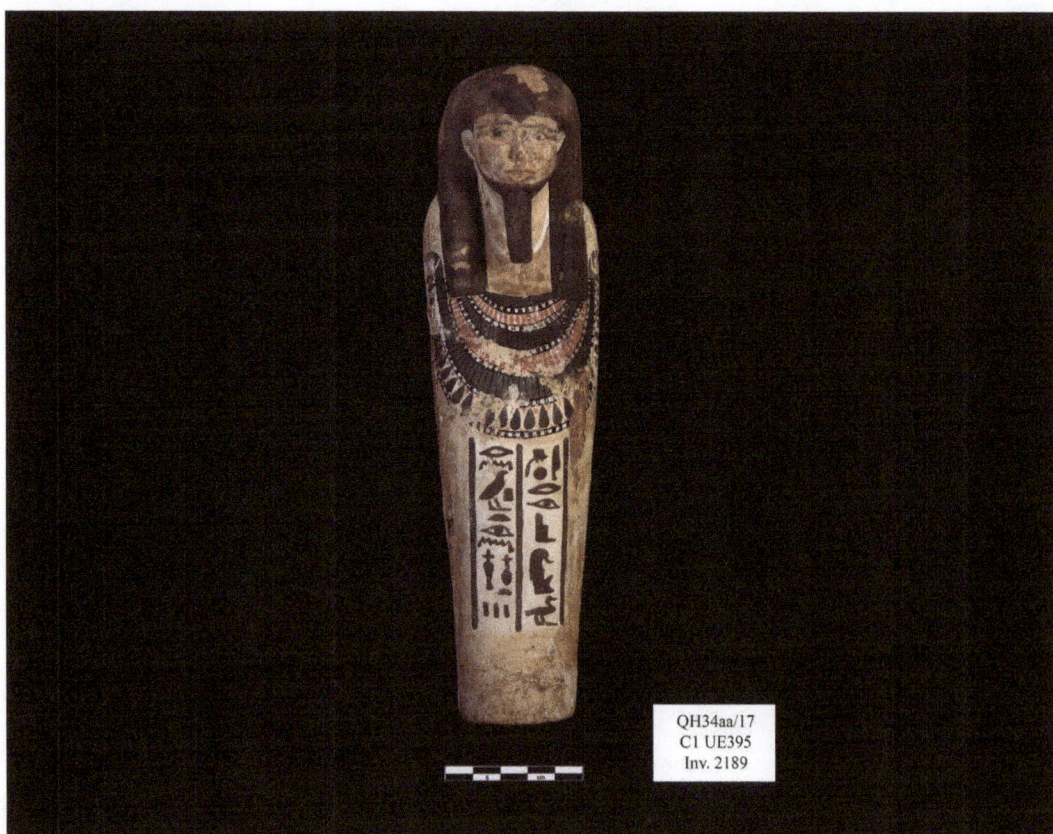

Fig. 21. *Chaouabti* de Sarenpout, fils de Neferet-Hesou, QH34aa. Auteur : Patricia Mora © Proyecto Qubbet el-Hawa, Universidad de Jaén.

Fig. 22. *Oudjats* et fausse porte du cercueil de Sattjeni A, QH34aa, Individu 1. Auteur : Patricia Mora © Proyecto Qubbet el-Hawa, Universidad de Jaén.

Fig. 23. Modèle de bateau en bois, chambre funéarire d'(Ii-)Shemai, QH34bb. Auteur : Patricia Mora © Proyecto Qubbet el-Hawa, Universidad de Jaén.

Fig. 24. Prière en copte, QH34aa. Auteur : Vicente Barba © Proyecto Qubbet el-Hawa, Universidad de Jaén.

Fig. 25. Stèle de Sattjeni, QH35p. Auteur : Patricia Mora © Proyecto Qubbet el-Hawa, Universidad de Jaén.

la transition de la première section de la famille de Sarenpout à la seconde section vers le milieu de la XIIe Dynastie. L. Habachi (1985) et D. Franke (1994) n'ont pas expliqué clairement ce passage entre le premier groupe de gouverneurs (de Sarenpout I à Ankhou, première moitié de la XIIe Dynastie) et le second (d'Héqaïb II à Khakaure-Seneb, deuxième moitié de la XIIe Dynastie et première partie de la XIIIe).

L'inscription hiératique de ce vase, sur lequel est mentionné, pour la première fois à Éléphantine, le titre de « Fille du Gouverneur » (*s3t ḥ3tj-ꜥ*), confirme la continuité généalogique de la famille de Sarenpout I jusqu'à la première partie de la XIIIe Dynastie, montrant, une nouvelle fois, l'importance des femmes dans la transmission du pouvoir en cas d'extinction de la lignée masculine. La dame Sattjeni (peut-être Sattjeni B de la tombe QH34aa, individu 4) était fille, épouse et mère de gouverneurs d'Éléphantine à la fin de la XIIe Dynastie. Ce personnage apparaît dans d'autres contextes funéraires (mentionnée comme mère de Sarenpout dans QH34β, inhumée dans la tombe QH34aa) et aide à reconstituer la généalogie et l'histoire des gouverneurs du premier nome dans cette seconde section familiale.

Par la mort d'Ankhou, bref successeur du nomarque Sarenpout II, la lignée masculine disparaît et les droits dynastiques sont dévolus à sa fille aînée, Gaut-Anouket. De son union avec Héqaïb II, probablement issu d'une famille proche de la famille gouvernante (fils de Khounes

40

Fig. 26. Fragment du cercueil de Khnoumhotep, QH35p/17. Auteur : Patricia Mora © Proyecto Qubbet el-Hawa, Universidad de Jaén.

Fig. 27. Sphinx, QH36, puits 9. Auteur : Alejandro Jiménez-Serrano © Proyecto Qubbet el-Hawa, Universidad de Jaén.

et Sathator), naît le gouverneur Héqaïb-Ankh. Après la mort de Gaut-Anouket, Héqaïb II s'est marié avec sa sœur cadette, Sattjeni, cherchant sans doute de plus grandes options pour la succession dynastique. De ce mariage, naquirent les deux gouverneurs suivants d'Éléphantine, Héqaïb III et Amény-Seneb. Tous deux parvinrent à la fonction de gouverneur par l'héritage de leur mère,

Sattjeni, fille du nomarque Sarenpout II, après le décès d'Héqaïb-Ankh. Amény-Seneb inhuma son frère Héqaïb III dans le puits sud secondaire; Héqaïb III en fit de même avec son frère Héqaïb-Ankh dans le puits nord de la QH33(?). Pour sa part, Sattjeni, après la mort d'Héqaïb II, épousa l'officier de l'administration Dedu-Amon, avec lequel elle eut plusieurs fils de traits ethniques négroïdes

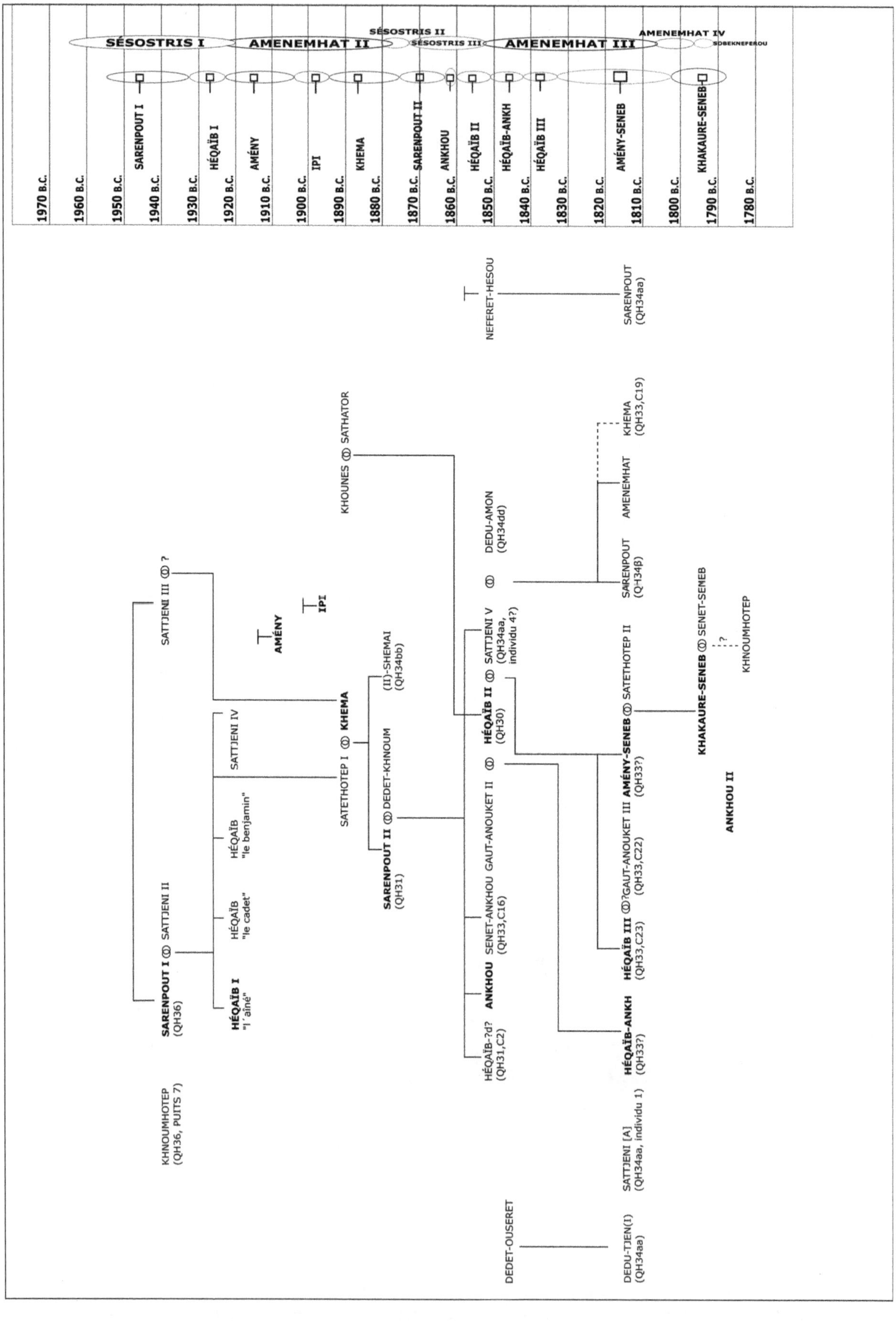

Fig. 28. Famille de Sarenpout I. Auteurs : Alejandro Jiménez-Serrano et Juan Carlos Sánchez-Serrano. Élaboration : Dámaris López Muñoz © Proyecto Qubbet el-Hawa, Universidad de Jaén.

qui servirent dans plusieurs administrations : Sarenpout (« Superviseur de Swnw »), Amenemhat (scribe de l'armée) et peut-être aussi Khema (prêtre), tous -hormis le deuxième, non trouvé- inhumés dans les chambres funéraires auxiliaires de la tombe QH33. L'objectif de ce second mariage de Sattjeni était probablement de favoriser des options de succession et d'éviter une nouvelle crise dynastique. Dedu-Amon fut inhumé dans la tombe QH34dd et Sattjeni, peut-être dans la tombe QH34aa. Au début de la XIIIe Dynastie, l'office de gouverneur fut transmis au fils d'AL'Amény-Seneb, Khakaure-Seneb, et en dernier lieu, à Ankhou II et Khnoumhotep. D'autres membres récemment connus de la famille gouvernante du premier nome pendant la deuxième moitié de la XIIe Dynastie sont : (Ii-)Shemai, frère de Sarenpout II, enseveli dans une chambre de la tombe QH34bb ; Dedu-Tjeni, prêtre et scribe, fils de Dedet-Ouseret, dont le cercueil contenait le corps d'une femme dans la tombe QH34aa ; Sarenpout, à traits ethniques méditerranéens, fils de Neferet-Hesou, peut-être liée à un gouverneur de cette deuxième section familiale (Héqaïb-Ankh, Héqaïb III ou Amény-Seneb), aussi enseveli dans la tombe QH34aa ; Sattjeni A, à traits ethniques négroïdes, enterrée dans la tombe QH34aa ; et un dénommé Khnoumhotep, « Chef des autels », certainement un contemporain de Sarenpout I inhumé dans le puits 7 de la tombe QH36 (2017).

Les principales conclusions historiques sur la famille gouvernante d'Éléphantine et leurs origines, la légitimation et la transmission de son pouvoir pendant les XIIe et XIIIe Dynasties sont les suivantes (Figure 28) :

1. Nous possédons quelques renseignements sur la composition, les groupes de population et les sections de la famille gouvernante d'Éléphantine. Cette famille (dont on connaît à présent une trentaine de membres environ) a été mêlée à la population négroïde du premier nome (c'est le cas des enfants à caractères ethniques négroïdes de la dame Sattjeni : Sarenpout, Amenemhat et peut-être Khema) dans la partie observée dans la région de 7-10 pour cent (Rösing, 1988).
D'autre part, nous avons constaté une continuité généalogique dans la famille fondée par Sarenpout I. Il faut souligner la présence d'une seule et même famille (celle de Sarenpout I), avec deux sections familiales (la première, avec les gouverneurs de Sarenpout I à Ankhou ; la seconde, avec les gouverneurs d'Héqaïb II à Khakaure-Seneb), et une autre famille très proche de la famille gouvernante (représentée par le gouverneur « consort » Héqaïb II). Les sources confirment qu'il s'agit d'une famille unique comportant deux sections familiales, ayant connu deux crises dynastiques pendant la pemière, l'une à la mort d'Héqaïb I, fils de Sarenpout I, l'autre à la mort d'Ankhou, fils de Sarenpout II.
Les gouverneurs d'Éléphantine, pendant les XIIe et XIIIe Dynasties, sont membres de la même famille (à l'exception des deux gouverneurs temporaires nommés par la cour -Amény et Ipi- et des derniers, Ankhou II et Khnoumhotep, cas douteux), ou sont reliés à cette

famille en tant que gouverneurs « consorts », Khema (neveu de Sarenpout I) et Héqaïb II (probablement originaire d'une famille très proche de la famille gouvernante).

2. Le roi intervenait directement dans la nomination des gouverneurs provinciaux d'Éléphantine pendant la première moitié de la XIIe Dynastie, ce qui montre son autorité sur le territoire de l'État. La monarchie maintenait un lien politique étroit avec les familles provinciales importantes comme celle d'Éléphantine, une dynastie locale nouvelle créée par Sésostris I, manifestant un équilibre politique entre la monarchie et la noblesse provinciale pendant la première moitié de la XIIe Dynastie. Les enfants de ces familles étaient envoyés à la Résidence pour faire leur éducation avant d'être nommés, par le roi, gouverneurs de la province d'origine, comme on constate dans les cas de Sarenpout I, Amény et Khema, originaires de la région de la Cataracte. Sarenpout I, élevé au statut de nomarque par le pharaon, inaugura une lignée familiale en proclamant son origine divine. Il se présenta comme étant le « fils » d'Héqaïb divinisé, un gouverneur devenu héros local de la VIe Dynastie. Après, le roi nomma activement deux gouverneurs temporaires (Amény et Ipi) et deux gouverneurs « consorts » des filles aînées de Sarenpout I et Sarenpout II (Khema et Héqaïb II, respectivement) au cours des deux crises dynastiques de la famille gouvernante d'Éléphantine, quand eut lieu l'extinction de la lignée masculine.

3. Bien que la nomination du gouverneur dépendît du roi, on justifiait avec adresse la position politique des gouverneurs temporaires d'Éléphantine issus de la cour (Amény et Ipi) et des gouverneurs « consorts » (Khema, Héqaïb II) devant la famille gouvernante, ses ancêtres et ses dieux, ainsi que devant la communauté locale, d'où l'autorité et la prospérité du gouverneur, mais aussi une part de légitimation politique de son pouvoir. À Éléphantine, le pouvoir des gouverneurs pendant la première moitié de la XIIe Dynastie avait donc une double légitimation qui tenait à l'équilibre politique entre la monarchie et la noblesse provinciale encore en vigueur :
a) D'un côté, une légitimation locale : utilisation de l'anthroponyme de l'ancêtre divinisé chez les descendants de la famille, selon la norme onomastique de l'alternance des noms Sarenpout et Héqaïb pour les aînés des cinq premières générations (Sarenpout I et II, Sarenpout fils de Sattjeni et Sarenpout fils de Neferet-Hesou ; Héqaïb I et III, Héqaïb[…] d […] (?) et Héqaïb-Ankh) ; construction de chapelles du *ka* dans le temple d'Héqaïb à Éléphantine (Sarenpout I, Khema, Sarenpout II, Héqaïb II, peut-être Héqaïb-Ankh, Amény-Seneb et Khakaure-Seneb) et construction de tombes monumentales dans la nécropole de Qoubbet el-Haoua (Sarenpout I -QH36-, Khema -QH32-, Sarenpout II QH31-, Héqaïb II -QH30-, Héqaïb III -QH33- et Héqaïb-Ankh ou Amény-Seneb -QH33-). Outre l'onomastique et les constructions monumentales de chapelles et de tombes, au niveau local, le culte

funéraire des ancêtres, instauré par Sarenpout I, fonctionnait comme une autre forme de légitimation de l'autorité et du pouvoir des gouverneurs. Ainsi, le fondateur de la famille construisit une chapelle avec une statue dans le temple d'Héqaïb à Éléphantine pour son père, Hâpi, uniquement mentionné comme « père du chef d'Éléphantine ». D'un autre côté, il restaura la chapelle d'Héqaïb, ancêtre divinisé, et posa une nouvelle statue de ce dernier ; Sarenpout I, « fils » d'Héqaïb, proclama l'origine divine de sa famille. Finalement, dans sa propre chapelle, sont montrés les noms de ses ancêtres jusqu'à quatre générations. Ce culte des ancêtres fut poursuivi par son petit-fils, Sarenpout II, qui construisit une chapelle avec une statue pour son père, le gouverneur « consort » Khema. En outre, le petit-fils de Sarenpout II, Amény-Seneb, fit placer des statues pour son père, le gouverneur « consort » Héqaïb II, et ses frères, les gouverneurs Héqaïb III et Héqaïb-Ankh. De cette façon, le culte des ancêtres normalisait la lignée familiale après les crises dynastiques, maintenait le caractère « divin » originaire de la famille gouvernante et renforçait la cohésion sociale de celle-ci avec la communauté. D'autre part, les gouverneurs temporaires envoyés par le roi, Amény et Ipi, ne se construisirent leur propre chapelle dans le sanctuaire d'Héqaïb ni leur propre tombe à Qoubbet el-Haoua, probablement parce qu'ils n'avaient pas de liens directs avec la famille gouvernante de Sarenpout I. En revanche, tous deux ont des statues dans le sanctuaire, renvoyant à l'ancêtre divin local et aux divinités locales. Ce culte des ancêtres est aussi manifeste dans le fait que Sarenpout I fut inhumé dans la tombe n° 36 de Qoubbet el-Haoua à proximité de l'hypogée de l'ancêtre divinisé, Pepinakht-Héqaïb II (QH35d). Après, à cause de la manque d'espace funéraire, le cimetière dynastique fut divisé en deux zones et déplacé au sud-est, tout en gardant le maximum de proximité entre les tombes des gouverneurs et celle de l'ancêtre, ainsi qu'entre les tombes des membres secondaires de la famille et celles des gouverneurs (QH30 à QH33, pour les gouverneurs, au sud ; QH34 à QH34ee, pour les membres secondaires, au nord). Nous trouvons le même principe de proximité dans les chapelles dynastiques du temple d'Héqaïb à Éléphantine ;

b) De l'autre côté, une légitimation nationale pour les gouverneurs d'Éléphantine : nomination royale. Les épithètes étaient octroyées par le roi comme des faveurs morales pour légitimer la nomination du gouverneur et favoriser la succession au sein de la famille de Sarenpout I, spécialement dans les cas d'Amény et d'Ipi. À partir des réformes administrative et militaire de Sésostris III, qui déplaça le centre administratif du premier nome au nord, à Thèbes, et établit la frontière au sud, à Semna, la légitimation locale des gouverneurs d'Éléphantine disparut, seule se maintint la légitimation nationale de leur pouvoir : les noms des successeurs de l'ancêtre divinisé -Sarenpout, Héqaïb- disparurent de l'onomastique des gouverneurs et des basiliphores -Amény-Seneb, Khakaure-Seneb- apparurent à leur place ; les grandes tombes monumentales de Qoubbet el-Haoua cessèrent d'être construites avec celle bâtie par Héqaïb-Ankh ou Amény-Seneb (QH33) ; également, le titre de nomarque à Éléphantine disparut avec celui de Sarenpout II. Le premier nome d'Éléphantine perdit à ce moment-là de l'importance administrative au profit de nouvelles unités territoriales plus vastes (les *ouaret*, dans ce cas la « Tête du sud ») et plus petites (les *njwt*, les villes et leurs districts, dans ce cas Éléphantine). De la même façon, les noms des femmes de la famille gouvernante, formés avec des théophores locaux durant la première moitié de la XIIe Dynastie (Sattjeni, Satethotep, Dedet-Khnoum, Gaut-Anouket), déclinèrent aussi après les réformes de Sésostris III, et de nouveaux noms surgirent, comme Senet-Ankhou, probablement la sœur du gouverneur Ankhou et la fille de Sarenpout II ; Dedet-Ouseret ; Neferet-Hesou et Senet-Seneb, épouse du gouverneur Khakaure-Seneb. L'équilibre politique entre la monarchie et la noblesse provinciale héréditaire se rompit définitivement en faveur de l'institution royale à partir de la centralisation politique et administrative de Sésostris III. Les membres de la noblesse provinciale du premier nome s'intégrèrent alors dans la noblesse de cour (Franke, 1991). Ainsi donc, à partir d'Héqaïb II et jusqu'à la XIIIe Dynastie, les gouverneurs d'Éléphantine perdirent leur pouvoir politique et basèrent leur autorité seulement au niveau des titres traditionnels : « Gouverneur », *h3tj-ᶜ*, et « Superviseur des Prêtres », *jmj-r ḥmw-nṯr*. Néanmoins, malgré cette perte de pouvoir politique, la famille gouvernante resta une élite économique locale, comme l'atteste la construction de grandes chapelles du *ka* dans le temple d'Héqaïb à Éléphantine par Amény-Seneb et Khakaure-Seneb ; ces derniers gouverneurs pourraient avoir été inhumés dans la nécropole royale comme c'est le cas, semble-t-il, de la famille de Khnoumhotep de Beni Hasan, ce qui prouve également un changement des pratiques funéraires de la famille gouvernante (Lloyd, 1992).

4. Durant les moments de grave difficulté lors de la succession masculine, la légitimité dynastique provinciale reposait sur les filles aînées des gouverneurs, particulièrement la fille de Sarenpout I (Satethotep) et celle de Sarenpout II (Gaut-Anouket, puis Sattjeni, « La fille du Gouverneur »). Elles héritèrent, maintinrent et transmirent le pouvoir de la dynastie provinciale après la disparition d'Héqaïb I et d'Ankhou.

5. Survint un reflet de l'idéologie royale dans les « corégences » des nomarques et gouverneurs d'Éléphantine avec leurs fils aînés, qui permettaient d'assurer et de transmettre le pouvoir par la lignée masculine, spécialement dans une dynastie provinciale récemment instaurée au début du Moyen Empire. Tel est le cas de la « corégence » de Sarenpout II avec Ankhou

après le mariage de Satethotep avec le gouverneur « consort » Khema, et celui d'Amény-Seneb avec Khakaure-Seneb, à la suite du mariage de Sattjeni avec le gouverneur « consort » Héqaïb II ; la « corégence » de Sarenpout I avec son fils Héqaïb I dut répondre à une émulation directe de celle entre Amenemhat I et Sésostris I. Dans ces cas-là, les gouverneurs et leurs fils aînés sont toujours présentés vivants, dans le même contexte et avec les mêmes titres administratives de « Gouverneur » et de « Superviseur des Prêtres » (excepté Ankhou, seulement Gouverneur), montrant ainsi qu'ils partageaient le pouvoir local pendant une période temporaire et après l'approbation du roi.

4.2. Conservation

Le deuxième objectif du projet Qoubbet el-Haoua est la conservation du site archéologique :

1. Les recherches initiales de la mission espagnole incluaient la réalisation d'une cartographie (Figure 1) des tombes de la colline, inexistante jusqu'à alors, ainsi que la création d'une stratigraphie géologique en vue d'évaluer les risques de l'ensemble de la nécropole (2008). Ainsi, nous avons mis en œuvre un relevé topographique partiel de la nécropole (2008). En 2009, nous avons réalisé une cartographie améliorée et plus précise du site, incluant les tombes découvertes par Lady Cecil au début du XXe siècle, ce qui est fondamental pour les analyses spatiales archéologiques et géologiques, ainsi que pour la conservation et la mise en valeur du site. En 2017, nous avons actualisé la cartographie de la colline avec des techniques photogrammétriques.
2. Cette cartographie a été utilisée pour l'étude géomécanique de la colline que l'équipe espagnole avait réalisée pour déterminer sa stabilité et dessiner les stratégies de conservation des zones comportant de risques d'écroulement. Nous avons entamé une étude de stabilisation de la tombe de Khounes (QH34h) en 2009 et 2010. Cette tombe est située juste au bord d'une strate géologique affectée directement par les fissures de la roche qui provoque des éboulements. En outre, la pression des roches supérieures a entrainé la perte d'une partie de la façade extérieure. Enfin, la couverture de la tombe est complètement fracturée et menace de s'écrouler si elle n'est pas rapidement consolidée. En 2009, nous avons réalisé des essais de mortiers et de pigments pour consolider le toit de la tombe et les piliers sérieusement endommagés. Cette intervention a continué en 2010. Grâce à ces interventions et à celle de 2011-2012, la tombe de Khounes était partiellement consolidée à la fin de 2012. En 2013 et 2014, nous avons fait le contrôle des témoins laissés en 2012.
3. Du point de vue de la conservation, en 2012, 2015, 2016 et 2017, nous avons réalisé une étude technique générale sur la stabilité et la conservation des tombes de Qoubbet el-Haoua et, en 2012 et 2017, une étude architectonique de la nécropole.
4. Nous avons effectué des tâches variées de conservation, notamment concernant le tourisme (2018).

4.3. Développement local

Le dernier objectif du projet Qoubbet el-Haoua est la mise en valeur du site. Les travaux scientifiques de ce projet devaient être répercutés dans les conditions de vie de la population locale afin de les améliorer. Dans ce sens, le projet a esquissé des stratégies pour une meilleure présentation du site archéologique qui le rendrait plus attirant pour le tourisme, de sorte à apporter de la richesse dans une zone soutenue par de petites propriétés agricoles, ainsi que par une émigration vers les pays du Golfe. Pour ce faire, nous avons effectué quelques actions urgentes :

1. Nous avons réalisé la cartographie complète du site de Qoubbet el-Haoua (2008, 2009 et 2017), élément de base pour dessiner des itinéraires touristiques.
2. Nous avons bâti, en collaboration avec le Ministère des Antiquités (ancien Conseil Supérieur des Antiquités), un nouvel édifice de réception des visiteurs (2009), qui a été inauguré le 12 octobre 2010. Dans cet édifice, nous avons habilité des officines pour la police touristique et pour l'inspecteur du site archéologique de Qoubbet el-Haoua.
3. Nous avons renforcé la formation de jeunes archéologues et restaurateurs égyptiens au moyen de la signature d'accords entre l'Université de Jaén et le Ministère des Antiquités de l'Égypte. Le fruit de cet accord est la formation de jeunes inspecteurs et restaurateurs par l'équipe espagnole à partir de 2013.
4. Depuis la campagne de 2011-2012, nous avons diffusé le projet dans l'entourage local, par des conférences et des expositions sur la conservation du patrimoine.
5. On a avancé, en 2015 et 2017, dans la diffusion du projet et la conservation du patrimoine, par le biais de la digitalisation avec scanner 3D d'importants objets archéologiques, par exemple les restes du gouverneur Héqaïb III, lesquels peuvent être comparés aux statues de l'époque.
6. Finalement, en 2010, nous avons fait une proposition de gestion du site (rapport « Management of the Archaeological Site of Qubbet el-Hawa »), qui suit la politique du Ministère des Antiquités sur les sites archéologiques.

Dix ans de fouilles de la mission espagnole dans les tombes QH31, QH32, QH33, QH33a, QH33b, QH33c, QH34, QH34α, QH34β, QH34aa, QH34bb, QH34cc, QH34dd, QH34ee, QH34h, QH35n, QH35p, QH36 et QH122 de Qoubbet el-Haoua, 2008-2018

5.1. Campagne de 2008 : nettoyage, documentation et mise en valeur de la tombe QH33[50]

Huit chercheurs provenant de l'Université de Jaén, de l'Université Autonome de Madrid et de l'Université de Grenade ont participé à la campagne de 2008. Au cours de cette première campagne, nous avons élaboré un relevé topographique de la colline de Qoubbet el-Haoua, fouillé partiellement l'extérieur de la tombe n° 33, puis commencé à documenter son intérieur. Nous avons également effectué des études géotechniques de la colline pour déterminer sa stabilité et entrevoir des stratégies de conservation. Enfin, nous avons mené à bien des analyses sur la décoration picturale utilisée dans la nécropole.

Le premier objectif du projet de l'Université de Jaén était de créer une cartographie de la nécropole permettant de situer dans l'espace toutes les tombes (Figure 1), particulièrement la QH33. Au cours des premiers jours de la campagne, a été élaboré un plan topographique partiel, utilisé par la suite pour l'analyse géologique du site[51]. Malheureusement, la colline de Qoubbet el-Haoua étant composée de grès et de lutite, nous avons observé, en de nombreux endroits, des éboulements manifestes qui, dans certains cas, ont affecté les tombes. C'est pourquoi, il fallait réaliser une analyse géomécanique de la colline afin de connaître la localisation des fissures, leurs causes et les risques auxquels pourraient être exposés les tombes et leurs visiteurs. Les résultats de telles recherches nous révèlent les zones dans lesquelles il existe un risque d'effondrement des tombes. Nous avons ensuite élaboré une étude de stabilisation de ces zones, par exemple celle de la tombe de Khounes (QH34h).

En même temps, l'Université de Jaén a reçu du Conseil Supérieur des Antiquités d'Égypte la mission de nettoyer, de documenter et de mettre en valeur la tombe QH33.

La tombe n° 33 de Qoubbet el-Haoua a été découverte pendant les travaux de Francis Grenfell dans cette zone. On en a vu les dessins dans le catalogue réalisé peu après par l'équipe de De Morgan[52]. Néanmoins, dans les années trente, la tombe a de nouveau été recouverte par le sable, comme l'atteste la photographie publiée par Hans-Wolfgang Müller[53]. L'entrée de la tombe a été partiellement nettoyée, tout au moins à deux occasions, au temps de Grenfell et, dans les années soixante, par F. Komp, qui faisait partie de l'équipe d'Elmar Edel. Ce dernier a pris quelques mesures ainsi que des notes indiquant que la tombe est composée d'un couloir d'accès et d'une grande salle de culte avec six piliers. Par ces mesures, cette salle coïncide avec celle des tombes d'Héqaïb II (QH30) et de Sarenpout II (QH31). À cela s'ajoute le polissage des piliers et des murs, indiquant que cette tombe avait été bâtie au cours de la XIIe Dynastie (Figure 3). Au fond de la nef centrale, s'ouvre une chapelle plus grande que celle de Sarenpout II, ce qui peut aussi indiquer une date postérieure. Au sud, se trouve une petite niche et, au nord de la nef centrale, un petit couloir donnant sur une salle trapézoïdale avec un puits funéraire d'un peu plus de dix mètres de profondeur. Ces derniers éléments n'ont pas été compris dans le plan de la tombe élaboré par Edel. Il est fort probable qu'elle n'ait pas attiré pas l'attention des chercheurs à cause de l'absence d'inscriptions et du très mauvais état de conservation des matériaux de l'intérieur, affectés par le feu des pillards[54].

Au cours de la campagne de 2008, les travaux de nettoyage de la QH33 portaient sur le couloir d'entrée, avec l'idée de le fermer avec une porte métallique, ainsi qu'à l'extérieur et à l'intérieur de la tombe. La façade extérieure n'est pas décorée, mais l'intérieur est sculpté par un travail soigné. La façade d'entrée de la tombe n'a pas complètement été découverte ; aussi voit-on encore la marque que le maître tailleur de pierre a laissée à droite de la porte pour que le travail soit poursuivi par les artisans. Ainsi donc, tout indique que les travaux de la tombe ont cessé brusquement. La caractéristique de l'extérieur des tombes de Qoubbet el-Haoua est d'avoir une grande cour. On y a trouvé un certain nombre de cavités au sol pour l'extraction de la pierre.

Dans la cour extérieure, on a détecté du matériel archéologique remontant à plusieurs périodes : une stèle de l'époque saïte ou perse ; de la céramique du Moyen Empire, de la Deuxième Période Intermédiaire, du

---

[50] 1-31 juillet 2008. Dr. Alejandro Jiménez Serrano (Directeur), Juan Luis Martínez de Dios (Sous-directeur, archéologue), Marta Valenti Costales (Céramologue), Jorge Alberto Rodríguez López (Étudiant diplômé), Juan Manuel Anguita Ordóñez (Topographe), Fernando Martínez Hermoso (Architecte), Dr. Carolina Cardell Fernández (Géologue), José Israel Mellado García (Géologue), Mme. Karima Mohammed Mohammed (Inspectrice, SCA).

[51] Jiménez-Serrano *et al.* (2008 : 39).

[52] (1894 : 142).

[53] (1940, Taf. XXIa).

[54] Cardell (2008).

Nouvel Empire[55] et de la période copte ; des fragments de sarcophages ; deux ostraca coptes et des restes osseux. Près de la façade sud, nous avons trouvé une structure de pierre entourée d'un couloir.

On accède à l'intérieur de la tombe QH33 par une porte monumentale de 4,83 m de hauteur qui donne sur un couloir de 5,06 m de longueur. Celui-ci débouche sur une grande salle (11,90 x 8,60 m) pourvue de six piliers carrés (1,05 m dans leur partie supérieure) et, dans la partie ouest, figurent de deux niches : celle du centre, de grande taille (2,32 x 1,42 m) était, à l'origine, recouverte de peintures et d'inscriptions. Malheureusement, nous n'avons pu reconnaître que quelques signes hiéroglyphiques et les traces de quelques dessins. On a aussi observé des similitudes avec la tombe QH31 (Sarenpout II) comportant des dimensions semblables à celles de la salle aux piliers (celle de Sarenpout II est légèrement plus petite que celle de la QH33). Devant ces ressemblances et la proximité spatiale entre les deux tombes (à peine 20 m de distance), il est très probable que la QH33 appartienne à la XIIe Dynastie, postérieure à la QH31. Au sud de la niche centrale, on a trouvé une seconde niche (1 x 0,90 m) qui semble être devenue un puits, car elle est remplie de débris de pierre.

Au nord-ouest de la salle des piliers, un couloir donne sur une salle de forme trapézoïdale (S. 3.73 x O. 2.46 x N. 4.28 x E. 2.64 m), comportant sur le côté nord un puits funéraire (1.85 x 1.65 m) d'une profondeur minimale de 10.32 m rempli de décombres. L'intérieur de la tombe est comblé de sable et de toutes sortes de débris : fragments de cercueils de pierre et de bois, bandeaux, ossements humains et animaux, céramique, etc. Tout ce matériel a été identifié et dessiné, il sera documenté au cours des campagnes de fouilles suivantes.

Au cours des derniers jours de cette campagne, nous avons trouvé, dans le secteur C18, une chambre funéraire renfermant au moins trois sépultures. Par leur style, elles peuvent être datés de la Basse Époque, au cours d'une réoccupation de la tombe. L'un des sarcophages (paroi ouest) a la forme de *pr-nw* et contient une profusion de décorations. On a remarqué, dans l'un des panneaux, une représentation polychrome d'Isis ailée entre deux *oudjats* et, au-dessous, une inscription hiéroglyphique qui commence par la formule *ḥtp dj nsw*. Au-dessus de son couvercle, apparaît une statue de Ptah-Sokar-Osiris. Le deuxième sarcophage (à côté de la paroi est) a une forme en *pr-wr* et présente une décoration noire accompagnée de textes et d'ornements en jaunes (orpiment). Ce sarcophage est très endommagé.

Les principaux éléments trouvés dans la tombe QH33 au cours de cette campagne sont :

- La stèle funéraire de Disimentji, fils d'Hor, de l'époque saïte ou de la période perse. Dans sa partie supérieure, apparaît Horus Behdeti, seigneur du ciel, à côté de Ra, Horus, Isis et Nephtys, ainsi qu'une frise et une inscription hiéroglyphique de l'offrande ;
- Un fragment de stèle de la Basse Époque ;
- Des ostraca avec des inscriptions en copte ;
- Des fragments d'un cercueil sans décoration picturale, trouvés dans le couloir d'accès à la tombe (C0, Unité Stratigraphique [US par la suite] 13) ;
- Des sarcophages : on a découvert dans le couloir (C0, US13) un grand nombre de sarcophages et de cercueils de pierre, sans inscriptions. L'un des sarcophages date de la Basse Époque ;
- Une amulette trouvée dans le couloir (C0, US13) ;
- Des restes de bois de mobiliers funéraires (caisses) ou de cercueils, trouvés dans le couloir d'accès de la tombe et à l'extérieur ;
- Des perles de colliers cylindriques et sphériques en pâte de verre, datant de la Basse Époque ;
- De nombreux restes d'ossements humains et animaux, trouvés à l'extérieur et dans le couloir d'accès (C0, US13).

En conclusion, nous pouvons dire que la tombe QH33 présente quasiment les mêmes dimensions et des similitudes de polissage de la pierre avec la tombe QH31 (Sarenpout II). C'est pourquoi, cette tombe a dû être bâtie pendant la première moitié de la XIIe Dynastie, bien que nous ne puissions pas encore déterminer qui en a été le propriétaire. Ensuite, la tombe a été réutilisée à l'époque saïte ou perse (les fragments de cercueils trouvés aux niveaux supérieurs, à l'intérieur, paraissent l'indiquer, selon Edel)[56].

5.2. Campagne de 2009 : les tombes QH33, QH34 et QH34h[57]

Une équipe multidisciplinaire avec treize chercheurs provenant de l'Université de Jaén, de l'Université Autonome de Madrid, du CSIC (Conseil Supérieur de Recherches Scientifiques, Madrid) et de l'Université de Grenade ont participé à cette campagne de fouilles à Qoubbet el-Haoua de la fin du mois d'octobre 2009 au milieu du mois de décembre. Les objectifs étaient le nettoyage des tombes QH33 et QH34 (XIIe Dynastie) et la conservation de la QH34h (Khounes, VIe Dynastie), auxquels s'ajoutent les études géologiques et topographiques de la colline. Il importe de noter l'intégration, en cette année, du Dr. Sofía Torallas (Université de Chicago), spécialiste en épigraphie copte,

---

[55] López-Grande – Valenti Costales (2008).

[56] (2008 : 429).

[57] 28 octobre-11 décembre 2009. Dr. Alejandro Jiménez Serrano (Directeur), Juan Luis Martínez de Dios (Sous-directeur, archéologue), Marta Valenti Costales (Céramologue), Francisco Vivas Fernández (Égyptologue), Yolanda de la Torre Robles (Égyptologue), José Manuel Alba Gómez (Égyptologue), Dr. Sofía Torallas Tovar (Épigraphie copte), Dr. Miguel C. Botella López (Médecine légiste), Fernando Martínez Hermoso (Architecte), Juan Manuel Anguita Ordóñez (Topographe), Isabel Alba Fernández de Moya (Restauratrice), Jorge Peñas Barrionuevo (Photographe), Mme. Amira Ahmed Sadiq (Inspectrice, SCA).

chargé du catalogage, de la traduction et de l'étude des ostraca et des graffitis coptes trouvés. Nous avons également fait des démarches auprès des autorités égyptiennes pour obtenir l'autorisation de construire un nouvel édifice aux usages multiples dans l'entrée de la nécropole. Cela tient à la collaboration scientifique et culturelle engagée entre l'Université de Jaén et le Conseil Supérieur des Antiquités de l'Égypte qui a renforcé le développement local. Dans cette même perspective de développement et de diffusion du projet, l'aménagement de la page web du projet de la mission espagnole à Qoubbet el Haoua est entré en compte : nous avons pu suivre, de jour en jour, les travaux des campagnes de fouilles (http ://ujaen.es/investiga/qubbetelhawa/index.php).

En ce qui concerne la tombe QH33, nous avons détecté à l'extérieur la présence d'un mur creusé dans la roche qui formait une enceinte semblable à celle de la tombe de Sarenpout I (QH36). Il y avait ici une activité anthropique à la fin de la XIIe Dynastie et au début de la XVIIIe, ainsi que pendant les VIe et VIIe siècles. À l'intérieur de la tombe n° 33 (Figure 16), nous avons procédé aux fouilles de quelques secteurs de la strate superficielle et à la récupération d'une partie du matériel lithique, osseux, de faïence, de bois et de céramique qui s'y trouvait. La tombe peut être datée de la seconde moitié de la XIIe Dynastie.

Dans la tombe, on a fouillé le couloir d'accès dans sa quasi-totalité, où l'on a pu documenter des sépultures de plusieurs époques ; on a aussi réalisé une planimétrie préliminaire de l'hypogée.

D'autre part, dans la tombe QH34h, nous avons commencé des essais de mortier pour consolider le plafond et les piliers, endommagés par les fractures naturelles de la colline.

Parallèlement, le Dr. Sofia Torallas Tovar a commencé le catalogage, la traduction et l'étude de la vingtaine d'ostraca trouvés en 2009 à l'extérieur des tombes QH33 et QH34[58], et des graffitis en copte découverts dans l'église du complexe monacal édifié au nord de la tombe QH34h. L'étude de ces ostraca nous a permis d'éclairer davantage la vie quotidienne des communautés religieuses coptes de la Haute-Égypte aux VIe et VIIe siècles.[59] D'autre part, les dates mentionnées sur certains de ces graffitis coptes appartiennent aux XIe et XIIe siècles.[60]

Au cours de cette campagne, nous avons dressé une cartographie améliorée et plus précise du site archéologique de Qoubbet el-Haoua, grâce à l'affinement des données dans les côtes de niveau et à l'inclusion de toute la colline et des tombes découvertes par Lady Cecil à Naga el-Qubba. Cet outil topographique[61] peut être utilisé pour des analyses spatiales de type archéologique et géologique, ainsi que pour la conservation et la mise en valeur du site.

À l'extérieur de la tombe QH33 (secteurs A, B, D, E, F et G), nous avons réussi à déblayer les niveaux de dépôts sédimentaires de chacune des plateformes localisées des deux côtés de la porte d'accès à la tombe. Leur objectif était vraisemblablement de donner un aspect monumental à cet accès. De même, le mur du couloir, qui fonctionnait comme fermeture parallèle à la façade de la tombe, renforce cet aspect monumental de l'hypogée, particulièrement depuis le Nil.

À l'intérieur de la tombe n° 33, nous avons mené à bien les travaux de prospection du matériel superficiel de la salle des piliers (C1-C12), ainsi que les fouilles en extension superficielle des strates supérieures de C1, C4, C5 et C8. Nous avons préalablement réalisé une ortho-photo pour documenter l'état initial de cette tombe avant les fouilles. À partir de la photogrammétrie obtenue, nous avons observé l'existence de trois foyers d'incendie : C3, C4 et C9. Cette documentation visuelle a été complétée par l'élaboration d'une photographie sphérique de la salle des piliers, qui apparaît sur la page web du projet. Ensuite, nous avons élaboré un dessin architectonique de la structure de l'hypogée et on a relevé les cotes superficielles de tous les secteurs. La structure de la tombe produit une perspective qui attire le regard du spectateur vers la niche où, l'année précédente, nous avons découvert des traces de décoration picturale. Après la documentation, nous avons commencé la prospection à l'intérieur de l'hypogée : matériel osseux et lithique, céramique, bois et fragments de sarcophages de grès.

Au cours de cette campagne de 2009, nous avons également commencé les travaux dans la tombe QH34, en particulier dans le couloir d'accès. Cette tombe est séparée de la QH33 par un puissant mur en adobe et en pierre. Dans cet espace, les trois cercueils décorés trouvés sont en mauvais état de conservation, et peuvent dater de trois périodes différentes.

Les principaux matériaux des tombes QH33 et QH34 découverts dans la campagne de 2009 sont les suivants :

• Deux fragments de stèle qui apparaissent à l'extérieur de la QH33, au niveau superficiel, remontant probablement à la Basse Époque (Dynasties XXVI-XXVII), peut-être en rapport avec celle du défunt Disimentji (campagne de 2008). Sur la stèle apparaît une déesse (Nephtys ?) accompagnée de trois dieux (Ra, Horus et Isis) ;
• Un fragment de stèle en provenance de l'intérieur de la QH33, au niveau superficiel (secteur C8), sur lequel apparaît une femme représentée en orante ;
• Un objet lithique qui rappelle une statue inachevée ;
• Des cercueils du couloir d'accès à la QH34, déjà découverts par Edel[62], en mauvais état de conservation

58 Voir Edel, 2008 : 474-478, 514-523.
59 Torallas (2010) ; Torallas et Zomeño (2011).
60 Torallas et Zomeño (2013).
61 Jiménez-Serrano *et al.* (2009 : 44).
62 (2008 : LX).

et qui semblent dater de la fin du Moyen Empire ou de la Deuxième Période Intermédiaire ;

- Dix terrines hémisphériques à bord rouge et avec une base instable et huit terrines carénées avec base plane, trouvées devant l'accès à la tombe QH33 (secteurs A2 et B2), dont la datation remonte au Moyen Empire (QH33/190708/A2/15/115 ; QH33/140708/B2/1080) ;
- Du matériel céramique à l'extérieur de la QH34, de la Basse Époque et de l'époque copte ;
- Dans QH34, deux récipients avec décoration « motif de vagues », de la fin du Moyen Empire et de la Deuxième Période Intermédiaire (QH34/191109/E1-2/45/517) ;
- À l'intérieur de la tombe QH33, des terrines avec un engobe rouge et une base instable, datant de la période perse (QH33/251109/C6/Sup/T167), ainsi qu'une jarre à petites anses, avec une base également instable, peut-être utilisée dans le processus de momification, datant de la fin de la période saïte ou de la période perse (QH33/271109/C4/49/T173) ;
- Une grande quantité de céramique copte, au nord de QH34, avec la mention d'affaires privées et avec des lettres, provenant du complexe monacal de Qoubbet el-Haoua ;
- Un sarcophage anépigraphe et sans décoration, à l'intérieur de la QH33, reconstitué presque entièrement, et un autre, en grès massif de couleur rouge, entièrement badigeonné mais sans décoration, les deux datant de l'époque saïte ou plus probablement perse. Il y avait aussi un troisième sarcophage, semblable au dernier ;
- Trois sarcophages dans la chambre funéraire latérale (C18) à l'intérieur de la tombe QH33, avec du mobilier funéraire et trois statues de Ptah-Sokar-Osiris de la Basse Époque ;
- Trois cercueils dans le couloir d'accès à la tombe QH34 contenant des corps d'enfants, dont l'un de type négroïde (n° 1), remontant probablement à la Deuxième Période Intermédiaire ;
- Des amulettes représentant les quatre fils d'Horus et des scarabées de faïence, datant de la Basse Époque, à l'intérieur de la tombe QH33 ;
- Un scarabée dans le couloir d'accès à QH34, associé à une inhumation multiple de la Seconde Période Intermédiaire ou du début du Nouvel Empire ;
- Dans le couloir d'accès à QH34, nous avons aussi trouvé quatre exemplaires de mains faites en os de bovidé, utilisées dans les rituels funéraires.

On peut conclure, de façon préliminaire, que le plan original de la QH33 comprenait une cour de grandes dimensions (plus de 30 m de long), fermée par un mur taillé dans la roche de plus d'un mètre d'épaisseur, et s'étendant parallèlement à la façade de la tombe avec un accès vers l'est. Un mur de mêmes dimensions a été détecté dans la tombe de Sarenpout I (QH36). Sans doute, cette structure donnait un aspect monumental à la tombe depuis le Nil qui convenait au haut rang du propriétaire, dont nous ignorons le nom pour l'instant. Dans ce sens, le fait que la tombe QH33 se trouve pratiquement à côté de celle de Sarenpout II et que les mesures de l'intérieur de la salle des piliers sont presque identiques dans les

deux cas permet d'avancer qu'il s'agit d'un descendant du gouverneur inhumé dans la QH31, Sarenpout II.

À l'intérieur de la tombe QH33, nous avons confirmé les réutilisations ainsi que la destruction de sépultures dans la chambre des piliers au Ve siècle av. J.-C. Nous n'avons pas évalué la date de cette destruction.

La tombe QH34, d'abord considérée comme une unité indépendante, a réellement été bâtie dans l'enceinte funéraire de la QH33, ce qui pourrait indiquer un rapport avec le propriétaire de la QH33. Les matériaux trouvés dans le couloir d'accès à la tombe indiquent qu'elle a été réutilisée pour introduire de nouveaux cercueils, peu après son utilisation originale, probablement en trois phases : fin de la XIIe Dynastie, Seconde Période Intermédiaire et début de la XVIIIe Dynastie.

Enfin, en ce qui concerne la restauration de la tombe de Khounes (QH34h), nous avons pu noter qu'elle était située sur le bord d'une strate géologique directement affectée par des fissures naturelles de la roche qui provoquent des glissements de terrain. En outre, la pression des roches supérieures a causé la perte d'une partie de la façade extérieure. La couverture de la tombe était fracturée et il existe encore un risque d'effondrement, elle mérite donc d'être consolidée. Ainsi donc, nous avons prévu quelques stratégies pour renforcer la roche, comme un début de la fermeture complète de la tombe et de la restauration des reliefs et des inscriptions trouvées sur les murs sud et est, ainsi que sur les piliers. Par conséquent, en 2009, ont été effectués des tests de pigments et de mortiers dans une strate de roche semblable de la même colline. Ceci devait permettre de commencer la consolidation en 2010, avec une bonne combinaison des matériaux, des six piliers fissurés. Dans les campagnes suivantes, on s'intéressera au toit du mur est.

5.3. Campagne de 2010 : les tombes QH33, QH34 et QH34h[63]

La troisième campagne de l'Université de Jaén dans les tombes QH33, QH34 et QH34h de la nécropole de Qoubbet el-Haoua, du début du mois de septembre à la fin du mois d'octobre 2010, a été marquée par plusieurs interventions concernant les fouilles archéologiques, la documentation, la conservation, la consolidation structurelle et la diffusion des découvertes auprès du

---

[63] 2010 : 1 septembre- 25 octobre. Dr. Alejandro Jiménez Serrano (Directeur), Juan Luís Martínez de Dios (Sous-directeur, archéologue), Dr. Miguel Botella López (Médecine légiste), Dr. Inmaculada Alemán Aguilera (Médecine légiste), Ana del Olmo Calvín (Médecine légiste), Dr.. Sofía Torallas Tovar (Épigraphie copte), Dra. Amalia Zomeño Rodríguez (Épigraphie arabe), Marta Valenti Costales (Céramologue), Yolanda de la Torre Robles (Égyptologue), José Manuel Alba Gómez (Égyptologue), Luisa García González (Égyptologue), Beatriz Prado Campos (Restauratrice), María Cruz Medina Sánchez (Restauratrice), Israel Mellado García (Géologue), Dr.. Carolina Cardell Fernández (Géologue), Fernando Martínez Hermoso (Architecte), Jorge Peñas Barrionuevo (Photographe), Eduardo Trigo Sánchez (Ingénieur), Dr. Consuelo Díez Bedmar (Divulgation), Francisco Vivas Fernández (Égyptologue), Mme. Wafaa Mohamed Aysa (Inspectrice, MoA).

public. Vingt chercheurs venus de l'Université de Jaén, de l'Université Autonome de Madrid, du CSIC (Madrid) et de l'Université de Grenade ont participé à cette campagne de 2010. Une équipe d'anthropologues légistes a été intégrée à cette campagne pour étudier les restes humains des tombes QH33 et QH34, en particulier les moyennes d'âge, de sexe, de taille et les pathologies les plus communes des sujets trouvés. En ce qui concerne le développement local et la diffusion, a été inauguré, le 13 octobre 2010, le nouvel édifice administratif bâti à Qoubbet el-Haoua par l'Université de Jaén.

Nous avons continué le nettoyage et la documentation des matériaux découverts à l'extérieur et à l'intérieur de la tombe QH33. À l'extérieur, la cour a été entièrement fouillée. Dans sa zone sud-est, nous avons trouvé un moulin à pigments qui conservait encore deux des couleurs utilisées pour la décoration de la tombe : rouge (hématites) et ocre. À côté du moulin, figuraient les deux pierres que les artisans utilisaient probablement comme sièges. L'endroit situé à côté du versant de la colline était recouvert d'un grand bloc de céramique copte et autres trouvailles datées des VIe-VIIe siècles. Au milieu d'une grande quantité de décombres, nous avons localisé de nouveaux ostraca. À cette époque, l'endroit était donc utilisé comme zone de décharge du monastère voisin de Deir Qoubbet el-Haoua (en face de la tombe de Khounes, QH34h).

À l'intérieur de la tombe QH33, les travaux de nettoyage ont permis de discerner au moins trois périodes d'occupation. L'une est contemporaine de la construction de la tombe à la fin de la XIIe Dynastie. Un cercueil de bois (probablement le cèdre) découvert dans une chambre funéraire auxiliaire jusqu'alors inconnue (C19) appartient à cette période. Il est en bon état de conservation, comporte des inscriptions visibles, et est recouvert d'une caisse de bois complètement rongée par les termites. Les deux phases suivantes de l'occupation de la tombe datent de la fin de la Deuxième Période Intermédiaire ou de la première moitié de la XVIIIe Dynastie (céramique, restes de cercueils et scarabée de Thoutmosis III) et des Dynasties XXVI-XXVII (chambre funéraire intacte découverte lors de la campagne de 2008, C18).[64] Pendant cette campagne, nous avons nettoyé la niche principale, zone la plus sacrée de la tombe QH33, qui ne comporte pas de décoration.

Le matériel archéologique localisé à l'intérieur de la QH33 lors de la campagne est semblable à celui des années précédentes : restes humains et animaux, pierre, céramique, bois, bandeaux, plâtre polychrome et grande quantité d'amulettes, de perles de colliers et de scarabées :

- Des restes humains et animaux : l'étude anthropologique légiste des squelettes des 65 individus de la tombe QH33 trouvés jusqu'à présent a signalé que la plupart des sujets ensevelis pendant les réoccupations des XVIIIe et XXVIe Dynasties appartenaient à plusieurs groupes

sociaux, mais pas à l'élite dirigeante provinciale, bien qu'ils aient été dans plusieurs cas, en rapport avec elle. Pour l'instant, nous avons seulement découvert un titre qui situe l'un des sujets dans l'échelle sociale : un scribe nommé Maani, daté de la XVIIIe Dynastie.[65] Les groupes de population de ces individus sont à la fois leucodermes et mélanodermes. Nous avons constaté un bas niveau de nutrition, à la limite de la survivance, des pathologies infectieuses et, à un moindre degré, des maladies congénitales, métaboliques et dégénératives. Au sujet des restes animaux, nous avons retenu les os de gazelle dans de nombreux secteurs, à relier sans doute avec le culte de la déesse Satet.

- Pierre : dans le secteur C11, en face de la niche, nous avons trouvé deux tables d'offrandes de différents styles et tailles, en rapport direct avec la structure échelonnée de la niche. Aucune ne présente d'inscriptions sur les côtés. Il est possible que l'une d'elles au moins date du Moyen Empire (ce qui indique qu'elle a été réutilisée sous la XVIIIe Dynastie ou à la Basse Époque), et que son lieu d'origine ne soit pas la tombe n° 33 ; elle aurait été transportée là d'un autre lieu pour servir à des rituels funéraires bien après sa fabrication. Par ailleurs, nous avons trouvé huit sarcophages de pierre fragmentés, appartenant probablement à la Basse Époque (Dynasties XXVI-XXVII).[66] Nous avons aussi découvert une nouvelle stèle avec des inscriptions, contemporaine de celle trouvée en dehors de la tombe au cours de la première campagne (2008).

- Céramique : à partir des récipients, on a documenté deux phases d'occupation, le Nouvel Empire (Dynastie XVIII) et la Basse Époque (Dynasties XXVI-XXVII)[67], auxquelles il faut ajouter la XIIe Dynastie, période de construction de la tombe. La trouvaille d'un vase d'Hathor (« jarre à lait Hathor ») est un exemple remarquable. Cette jarre présente des dessins variés dont une tête de vache, image peu habituelle parmi les représentations plastiques de ces vases. Au bas de la moulure de la bouche, on distingue un disque solaire entre les cornes, d'où surgissent des bras dont les mains tiennent les mamelles (QH33/10/C7/90/T454). Par ailleurs, dans la phase de la XVIIIe Dynastie, on a documenté quatre couvercles à tête humaine de type vases canopes, ainsi que quatre jarres chypriotes de petite taille.

- Bois : on a trouvé des fragments de statues de Ptah-Sokar-Osiris, cornes, plumes et petites figures de Sokar, ainsi que des morceaux de bois ayant la forme d'un faucon.

- Bandeaux : dans certains cas, ils présentent un dessin complexe, orné d'une décoration picturale de type géométrique.

- Plâtre polychrome : on a trouvé de nombreux fragments de plâtre polychrome provenant de cercueils faits de bois de palmier et présentant des motifs décoratifs

---

[64]   De la Torre Robles (2017 et sous presse).

[65]   Ranke (1935 : 143 n. 21).
[66]   De la Torre Robles (2012).
[67]   López-Grande (2016).

semblables à ceux des cercueils construits en matériaux plus nobles.

• Varia : nous avons déterré une grande quantité d'amulettes représentant les quatre fils d'Horus (Imseti, Douamoutef, Hâpi et Kebehsénouf) et quelques exemples de scarabées ailés, des perles de colliers et des perles de mailles en faïence. Au secteur C7, on a trouvé un petit scarabée, déjà mentionné, avec le nom de Menkheperre (Thoutmosis III), et enfin, une petite statue en forme d'un chacal (Basse Époque, Dynasties XXVI-XXVII).

À l'extérieur, dans la cour de la tombe QH33, on a fouillé un grand nombre de fragments de céramique et de récipients hémisphériques à bord rouge. Ils sont caractéristiques du Moyen Empire, datant plus précisément d'entre les règnes d'Amenemhat II et d'Amenemhat III. D'autre part, pendant cette campagne, nous avons découvert un petit nombre d'ostraca inscrits en copte datant du VIe ou du VII siècles, dans les secteurs F3, G1-2-3 et E3. Quelques-uns sont des ostraca opisthographes, écrits sur les deux faces (nos 901 et 944 : QH33/10/F3/US39 et US93). On connaît, grâce à eux, le rapport du complexe monacal de Deir Qoubbet el-Haoua avec le monastère voisin de saint Siméon, à environ treize kilomètres en descendant le Nil (n° 1085 : QH33/10/F3/US104). Dans les ostraca, on parle aussi de Jésus-Christ et de la Sainte Trinité (n° 983 et n° 1035 : QH33/10/G1-2/US97 et US99). Par ailleurs, quelques ostraca sont probablement des fragments de factures (n° 960 b et c : QH33/10/G-1-2/US97), alors que d'autres ont peut-être servi de *probationes calami*, exercices d'entraînement de l'écriture (n° 1038 : QH33/10/G-3/US105). Également, on distingue une petite lampe type « Aladin avec anse » d'époque copte (QH33/10/F3/39/919).

Quant à la tombe n° 34, elle a été définitivement fouillée et une porte métallique a été installée à son entrée. Les premiers travaux concernaient la consolidation urgente de trois cercueils déjà découverts et étudiés par Elmar Edel[68]. Bien que cette tombe ait été fouillée au moins à deux occasions (par F. Grenfell en 1885-1886 et par J. Karig, de l'équipe d'Edel, en 1959), son plan définitif n'avait pas été dessiné; l'équipe de l'Université de Jaén a donc réalisé cette tâche. Après l'intervention des hommes de Grenfell, la tombe a été recouverte de sable. Ainsi, elle n'apparaît pas sur le plan de la nécropole de Qoubbet el-Haoua que l'équipe de De Morgan avait dessinée. La tombe n'a plus attiré l'attention des chercheurs jusqu'à ce qu'Elmar Edel ait décidé de réaliser son plan, pour lequel il a fallu fouiller l'entrée, la chambre principale et le puits funéraire. Néanmoins, Edel n'a pas fouillé le couloir d'accès de la tombe bâti en adobe, ce qui nous a permis de reconstruire, en partie, les processus sédimentaires et post-sédimentaires de la tombe.

On a localisé quelques fragments de céramique du Moyen Empire au fond du puits funéraire de la QH34, conséquence probable de la recherche active de matériaux pendant les fouilles de Grenfell et d'Edel. Par ailleurs, nous avons trouvé quatre terrines hémisphériques à bord rouge et avec une base instable devant la porte de la tombe (QH34/10/E1/65/3). Découverts à un niveau proche du sol, ces récipients confirment l'occupation originelle de l'hypogée à la fin de la XIIe Dynastie.

D'autre part, les travaux de conservation menés à bien dans la tombe de Khounes (QH34h, VIe Dynastie) par les équipes de géologues, d'architectes et de restaurateurs concernaient les piliers de la tombe, endommagés, ainsi que certaines parties des murs de l'intérieur, étudiés avec la technique d'ultrasons. Pour consolider ces zones, nous avons utilisé plusieurs types de mortiers ; nous avons changé les anciens par de nouveaux de meilleure qualité et sans conséquences sur le plan esthétique. Pour la campagne suivante, les principaux objectifs sont la consolidation des piliers en leur extrémité supérieure, la pose d'un mortier de revêtement sur tous les piliers, une nouvelle vérification de la rapidité de transmission des ultrasons dans les piliers et une intervention sur le plafond de la tombe.

En définitive, au cours de cette campagne, nous avons mené à bien des travaux généraux de conservation et de restauration :[69]

• Conservation *in situ* de trois cercueils de bois situés dans le couloir de la tombe QH34. La priorité a été donnée au sauvetage et à la documentation des inscriptions qui contiennent des renseignements sur les propriétaires.
• Traitement de conservation des objets archéologiques trouvés au cours du processus de fouilles (documentation, consolidation, nettoyage, adhérence et stockage des objets).
• Consolidation de structures archéologiques (par exemple, le couloir d'entrée de la tombe QH34).

5.4. Campagne de 2011-2012 : les tombes QH33 et QH34[70]

Les tombes QH33 et QH34 ont vraisemblablement été pillées dans l'Antiquité et n'ont jamais été fouillées, si ce n'est que partiellement par Grenfell et Edel aux XIXe et XXe siècles, respectivement. Cela a permis à l'équipe de l'Université de Jaén de tenter la reconstruction de l'histoire des deux tombes.

---

[68] (2008 : 434-436).

[69] Medina Sánchez – Prado Campos (2016).
[70] 10- janvier- 2 mars 2012. Dr. Alejandro Jiménez-Serrano (Directeur), Juan Luis Martínez de Dios (Sous-directeur, archéologue), Marta Valenti Costales (Céramologue), Yolanda de la Torre-Robles (Égyptologue), Luisa García González (Égyptologue), Dr. Kathryn Piquette (Égyptologue), José M. Alba Gómez (Égyptologue), Dr. Miguel Botella López (Médecine légiste), Dr. Inmaculada Alemán Aguilera (Médecine légiste), Linda Chapon (Médecine légiste), Teresa López-Obregón Silvestre (Restauratrice), Israel Mellado García (Géologue), Dr. María Paz Saez Pérez (Architecte), Dr. Ángela Medina Quesada (Ingénieur), Eduardo Trigo Sánchez (Ingénieur), Ángeles Muñoz Civantos (Dessinateur), Nicolo Melochi (Dessinateur), Mme. Zeinab Said Ghaleb (Inspectrice, MoA).

La zone *extra muros* est un espace ouvert devant le complexe funéraire des tombes n° 33 et n° 34 qui était délimité par deux structures échelonnées en leurs côtés nord et sud. Ce dessin architectonique a été trouvé pour la première fois à Qoubbet el-Haoua, n'existant pas d'autres cas dans d'autres cimetières contemporains. Les deux structures présentent quatre marches qui, comme le reste de la partie extérieure du complexe funéraire, n'ont jamais été achevées. Pendant les travaux de nettoyage, nous avons découvert trois petits hypogées (QH33a, b et c) qui pourraient dater d'une période comprise entre la fin de la VIe Dynastie et la fin de la Première Période Intermédiaire. Dans la sépulture QH33b, très certainement antérieure à la construction de la QH33, on a inhumé non moins de huit sujets. Cette sépulture a été réoccupée au cours de la XXVIe Dynastie (sarcophages complets des sujets nos 21, 22, 23 et 25 ; statue de Ptah-Sokar-Osiris pour l'individu n° 24).

La cour de la QH33 avait été fermée à l'époque par un mur d'un peu plus d'un mètre de large. Creusé dans la roche, il présentait en sa partie centrale une porte qui conduisait à celle de l'hypogée. Il n'a jamais été achevé, tout comme le reste de la partie extérieure de l'enceinte. En ce qui concerne la façade, d'environ trente mètres, une ligne très étroite marquant les futurs travaux de taille et de décoration avait été dressée. Ce travail est resté inachevé, peut-être à cause de la mort soudaine du propriétaire de la tombe. Dans la cour, nous avons fouillé deux plateformes de roche séparées par le couloir qui mène à l'entrée de l'hypogée. Entre le mur sud et la plateforme méridionale, on a trouvé un moulin en pierre pour pigments. À sa surface, on a découvert les restes de deux pigments (rouge et ocre) utilisés pour dessiner la décoration de la niche principale de la tombe. Sur la plateforme nord, figurait un ensemble de céramiques datant du début du Nouvel Empire, qui auraient un caractère rituel.

L'intérieur du complexe funéraire QH33 (Figure 16) est divisé en deux parties : la salle de culte, qui présente six piliers et deux niches, et les chambres funéraires latérales. Les dimensions de la salle de culte coïncident avec celles de la salle de culte de la tombe de Sarenpout II : c'est le premier indice qui nous permet d'établir la chronologie de la tombe n° 33. Les ressemblances concernant la taille, la présence de deux chambres auxiliaires sur le mur méridional de la salle de culte, la qualité de la sculpture ainsi que la céramique trouvée, nous mènent à penser que la QH33 fut bâtie après la QH31 (règne de Sésostris III). Par ailleurs, la QH33 présente quelques innovations architectoniques par rapport à la tombe n° 31, ce qui la situe après la tombe de Sarenpout II : la nef centrale de la salle de culte présente une fausse voûte et, de l'autre côté, la taille de la niche est plus grande que celle construite pour la QH31. La niche sud de la salle de culte n'a jamais été décorée contrairement à la niche principale, mais, au Ve siècle av. J.-C., des voleurs ont détruit par le feu quasiment toute la décoration. Seuls ont survécu quelques restes qui ne nous permettent toutefois pas de reconstruire l'ornementation originale de la niche

ni de retrouver le nom du propriétaire de la tombe. Pour ce qui est des sépultures, le panorama est complexe. Dans la salle de culte, il y a deux chambres latérales (C18 et C19) que l'on a découvertes intactes, bien que le contenu soit de périodes différentes. Il s'agit de deux annexes de mêmes dimensions et dans la même disposition que celles trouvées dans la salle des piliers de la tombe de Sarenpout II (QH31), ce qui renforce aussi l'idée que la tombe n° 33 a été construite à une époque proche de ce gouverneur. On a découvert, pendant cette campagne, une troisième chambre latérale du côté nord (C20), vide, bâtie pendant la XIIe Dynastie et pillée par la suite, ainsi que deux puits, C17 au nord et C21 au sud. La chambre C18, située au sud, découverte pendant la campagne de 2008, contient au moins trois cercueils qui datent de la Basse Époque. Leur état de conservation est assez bon et, dans les deux cas, ils sont accompagnés de plusieurs statues de Ptah-Sokar-Osiris. La chambre, ouverte en 2008 et refermée jusqu'à la fin des fouilles dans la salle de culte, est contemporaine de la construction de la tombe. La chambre C19, également située au sud, mais plus à l'ouest, a été trouvée pendant la campagne de 2010 et présentait le sceau original. Après son ouverture, nous l'avons refermée pour les raisons déjà expliquées. Elle contient un cercueil de cèdre en très bon état de conservation, daté de la fin de la XIIe Dynastie, ce qui permet de supposer qu'il s'agit de la sépulture originale d'un membre de la famille du propriétaire de la tombe n° 33. Ce cercueil était dans une caisse de bois recouverte de plâtre, pourrie par les termites. Bien qu'il présente des rangées d'inscriptions avec la formule d'offrande bien connue et la protection des dieux funéraires, on n'a remarqué aucun nom, hormis le colophon *m3't ḥrw*, utilisé seulement pour les femmes.

En ce qui concerne les puits funéraires de la tombe QH33, le puits principal (C17) comporte au moins 10,32 m de profondeur, et semble avoir été saccagé dans l'Antiquité. Le petit puits C21, découvert 2012, contient deux chambres funéraires dans son fond, qui ont été violées dans l'Antiquité. Il a été vidé avant la XVIIIe Dynastie. Dans la chambre est C22, apparaissent au moins deux cercueils d'une sépulture datés de la fin de la XIIe Dynastie. L'état de conservation du cercueil intérieur de cette chambre est magnifique : il présente des inscriptions, laissant un espace blanc pour le nom du propriétaire. Le cercueil de la chambre ouest C23 date de la même période, lequel était, à l'origine, contenu dans une caisse polychrome.

Il est probable que, peu après le scellage des sépultures C22 et C23, situées au fond du petit puits C21, elles ont été violées (Figure 9). Néanmoins, le saccage n'eut pas de graves conséquences et, de ce fait, elles ont, à nouveau, été scellées, cette fois d'une façon plus grossière avec des fragments provenant de la tombe QH34. Le puits a été couvert seulement à moitié, le reste a été peu à peu rempli pendant les siècles suivants une fois que la tombe a été réoccupée, de telle sorte que le matériel trouvé est un mélange du Moyen Empire et du Nouveau. Par ailleurs, pendant cette campagne, on a documenté la niche principale de la tombe QH33 (C14), décorée avant sa destruction par le feu, ainsi que la niche, plus petite (C13), non décorée.

Après l'ensevelissement de son propriétaire, le sable a couvert, avec une relative rapidité, l'extérieur et une partie de l'intérieur de la QH33. Avant la construction de la QH34, la plateforme méridionale de la cour était utilisée comme lieu de dépôt et, plus tard, pour les adobes qui auraient été utilisés dans la voûte du couloir de la n° 34.

Pendant la XVIIIe Dynastie, plus précisément sous le règne de Thoutmosis III, la tombe QH33 était occupée massivement par des dizaines d'individus. Parmi eux, nous avons trouvé deux noms, le dignitaire Pawer/Paser ou Pasemsou (« Le Vieux ») et le « Scribe du nome » Maani. Il est assez probable que l'un d'entre eux était la personne inhumée dans un somptueux cercueil de pin ou de cèdre découvert en cette même année 2012. Les sépultures ont été saccagées avant la Basse Époque. La dernière occupation de la tombe QH33 a eu lieu pendant la Basse Époque (Ve siècle av. J.-C.), période au cours de laquelle des dizaines de sujets ont été ensevelis, la plupart dans des cercueils en bois pauvrement décorés, bien que beaucoup aient été couverts avec la maille qui représentait le scarabée ailé avec les quatre fils d'Horus. Malheureusement, à cause de ces réoccupations, de l'action des pillards et de l'incendie de la salle de culte, les matériaux de ces trois périodes se sont entremêlés en une seule strate ; rien ne permet donc d'identifier la superposition logique des phases.

D'autre part, pendant les campagnes de 2009 et 2010, la tombe QH34 a entièrement été fouillée. Elle a été bâtie à la fin de la XIIe Dynastie, peu après la QH33. La QH34 n'a jamais fait partie de la QH33 d'un point de vue structural, ayant été construite là où il y avait assez de place pour une autre tombe. Pour la première fois, nous avons réalisé un plan exact de la tombe. Il présente un couloir bâti avec des adobes et couvert d'une voûte non achevée. Ce couloir mène à un hypogée avec un puits funéraire de cinq mètres de profondeur et deux chambres funéraires au fond. Au nord, une chambre très petite qui servait probablement à loger des offrandes ou des canopes. Au sud, figure une chambre plus grande où l'on aurait enterré le propriétaire de la tombe. La tombe QH34 a été réoccupée plusieurs fois. Ont été utilisées non seulement les chambres du puits funéraire, mais aussi le couloir d'entrée où se trouvaient trois cercueils de la fin de la XIIe Dynastie[71]. Au cours de la Deuxième Période Intermédiaire, ont été introduites dans le couloir de la tombe trois sépultures d'enfants, très pauvres. Par la suite, au début de la XVIIIe Dynastie, la chambre funéraire a été réoccupée en même temps que la tombe voisine n° 33. Enfin, nous avons aussi trouvé de la céramique copte qu'il faut mettre en rapport avec les déchets du couvent de Deir Qoubbet el-Haoua, près de la tombe de Khounes (QH34h). À l'extérieur de la tombe QH34, dans la cour de la QH33, nous avons découvert deux sépultures intactes situées entre la plateforme nord

de la tombe n° 33, le couloir d'accès de la QH34 et le mur d'enceinte funéraire de la QH33 : QH34α et QH34β. Dans la première, on a trouvé un sujet à traits ethniques négroïdes et, dans la seconde, il y avait un cercueil joliment décoré d'un individu nommé Sarenpout, fils de Sattjeni.

Pendant la campagne de 2011-2012, on a trouvé une grande quantité de matériaux dans un état de conservation acceptable dans QH33, QH33b et QH34α et β :

- Planche de bois polychrome avec l'image d'une déesse à genoux, en position d'offrande, qui pourrait provenir d'une caisse destinée à contenir des vases à khôl et des cosmétiques, pouvant dater de la XVIIIe Dynastie ou de la XIIe (QH33).[72]
- Tête appartenant à un cercueil de bois de grandes dimensions trouvée dans C6 de QH33, daté du début de la XVIIIe Dynastie, très légèrement touché par le feu et contenant des restes de chaux. Cette tête de cercueil jusqu'à la poitrine, de très belle facture, avec les yeux peints, est réalisée dans un pur style égyptien.
- Fragment de bois polychrome en noir avec une inscription peinte en jaune provenant du couvercle d'un sarcophage, des XXVIe-XXVIIe Dynasties (QH33).
- Cercueil de bois complètement détruit, qui contenait un sujet adulte robuste de type négroïde dans la tombe QH34α, située au sud, et qui ne contenait quasiment pas de mobilier. À côté de sa tête, nous avons trouvé quelques récipients de céramique.
- Un cercueil de bois joliment décoré de Sarenpout, fils de Sattjeni, en très mauvais état de conservation, trouvé dans la tombe QH34β, découverte en 2009 (Figure 18). Le nom pourrait indiquer un certain rapport familial avec les gouverneurs ensevelis dans les hypogées QH36 et QH31, Sarenpout I et Sarenpout II, respectivement. C'est l'exemple d'une décoration dense avec de beaux dessins dont le trait est raffiné. On peut observer quelques-unes des images typiques de la frise des objets (pots *Ḥs*, vases canopes avec le visage du défunt), des motifs végétaux comme la fleur de lotus, ainsi que des inscriptions hiéroglyphiques avec le nom du défunt, Sarenpout, et une paire d'*oudjats* face à la tête de ce dernier, sur la fausse porte. Le cercueil date de la fin de la XIIe Dynastie. Pendant les fouilles, on a découvert un fragment écrit avec une feuille d'or sur une bande de plâtre polychrome qui couvrait la momie. Ce fragment mentionne le nom de la mère du propriétaire de la tombe QH34β, Sattjeni, nom très commun parmi les femmes des gouverneurs durant la XIIe Dynastie.
- Un cercueil fabriqué à la Basse Époque, en mauvais état de conservation, provenant de la tombe QH33b. On y voit la représentation de quatre dieux : Ra-Horakhti, Nephtys, Wadjet et un autre non identifiable (probablement Osiris). Le corps inhumé ici, après que la tombe a été profanée, présente un scarabée ailé et les amulettes des quatre fils d'Horus.

---

[71] Edel (2008 : 434-436).

[72] De la Torre Robles (2013).

- Fragment de céramique d'un vase canope avec écriture hiéroglyphique, daté de la XVIIIe Dynastie et portant le nom du scribe Maani (QH33).
- Fragment d'une stèle de la Basse Époque, peinte et très proche d'une autre pièce trouvée en 2009 (QH33).
- Plusieurs tables d'offrandes en face de la niche principale de la tombe QH33. Sous une table d'offrandes, est apparu un grand fragment d'une autre table d'offrandes que l'on pourrait probablement compléter avec ce qui a été utilisé pour fermer la chambre latérale trouvée intacte en 2008. Ce fragment repose, à son tour, sur une troisième table d'offrandes.
- Restes fragmentaires d'écriture et de scènes qui décoraient la niche principale de la QH33 et qui ont été sauvés de l'incendie provoqué vers le Ve siècle av. J.-C.

Sur l'état de conservation de la colline de Qoubbet el-Haoua, le géologue Israel Mellado a réalisé une étude géotechnique en 2008 et a conclu, au sujet de la conservation du site, qu'il y avait un risque d'effondrement de certaines tombes, en particulier la QH34h. En 2009, on a testé différents mortiers et, en 2010, après analyse des résultats, on a choisi le meilleur mortier pour consolider les crevasses qu'apparaissaient sur les six piliers de la tombe. Pendant la campagne de 2012, Israel Mellado et l'architecte María Paz Sáez ont analysé l'état des fractures traitées et vérifié que le mortier employé avait parfaitement agi. La tombe de Khounes (QH34h) a été partiellement consolidée à la fin de 2012. L'étape suivante est le renforcement du plafond.

Pour ce qui concerne le développement local, l'équipe de l'Université de Jaén est arrivée, pendant cette campagne 2011-2012, à un accord avec les autorités du Ministère des Antiquités d'Assouan pour coordonner la formation de jeunes archéologues égyptiens. Fruit de cet accord, un jeune inspecteur s'est associé à notre équipe le 17 janvier 2012. Par ailleurs, le directeur du projet a entamé des démarches pour expliquer aux jeunes élèves du collège public le plus proche de la nécropole de Qoubbet el-Haoua, l'importance du patrimoine qui les entourait et leur responsabilité dans sa préservation.

5.5. Campagne de 2013 : tombes QH31, QH33 et QH34[73]

Les fouilles se sont focalisées, pendant cette campagne de 2013, à l'extérieur de la tombe QH34 (travaux de

nettoyage au nord, secteurs G, H, J et K) et à l'intérieur de la tombe QH33. Pendant cette campagne, nous avons également analysé les matériaux archéologiques trouvés lors de la campagne précédente et restauré des cercueils provenant des tombes QH33 et QH34β (Sarenpout, fils de Sattjeni). La mission espagnole à Qoubbet el-Haoua s'est aussi chargée de la planimétrie des chambres souterraines, non fouillées, de la tombe de Sarenpout II (QH31).

Concernant la conservation, on a effectué une étude technique sur l'état des tombes de la nécropole de Qoubbet el-Haoua (situation des témoins placés en 2012 et stabilité de la masse rocheuse). En outre, on a documenté toute l'information disponible sur les tombes de la colline, dans le but de mener à bien une étude architectonique comparée.

Quant au développement local pendant cette campagne, nous avons intégré à l'équipe de l'Université de Jaén trois étudiants du Ministère des Antiquités, envoyés pour leur formation pratique.

En 2009, nous avons découvert une sépulture restée intacte de la fin de la XIIe Dynastie entre l'enceinte de la tombe QH33 et l'entrée de la QH34 : la QH34β (la tombe QH34α, datant aussi de la fin de la XIIe Dynastie, a été trouvée vers le sud et fouillée en 2009). On a procédé à la consolidation du cercueil, très endommagé, de Sarenpout, fils de Sattjeni, et du squelette de l'individu, qui a dû mourir à 17 ou 18 ans. On a également trouvé un collier de faïence qui ornait le cou du défunt et, à l'ouest du visage, un *chaouabti* de marbre vert de forme anthropomorphique, placé à l'intérieur d'un petit cercueil de bois, également anthropomorphique. L'individu et le *chaouabti* présentent la même inscription en feuilles d'or : « Le vénéré ci-devant Ptah-Sokar, le Superviseur de Swnw Sarenpout, fils de Sattjeni » (voir aussi campagne 2016) (Figure 19). L'inhumation de Sarenpout dans l'enceinte du complexe funéraire de la QH33, la grande qualité de son cercueil et le nom de sa mère, Sattjeni, laissent à penser qu'il faisait partie de la famille gouvernante d'Éléphantine à la fin de la XIIe Dynastie. D'autre part, les traits ethniques de Sarenpout montrent qu'il était de type négroïde, indiquant que la famille gouvernante d'Éléphantine s'était mélangée à la population négroïde locale.

Dans la QH33, nous avons fouillé l'antichambre C16 du puits principal et trouvé du matériel de la Basse Époque (fragment d'amulette en faïence) et du Nouvel Empire (céramique). Dans cette zone, on a détecté des incendies. Le puits principal présente une profondeur de 10,32 m.

La chambre latérale de la QH33, découverte en 2008, secteur C18, datant de la fin de la XIIe Dynastie, contenait probablement la sépulture d'un proche du gouverneur d'Éléphantine. Elle a été réoccupée au début de la XXVIe Dynastie, mais la fermeture a été réalisée à la hâte et les pierres ont été reposées directement sur le sable.

[73] 20 janvier-28 février 2013. Dr. Alejandro Jiménez-Serrano (Directeur), Juan Luis Martínez de Dios (Sous-directeur, archéologue), Salomé Zurinaga Fernández-Toribio (Céramologue), Yolanda de la Torre-Robles (Égyptologue), Luisa García-González (Égyptologue), José Alba-Gómez (Égyptologue), Sonia Romón-Villar (Égyptologue), Dr. Kathryn Piquette (Égyptologue), Dr. Miguel Botella-López (Médecine légiste), Dr. Inmaculada Alemán-Aguilera (Médecine légiste), Linda Chapon (Médecine légiste), Ángel Rubio-Salvador (Médecine légiste), Dr. Ignacio Belda-Mercado (Dessinateur), Niccolò Melochi (Dessinateur), Teresa López-Obregón Silvestre (Restauratrice), Catalina Calero García (Restauratrice), Eduardo Trigo-Sánchez (Ingénieur), Dr. María Paz Sáez-Pérez (Architecte), Moustafa Hussein Kaleal (Inspecteur, MSA), Heba Al Ders Mohamed (Inspectrice en formation), Do'aa Abu el Hassan Taha

(Inspectrice en formation) et Shimaa Mahmoud Bahr (Inspectrice en formation).

La chambre latérale trouvée en 2010, secteur C19, présente un homme dans un cercueil intérieur de femme en bois de cèdre, ce qui pourrait indiquer une mort soudaine. Le cercueil extérieur, pourri, est décoré seulement sur le côté est avec une ligne de texte et une paire d'yeux *oudjat* sur la façade du palais. Le sujet, mentionné comme prêtre dans la caisse de bois extérieure, avait entre 22 et 26 ans et, appartenait probablement à la famille gouvernante d'Éléphantine. Le défunt n'avait pas préparé son mobilier funéraire, bien qu'on ait trouvé deux petits vases réalisés en marbre et en anhydrite, ce dernier utilisé comme appuie-tête.[74]

Dans le puits sud, secteur C21, nous avons découvert de la céramique spécifiquement utilisée pour les rituels d'offrande au défunt. Il importe de souligner un récipient avec une inscription en écriture hiératique, qui mentionne : « La fille du *ḥꜣtj-ꜥ* Sattjeni » (Figure 13), qui pourrait être la même personne mentionnée comme mère du jeune Sarenpout (QH34β).[75]

Dans la chambre C22 du puits sud, on a trouvé une défunte inhumée dans deux caisses. Le cercueil extérieur, très endommagé, était décoré à l'origine avec de la peinture bleue et jaune sur une base blanche. Les inscriptions sont connues et devaient contenir les textes typiques écrits sur tous les cercueils du Moyen Empire : des formules d'offrande et de respect envers le défunt devant plusieurs dieux, ainsi que les petites et grandes Ennéades. Le cercueil intérieur, en cèdre, était destiné à un occupant masculin, ce qui pourrait indiquer une mort soudaine. Sur trois des côtés, l'espace réservé au nom est resté blanc. Nous sommes parvenus à ajouter le nom de l'occupant sur la face nord du cercueil, dans la partie du texte où ne figurait aucune référence au sexe du défunt : Gaut-Anouket. Le squelette apparaît sans cou et sans bras, ce qui montre que les pillards ont emporté le collier et les bracelets manquants. Les autres inscriptions du cercueil mentionnent, comme sur celui à l'extérieur, les formules d'offrande et de respect au défunt devant différents dieux, accompagnées des petites et des grandes Ennéades. Parmi le matériel découvert dans cette sépulture, apparaît un appuie-tête réalisé en bois (Figure 15). Cette Gaut-Anouket avait à peu prés 25 ans selon l'analyse anthropologique de ses os, et elle était déjà mère.

Dans la chambre ouest du puits sud, secteur C23, on a trouvé deux cercueils en partie détruits. La caisse nord est en très mauvais état de conservation et ne comporte ni inscription ni décoration ; peut-être était-elle destinée à contenir les restes de deux enfants. La caisse sud comporte des inscriptions hiéroglyphiques exprimant la formule d'offrande. Du côté nord, sur un beau panneau montrant les yeux *oudjat*, la formule était dédiée à Osiris et, de l'autre côté, à Anubis. Le nom du propriétaire de cette sépulture apparaît à côté de sa tête : Héqaïb. Ce nom doit être identifié avec celui du gouverneur d'Éléphantine Héqaïb III.[76] Le défunt mourut entre 25 et 30 ans et était de forte constitution. Sous le cercueil, nous avons trouvé un beau masque réalisé en cartonnage et avec la même polychromie que celle du cercueil extérieur, jaune et bleu (Figure 14). Le squelette a été trouvé dans sa position anatomique, tourné vers le nord.

Les principaux matériaux provenant de la tombe QH33 sont :

- Dans le secteur C4, on a dénombré quatre impressions de sceau, datées de la fin de la XIIe Dynastie, utilisées pour le scellage original de la chambre latérale C18, découverte en 2008. On a aussi découvert un nom : Amenemhat-Seneb. Il se peut que ce nom soit celui de la personne qui a scellé la chambre. On a commencé la documentation de ces impressions de sceau avec la technologie RTI pour les comparer avec celles apparues dans la région, en particulier à Éléphantine.[77]

- On a découvert le fragment décoré d'une stèle de pierre de calcaire de la XIIe Dynastie, secteur C12, qui représente peut-être l'une des personnes inhumées dans la tombe : on distingue la figure d'une femme en train de sentir une fleur de lotus face à une table d'offrandes, thème d'un banquet funéraire. Dans ce même secteur, apparaît un dépôt de céramiques d'offrandes face à un mur qui fermait le couloir (C15) du puits principal (C17). Juste à côté de l'entrée de ce couloir, on a trouvé quelques pièces de mobilier funéraire, indiquant que la sépulture originale a été profanée.

- Près de l'entrée de l'antichambre du puits principal, C16, on a trouvé un *chaouabti* en basalte du Moyen Empire avec une inscription qui mentionne Senet-Ankhou : «Vénérée devant Osiris, Sen(et)-Ankh(ou), justifiée » (Figure 8).

- Quatre murs de pierre entre les piliers dans les secteurs C6, C8 et C9.

- Quatre squelettes avec mobilier de la Basse Époque dans C3 (étui pour khôl et masque de terre cuite).

- Deux cercueils anthropomorphes, dans la dune de sable, matériel de réoccupation du Nouvel Empire. L'un des corps présente un masque uni à un cartonnage avec dessin *rishi* (fin de la Deuxième Période Intermédiaire ou début de la XVIIIe Dynastie). Ces sépultures n'appartiennent pas à des membres de l'élite.

- Des plateaux avec offrandes près de la petite niche, à côté du puits sud.

D'autre part, dans les chambres funéraires de la tombe de Sarenpout II, QH31, on a documenté le matériel céramique et le matériel funéraire, une fois leur planimétrie réalisée. Étant donné le difficile accès vers l'intérieur des chambres, cette partie n'a jamais été dessinée sur un plan, et il n'y a qu'une description faite par W. Budge, publiée en 1888. Pour résoudre ce problème, nous avons sollicité l'autorisation du Ministère pour les Antiquités afin d'accéder aux chambres et finaliser le plan de la tombe.

---

[74] Jiménez-Serrano – Forstner-Müller (sous presse).
[75] Jiménez-Serrano (2015b) ; Sánchez-León – Jiménez-Serrano (2015).

[76] Sánchez-León – Jiménez-Serrano (2015).
[77] Von Pilgrim (1996 : 242, type 4).

Ainsi, les Espagnols, avec l'inspecteur du Ministère des Antiquités Mustafa Kakem, ont observé une structure complexe, mais avec des restes de mobilier funéraire. Au fond du couloir de l'entrée, il y a un puits avec le matériel de fermeture original, dans lequel on peut voir une ouverture qui conduirait, selon Budge, à deux autres couloirs descendants avec autant d'autres puits.

Enfin, pendant les travaux de nettoyage au nord de la QH34 (secteur H1), on a découvert une nouvelle tombe, numérotée QH34aa. Cette structure présente un texte en copte et en grec décorant les murs sud et nord, une prière à Dieu écrite en rouge en trois lignes, sur un mur blanc (Figure 24).

En ce qui concerne le rapport d'anthropologie physique, nous avons analysé les restes humains trouvés pendant la campagne 2012, et découvert deux groupes humains, leucodermes et mélanodermes. En général, les sujets présentent des maladies d'origine métabolique, indiquées par les altérations des os, dues à un déficit nutritionnel ou un problème génétique. Des maladies dentaires, dégénératives, infectieuses ou traumatiques ont aussi été remarquées.

Sur la conservation et la restauration pendant cette campagne 2013, en plus des interventions dans les inhumations (cartonnage, momies, cercueils, mobilier), nous avons mené à bien plusieurs travaux et traitements de conservation des objets archéologiques.

5.6. Campagne de 2014 : tombes QH31, QH33 et QH34[78]

La sixième campagne de fouilles de l'Université de Jaén à Qoubbet el-Haoua s'est déroulée entre le 16 février et le 20 mars 2014. Pendant cette campagne de 2014, ont été réalisés des travaux dans plusieurs domaines :

1. Travaux archéologiques à l'intérieur de la tombe QH33 : outre le nettoyage de l'extérieur de QH31, on s'est focalisé sur l'intérieur de la tombe QH33. Jusqu'à présent, cette dernière, bâtie entre les règnes de Sésostris III et Amenemhat III, constitue le plus grand complexe funéraire de la nécropole de Qoubbet el-Haoua au Moyen Empire. Au moins deux gouverneurs d'Éléphantine y ont été inhumés (Héqaïb III -C23-

et Héqaïb-Ankh ou Amény-Seneb -C25) à coté de plusieurs membres de leur famille. La tombe est divisée en deux zones principales : a) aire de culte : une cour, la chapelle et deux niches ; b) des chambres funéraires trouvées autour de la cour (QH34β), de la chapelle (C18, C19 et C20) ainsi que dans les deux puits (C22, C23 et C24).

En 2014, on a travaillé à l'intérieur de la QH33 dans les secteurs C16 (antichambre du puits principal) ; C17 (puits principal) ; C18 (chambre intacte avec trois sépultures de la Basse Époque, découverte en 2008) ; C19 (chambre intacte avec une sépulture de la XIIe Dynastie, partiellement fouillée en 2013) ; C23 (sépulture pillée, avec les restes d'une sépulture intacte de la XIIe Dynastie) et C24 (nouvelle chambre au fond du puits principal avec six sépultures gardées intactes, Basse Époque) (Figure 12).

2. Travaux archéologiques dans l'aire ouverte entre QH34 et QH34a, ayant pour objet d'améliorer la route touristique conduisant vers les tombes du sud : découverte de deux nouvelles tombes, QH34aa et QH34bb.
3. Autres activités : analyse des bois, étude d'anthropologie physique, travaux de conservation et de restauration, examen de quelques pièces archéologiques avec la technique DStrech, photographie du matériel archéologique ainsi que des tombes de la nécropole de Qoubbet el-Haoua.
4. Concernant le développement local, une restauratrice du Ministère égyptien pour les Antiquités a rejoint cette année les restauratrices de l'équipe de l'Université de Jaén.

5.6.1. *Travaux archéologiques à l'intérieur de la tombe QH33*

- Secteur C16, l'antichambre du puits principal, où a été trouvée une statue de Ptah-Sokar-Osiris en très bon état de conservation.
- Secteur C17 : le puits principal comporte 11,74 m de profondeur et contient massivement de la céramique ; on y a aussi trouvé quelques fragments d'équipement funéraire et un masque. En outre, nous avons découvert de nombreux os et une momie en deux parties. Si la plupart de ce matériel date du début de la XVIIIe Dynastie, une petite partie remonte probablement à la Basse Époque. Il faut souligner la découverte d'un *chaouabti* remontant à la XIIe Dynastie, représentant une figure féminine.
- Secteur C18 : une chambre découverte en 2008 contient trois cercueils et leur équipement funéraire de la Basse Époque, ainsi qu'un dépôt de terre avec du matériel du Nouvel Empire. Dans le cercueil intérieur (US 238), la momie conserve une maille de perles de faïence à forme rhomboïdale, un groupe d'amulettes également en faïence avec les « quatre fils d'Horus » et un scarabée ailé, en faïence bleue. Le cercueil extérieur est fabriqué avec du bois de cèdre importé, lequel dénote la richesse et le statut de son propriétaire. Le bois est couvert d'une

[78] 16 février – 20 mars 2014. Dr. Alejandro Jiménez-Serrano (Directeur), Juan Luis Martínez de Dios (Sous-directeur, archéologue), Dr. Miguel Botella-López (Médecine légiste), Dr. Inmaculada Alemán Aguilera (Médecine légiste), Ángel Rubio Salvador (Médecine légiste), Dr. Maria Paz Sáez Pérez (Architecte), Fernando Martínez Hermoso (Architecte), Juan Antonio Martínez Hermoso (Architecte), Dr. Ana Domínguez Vidal (Analyse chimique), Dr. María José Ayora Cañada (Analyse chimique), Dr. María Oliva Rodríguez Ariza (Anthracologie), José Manuel Alba Gómez (Égyptologue), Dr. Kathryn Piquette (Égyptologue), Yolanda de la Torre Robles (Égyptologue), Sonia Romón Villar (Égyptologue), Catalina Calero García (Restauratrice), Teresa López-Obregón Silvestre (Restauratrice), Ana Belén Jiménez Iglesias (Dessinatrice), Raúl Fernández Ruiz (Photographe), Cristina Lechuga Ibáñez (Photographe), Roberto Fornés de la Casa (Documentation), Osama Amer (Inspecteur, MoA), et Mme. Hanen Mohamed Abdel Gani (Restauratrice, MoA).

épaisse couche de vernis noir et, par-dessus, apparaissent vingt colonnes avec des inscriptions hiéroglyphiques et des dessins de *genii*. Ces dessins sont en vernis jaune. Le côté de la tête montre un scarabée ailé avec un *uraeus*, et celui des pieds, le dessin d'une déesse ailée, probablement Nephtys. Le cercueil intérieur est de type anthropomorphe et d'un style semblable à celui de l'extérieur. Seule, une partie du visage et des pieds a été conservée. Il y a une autre sépulture avec un cercueil (US239) de couleur jaune, comportant une décoration dans son couvercle de coupole dorée avec quatre piliers et les figures d'Anubis et de Sokar. Le dessin des côtés de la tête et des pieds comprend deux déesses ailées dans chaque partie : Isis à la tête et Nephtys (de peau foncée, symbole de régénération et de vie) aux pieds. Sur le panneau de gauche, est représentée la barque solaire avec les « Quatre fils d'Horus », un groupe de quatre figures les mains jointes et une figure féminine à genoux, en face d'un cobra. D'après les vêtements, ce cercueil date de la Basse Époque (XXVIe Dynastie) et appartient probablement à un enfant appelé Hor-Wedjat. Au-dessous de ce cercueil jaune, on en distingue un autre, de forme anthropomorphe (US240), sans décoration et en très mauvais état de conservation.

Les trois cercueils de cette chambre C18 sont chacun associés à une statue de Ptah-Sokar-Osiris et à une caisse noire avec des restes de bandage de momies, de la céramique rouge et des restes de poussière jaunâtre, peut-être du natron, le tout en très mauvais état de conservation à cause des termites. À l'arrière de la chambre, il y avait un dépôt de sable (US260) avec des restes de l'équipement funéraire (bois, céramique et cartonnage, du Nouvel Empire), ainsi que quelques individus documentés, datant probablement de la XVIIIe Dynastie.

- Secteur C19 : à l'ouest de C18, nous avons découvert une autre chambre intacte scellée avec deux dalles de pierre, rouverte en 2013. L'intérieur contenait deux cercueils, dont l'inhumation date de la fin de la XIIe Dynastie. Le sarcophage extérieur, fait de bois de cèdre, était pourri sous l'action des termites. Côté est, il y avait une décoration avec l'œil *oudjat* et une ligne de texte. Nous savons seulement que c'était un homme portant le titre de prêtre et le nom de Khema (transcription de L. García González). Le cercueil intérieur était aussi en bois de cèdre et avait été préparé pour une femme, mais comme le dernier occupant était un homme, des espaces blancs ont été laissés pour le nom (Figure 10). Pareil cas existe dans C22, concernant le cercueil de Gaut-Anouket. Il s'agit donc d'un des membres de la famille gouvernante d'Éléphantine, qui a marqué son pouvoir et sa richesse par l'importation de bois de cèdre pour ses cercueils. Cet individu, de type négroïde, mourut environ à l'âge de vingt-et-un ans. Autour de son cou, se trouvait un collier de perles de faïence et, entre les bandages, dans la partie gauche du ventre, une dague de cuivre en excellent état de conservation et d'une grande beauté (Figure 11). La poignée est en ivoire, d'un bois exotique de couleur foncé (très probablement

de l'ébène) et en argent. La lame était en bronze. Il s'agit d'un objet qui n'a jamais été utilisé et qui montre le statut élevé du propriétaire. La chronologie de ce type de dague va de la XIIIe à la XVIIe Dynastie. Pour ce qui concerne notre exemplaire, il doit être un des plus anciens (fin de la XIIe Dynastie).

- Secteur C23 : chambre funéraire au fond du petit puits C21, trouvée à la fin de 2012 et fouillée en 2013, comportant la sépulture du gouverneur d'Éléphantine Héqaïb III. Devant la chambre, on a trouvé un vase en céramique avec inscription en hiératique : « La Fille du Gouverneur, Sattjeni ».[79] Sattjeni était la mère de deux gouverneurs, Héqaïb III et Amény-Seneb (Habachi, 1985). Cela signifie qu'elle avait survécu à son fils Héqaïb III et réalisé une offrande lors de son inhumation. La momie d'Héqaïb III a été inhumée dans un cercueil de cèdre, avec un masque, indiquant que le sujet était un membre de la famille gouvernante d'Éléphantine. Il était couvert d'un cartonnage qui ressemblait beaucoup à celui de Sarenpout II, représenté dans les statues osiriaques de sa chapelle. Le gouverneur dut mourir alors qu'il avait environ trente ans, souffrant de scoliose.

- Secteur C24 : on y a découvert une nouvelle chambre dans le mur sud du puits principal C17 avec neuf sépultures gardées intactes, correspondant à huit individus et un canidé, réalisées à la Basse Époque ; leur état de conservation est assez déficient à cause de l'action des termites.

5.6.2. Travaux archéologiques dans l'aire ouverte entre QH34β et QH34a

Nous avons découvert deux nouvelles tombes, QH34aa et QH34bb. L'une, QH34aa, est constituée d'une petite chapelle et d'un petit puits avec une grande quantité de restes humains. Sur les murs de la chapelle, on a trouvé deux inscriptions de couleur rouge, en grec et en copte, qui relatent une prière. Plus bas, dans l'angle nord-est du puits, nous avons découvert une petite chambre, également avec des restes humains. Près de la porte, des restes de stèles, de cercueils, d'os et de céramique copte indiquent qu'un pillage a eu lieu. Il est possible qu'il y eût, à l'origine, une tombe de l'Ancien Empire, réutilisée par la suite. L'autre, QH34bb, présente une large salle et une chambre avec des restes humains et quelques fragments de céramique copte, également pillées. Entre les deux tombes, apparaît un monticule de céramiques provenant du monastère copte, qui sera fouillé lors de la campagne suivante pour établir une séquence chronologique. Ici figure un ostracon écrit en grec, venant augmenter la petite collection de la mission espagnole, constituée depuis 2009, jusqu'à environ une cinquantaine d'exemplaires.

---

[79] Sánchez-León et Jiménez-Serrano (2015).

5.6.3. Analyse d'anthropologie physique

On a révisé le matériel osseux de la tombe QH33 provenant des campagnes antérieures. À Qoubbet el-Haoua, il n'y a pas de restes humains d'enfants de moins de 4 ans, ce qui indiquerait que ceux au-dessous cet âge n'étaient pas ensevelis en ces lieux. L'étude des crânes trouvés de 2009 à 2014 comporte 99 sujets : 56 hommes, 31 femmes et 12 personnes de sexe non déterminé. Selon l'âge, il y a 6 enfants du Groupe I (4-6 ans), 2 enfants du Groupe II (7-13 ans), 2 adolescents (13-21 ans), 58 adultes, 21 personnes âgées et 10 personnes très âgées. En général, on peut différencier deux grands groupes humains : les leucodermes (20,2%) et les mélanodermes (36,4%). Les processus pathologiques dont souffraient ces sujets sont reliés aux problèmes nutritionnels, au stress ambiant, aux infections, aux traumatismes, aux tumeurs, ainsi qu'aux maladies dégénératives. Les traumatismes, infections et abcès buccaux sont plus fréquents chez les hommes que chez les femmes. La plupart des adultes présentent des processus pathologiques de la colonne vertébrale, reliés à la surcharge et à la dégénération. En général, on peut dire que les sujets enterrés dans la tombe QH33 appartiennent à plusieurs groupes humains et que la population souffrait de sérieux problèmes d'adaptation au milieu ambiant, avec de sévères déficits nutritionnels et des processus infectieux fréquents.

5.6.4. Étude de la céramique découverte en 2014

Dans cette campagne, la plus grande partie du matériel provient du puits principal C17 de la QH33 et des tombes QH34aa et QH34bb. Le puits principal de la QH33 contient de la céramique du Nouvel Empire et une petite quantité du Moyen Empire. On y a trouvé des coupes à boire à bord rouge, ainsi que des grandes jarres, probablement utilisées pour le stockage des offrandes et le transport des liquides. Il y avait aussi une jarre cylindrique mince, à base arrondie – typologie qui paraît dater de la fin de la Deuxième Période Intermédiaire. Par ailleurs, des petits pots globulaires et d'autres provenant de Chypre, de la XVIIIe Dynastie, ont été mis au jour. Une autre jarre d'Hathor à large col, mince, décorée avec le visage, les bras, les mains et les seins de la déesse provient de la même dynastie. Enfin, un fragment de vase pour l'offrande de l'eau a également été découvert. Devant C4, il y avait une zone avec des céramiques funéraires d'offrandes : coupes hémisphériques à bord rouge, réservées à l'eau, au vin ou à la bière (XIIe Dynastie). Il y avait aussi d'autres terrines à boire à bord droit, à base plane et carénée. Dans la chambre C18, nous avons trouvé, dans une caisse de bois, un « flower pot » emballé et brûlé, avec un engobe rouge (Basse Époque, Dynastie XXVI), ainsi qu'un couvercle de canope ayant forme d'une tête humaine (XVIIIe Dynastie).

À l'extérieur de la QH33, nous avons découvert une grande quantité de céramiques provenant du monastère de Deir Qoubbet el-Haoua situé plus haut, en face de la tombe QH34h. En particulier, trois nouveaux ostraca, des vases à paroi carénée avec un engobe rouge (datant de l'époque médiévale, entre 750 et 900), un fragment d'une assiette décorée d'un motif animal et beaucoup d'amphores ovoïdes à long cou cylindrique, à la base arrondie, avec des anses, datées des VI-VII siècles.[80]

5.6.5. Étude architectonique de Qoubbet el-Haoua

Cette campagne a été consacrée au regroupement des données générales de l'architecture de la nécropole et à la réalisation d'un nouveau mesurage des aires extérieures et intérieures des tombes pour établir des similitudes entre les proportions utilisées dans leur construction. Nous avons également analysé les processus de construction que l'on peut encore voir dans les tombes inachevées (QH26a, QH35m et QH109) ou dans celles qui ont subi plusieurs phases de construction (QH25-26, QH35i, QH90 ou QH110). De même, des défauts et des erreurs de construction, ayant provoqué des problèmes de stabilité ou des effondrements, ont été détectés dans QH25-26, QH26a et le groupe QH34f-QH34h et QH35m. Enfin, nous avons examiné en détail les tombes du Moyen Empire : QH31,[81] QH32, QH33, QH34 et QH36 ; les résultats seront collationnés avec les données déjà publiées de QH30 (Héqaïb II).[82]

De façon générale, on peut dire que, à partir de l'Ancien Empire, les chapelles ont été établies à partir d'un axe central sur lequel s'ouvre la porte principale, au centre de la façade. Dans la paroi ouest, juste en face de la porte, a été sculptée une fausse porte, qui a été remplacée par une niche au Moyen Empire. Les façades étaient taillées directement dans la roche, en forme d'angle comme dans les mastabas. Les portes ont un cadre et peuvent être décorées par des inscriptions et des reliefs. Les tombes, taillées selon la topographie de la colline, présentent une forme rectangulaire, et comportent des piliers ou des colonnes distribuées symétriquement à partir d'un axe central. La diversité des plans dépend de la taille : des tombes simples avec deux piliers jusqu'à véritables salles hypostyles comme dans le cas de QH25-QH26, durant la Première Période Intermédiaire. Ces caractéristiques ont été maintenues, comme dans la QH110, avec une disposition longitudinale de la chapelle parallèlement à la façade.

Pendant la XIIe Dynastie, ont été construits de véritables complexes funéraires avec quelques chambres reliées par un long couloir perpendiculaire à la façade (QH36). La QH31 est la tombe qui contient la chapelle la plus profonde de la nécropole (30 m). Autour de l'axe central, sont disposés symétriquement tous les éléments architectoniques et décoratifs. Dans le hall aux piliers des tombes QH31 et QH33, avec des proportions similaires, six piliers de section carrée supportent deux architraves parallèles à l'axe central, divisant le hall en une nef centrale et deux espaces latéraux.

---

[80] Barba Colmenero *et al.* (2017).
[81] Martínez Hermoso *et al.* (2015) ; Martínez Hermoso (2017).
[82] Martínez Hermoso *et al.* (2018).

En principe, pendant l'Ancien Empire et la Première Période Intermédiaire, la construction suivait la direction de la strate de grès, ce qui dénote des murs irréguliers de taille grossière, tandis qu'au Moyen Empire, la taille et le polissage étaient plus délicats.

5.6.6. Situation des tombes de Qoubbet el-Haoua

Dans cette campagne, nous avons procédé au contrôle de l'état et de l'évolution des témoins de 2012 et 2013 dans les tombes, la grande majorité d'entre eux présentant de parfaites conditions. Par ailleurs, nous avons vérifié l'état de conservation de diverses tombes et constaté la stabilité de la masse rocheuse en 2012 et 2013. Le nombre de lézardes des tombes n'a pas augmenté et l'état de celles qu'il y avait durant cette période n'a pas non plus changé.

5.6.7. Analyse des bois

Nous avons analysé 169 exemplaires trouvés en QH33 : restes de cercueils, petites sculptures (Ptah-Sokar-Osiris, Horus, Anubis, etc.), des caisses et restes de meubles. En général, le sycomore et le cèdre du Liban étaient utilisés pour les cercueils, et le tamarinier pour réunir les différents objets.

5.6.8. Conservation et restauration

De même, dans cette campagne, nous sommes intervenus dans le cartonnage, la momie et le cercueil du gouverneur Héqaïb III, secteur C23 de QH33, dans le traitement et la conservation des cercueils et de l'équipement funéraire du secteur C18 (trois statues de Ptah-Sokar-Osiris, quatre de Sokar et deux caisses trapézoïdales couronnées avec un Anubis), ainsi qu'au niveau de la dague trouvée dans le secteur C19. Des tâches de conservation ont été aussi réalisées sur des stèles de pierre, de bois polychrome, de plâtre, de faïence et autres.

D'autre part, nous avons entrepris une visualisation technique de la stèle Inv. N° 677 (QH33/14, HJ-1, 1371), en grès couronnée en rond, découverte à l'extérieur de la QH34aa (Basse Époque). Sur un côté, dans une lunette, apparaît le disque solaire ailé, un motif de barque et une frise *kheker* au-dessous, le tout accompagné de trois lignes d'écriture. On leur applique les techniques RTI et DStrech ; cette dernière ayant été utilisée pour la première fois à Qoubbet el-Haoua sur des objets. K. Piquette l'a également utilisée pour tenter de visualiser la décoration originale de la niche principale de la QH33.

5.7. Campagne de 2015 : tombes QH31, QH33, QH34, QH35p et QH-Nord[83]

Notre projet s'est focalisé, jusqu'à présent, sur les tombes n° 33 et n° 34 de Qoubbet el-Haoua. Cette année, nous avons élargi les objectifs de notre concession archéologique grâce à la confiance accordée à l'équipe de l'Université de Jaén par le Ministère d'État pour les Antiquités de l'Égypte. Ainsi dans cette campagne 2015, le travail archéologique a été réparti en cinq zones de fouille :

- Les puits de la tombe de Sarenpout II (QH31), explorés de façon préliminaire en 2013, non fouillés complètement jusqu'à présent.
- Les sépultures restées intactes des chambres C18 et C24 de la tombe QH33.
- Une nouvelle tombe au nord de la QH34, entre les tombes QH34bb et QH34a, cataloguée QH34cc.
- La tombe QH35p, fouillé pour la première fois.
- Un secteur proche de la tombe QH36 (QH-Nord), fouillé pour la première fois.

5.7.1. Fouilles de la tombe QH31 (Sarenpout II)

Les chambres funéraires de la tombe de Sarenpout II ont été explorées par Wallis Budge en 1886 et par Howard Carter en 1903-1904 (Figure 5). Du 5 février au 4 mars 2015, l'équipe de l'Université de Jaén a nettoyé les rampes, les puits et les chambres de cette tombe. Puis, après les avoir documentés, elle a élaboré un nouveau plan (Figure 5). Nous avons également nettoyé l'extérieur de la tombe et la chapelle avant de les présenter aux touristes. Après avoir réalisé un sondage, trois phases chronologiques sont apparues : Moyen Empire, Nouvel Empire et Basse Époque.

La chambre funéraire de Sarenpout II a été identifiée dans le secteur C3 de la tombe, où l'on a trouvé une partie de ses sarcophages, extérieur et intérieur. De même, ont été découvertes deux chambres secondaires nouvelles (S5 – l'épouse Dedet-Khnoum ? – et S6, correspondant à un enfant). Les principaux matériaux trouvés dans QH31 sont les suivants :

- Équipement funéraire : il s'agit de fragments des sarcophages intérieur et extérieur de Sarenpout II dans les secteurs[84] : 1) C2 : panneau des pieds du sarcophage intérieur, de grande qualité artistique, avec le nom du gouverneur et les fausses portes, et de l'autre côté, trois paires de sandales, deux signes *ankh* et des jarres pour le défunt (Figure 6). À cet endroit, est apparu aussi un petit fragment de bois portant le nom Héqaïb [...] d [...] j (QH31/15/C2/US5/n° inv.

(Médecine légiste), Dr. Ana Domínguez Vidal (Analyse chimique), Prof. Dr. María José Ayora Cañada (Analyse chimique), Dr. María Oliva Rodríguez Ariza (Anthracologie), Dr. Maria Paz Saez Pérez (Architecte), Mr. José Manuel Alba Gómez (Égyptologue), Ms. Luisa García González (Égyptologue), Ms. Yolanda de la Torre Robles (Égyptologie), Mr. Vicente Barba Colmenero (Archéologue), Mr. Eduardo Trigo Sánchez (Ingénieur), Mrs. Catalina Calero García (Restauratrice), Mrs. Teresa López-Obregón Silvestre (Restauratrice), Ms. Cristina Guerrero López (Restauratrice), Mrs. Sonia RomónVillar (Égyptologue), Mr. Ángel Rubio Salvador (Médecine légiste), Ms. Ana Belén Jiménez Iglesias (Dessinatrice), Mr. Roberto Fornes de la Casa (Documentation), Mr. José Francisco Molinero Reyes (Technicien 3D), Osama Amer (Inspecteur, MoA), Hany Salah (Inspecteur, MoA) et Heba al-Ders (Inspectrice, MoA).
[84] Alba Gómez – Morales Rondán (sous presse).

[83] 17 janvier-8 mars 2015. Dr. Alejandro Jiménez-Serrano (Directeur), Juan Luis Martínez de Dios (Sous-directeur, archéologue), Dr. Antonio Morales Rendón (Égyptologue), Prof. Dr. Miguel Botella López

10) ; 2) C3 : sarcophage extérieur, ayant été détruit à un moment indéterminé. Ensuite, nous avons découvert un fragment de sarcophage intérieur dans le secteur S5, avec polychromie et écriture des « Textes des Sarcophages », ainsi que des fragments de masques de cartonnage et une grande quantité de fragments de modèles en bois de sycomore du Moyen Empire (Figure 7). À cela, s'ajoutent des vases miniatures en calcite et des perles de collier.

- Céramique[85] : les fragments trouvés dans QH31 ne diffèrent pas beaucoup de ceux découverts dans QH33 et à Éléphantine. Il s'agit d'une longue jarre ellipsoïde au col court et au bord large, dont la base est probablement arrondie, avec décoration et incision de lignes parallèles et courbes. Son bord est aussi décoré de petites boules d'argiles (QH31/15/C2). Ce type de jarre apparaît seulement en Haute-Égypte et en Nubie, datant de l'époque d'Amenemhat I, au début de la XIIe Dynastie. En second lieu, nous avons découvert des terrines hémisphériques à bord rouge, avec de parois fines et une base arrondie, qui tiennent dans la main et sont utilisées pour boire (QH31/15/S1). Elles datent du Moyen Empire, de l'époque d'Amenemhat II et d'Amenemhat III. On a aussi trouvé un récipient caréné vers la moitié du corps, décoré de lignes noires sur la partie haute et à la base du bord (QH31/15/C2), datant du début de la XVIIIe Dynastie. Il y a d'autres exemples de ce type à Fadrus (Nubie). Sont également apparus deux couvercles de vases canopes en argile, ayant la forme d'une tête humaine, datés de la première moitié de la XVIIIe Dynastie (QH31/15/S4). De plus, nous avons découvert une jarre de forme allongée pourvue d'une anse, décorée de lignes verticales noires (QH31/15/S4). Ce vase est typique du milieu de la XVIIIe Dynastie en Égypte et en Nubie, pendant les règnes d'Hatchepsout et de Thoutmosis III. Ont également été trouvés, un support de vase avec un bord décoré du signe *ankh,* daté du Moyen Empire (QH31/15/S6), ainsi qu'une jarre de forme allongée, au col étroit, au bord angulaire avec un engobe jaune, et comportant deux anses. Elle présente des lignes incisées dans la partie basse du col et est datée de la XVIIIe Dynastie. Enfin, viennent s'ajouter à nos découvertes une petite jarre avec une anse d'origine chypriote (QH31/15/S1), au col long et étroit, au corps arrondi et à la base circulaire, en céramique noire, et une autre jarre en forme de fuseau, avec une anse, de surface rouge brillant (QH31/15/C1) (d'autres exemplaires se trouvent à Fadrus, Nubie), appartenant à la XVIIIe Dynastie.

En plus des trouvailles funéraires et des céramiques, nous avons découvert, dans la QH31, des fragments de calcaire appartenant à la chapelle de Sarenpout II et un autre fragment qui fait partie de l'une des statues du couloir, représentant Sarenpout II comme Osiris (QH31/15/C0). Il y avait aussi des restes de végétaux et des restes d'os provenant d'animaux. En conclusion, on peut dire

que, d'après la céramique et l'équipement funéraire, la tombe QH31 a été construite et utilisée pendant les règnes d'Amenemhat II-Sésostris III (XIIe Dynastie), puis à nouveau au commencement du Nouvel Empire, probablement pendant les époques de Hatchepsout et Thoutmosis III.

5.7.2. Les principales chambres funéraires de la tombe QH33 : C24 et C25

La chambre C24 est de forme trapézoïdale et mesure 3,75 x 3,10 m. Son finissage est rudimentaire, et il est possible qu'elle n'ait pas été achevée. La séquence stratigraphique suit le même modèle que la salle des piliers : depuis les dernières réutilisations de la Basse Époque (XXVIe Dynastie) jusqu'au moment de la construction de la QH33 au Moyen Empire. Le contexte historique est confirmé par les huit ensembles structurels trouvés :

1. La momie de Psammétique avec une maille de perles, un ensemble de trois cercueils de bois (rectangulaire, extérieur anthropomorphique jaune et intérieur anthropomorphique noir, respectivement), une statue funéraire de Ptah-Sokar-Osiris et une caisse noire en bois (US328, 321, 326, 327, 291, 325).
2. Une sépulture avec une momie (US331).
3. Une sépulture de deux cercueils anthropomorphiques (extérieur noir avec visage rouge, appartenant à un dénommé Hor-Wedja, intérieur avec visage vert : US322, 329), une statue funéraire de Ptah-Sokar-Osiris (US 282), ainsi qu'une caisse funéraire noire en bois (US323).
4. Une sépulture avec un cercueil anthropomorphique en bois avec un visage vert appartenant à un dénommé Khonsou et une caisse funéraire, également en bois (US330, 333).
5. Un cercueil rectangulaire jaune.
6. Un cercueil rectangulaire noir et une momie, ainsi qu'une statue funéraire de Ptah-Sokar-Osiris (US300, 312, 285).
7. Une partie d'un cercueil rectangulaire et anthropomorphique avec la partie supérieure d'une momie qui contient une maille de perles (US280, 279).
8. Une momie avec les restes d'un cercueil (panneau des pieds) (US275, 288).

On voit deux figures de Ptah-Sokar-Osiris qui ne sont, à ce moment-là, en relation avec aucune des sépultures de C24 (Figure 17). Il y a également des restes de briques magiques en bois.

Il est à noter que la chambre funéraire C25 a été découverte dans le mur sud de la C24, mesurant 3,25 x 1,36 m et est remplie.

5.7.3. Fouilles de la zone entre QH34bb et QH34a : la tombe QH34cc

Cette zone située au nord de la QH34 est une zone de décharge au profil stratigraphique de 2 m avec 13 couches

---

[85] Alba Gómez (sous presse).

sédimentaires. Le travail s'est étendu vers le nord, jusqu'à la façade de la tombe QH34bb. Le niveau le plus haut est composé de matériaux qui datent de l'époque copte, entre les VIe et VIIe siècles. Sous cette strate, nous avons découvert une tombe, non documentée, ayant été cataloguée sous QH34cc.[86]

Cette tombe présente une forme rectangulaire et mesure 3,60 x 2,20 x 1,40 m, avec différentes phases d'occupation (pharaonique et copte) selon la céramique. Dans la chapelle, on dénombre quelques sépultures avec leur mobilier funéraire. Par ailleurs, dans le mur ouest, en face de l'entrée de l'hypogée, on distingue une fausse porte de 0,90 x 0,80 m. De ce mur ouest, partent deux chambres funéraires, Alpha et Béta, cette dernière étant située sous la fausse porte. La première a été fouillée et la seconde a été documentée photographiquement. La chambre Alpha (1 x 5 x 0,90 m) contient deux sépultures féminines, séparées par un petit mur. L'une des femmes présente probablement le premier cas de cancer du sein connu dans l'Histoire (QH34cc/2015/chambre Alfa/US295, de l'Ancien Empire). La momie a été scannée au TAC à l'Hôpital Universitaire d'Assouan en février 2017.

La chambre Béta a la forme d'un L (5 + 3,20, tournant vers le nord x 1,60 m). Elle contient sept sépultures avec un dépôt d'ossements au fond. Une fois les deux chambres scellées, la chapelle de l'hypogée a été occupée par sept individus, enterrés vers l'est dans des cercueils de couleur blanche très mal conservés. Apparaissent à cet endroit des terrines et des bouteilles de céramique datant de la fin de l'Ancien Empire et une table d'offrandes (32 x 42 x 8 cm) de la VIe Dynastie ou du début de la Première Période Intermédiaire. Sous ce niveau, on trouve le puits Gamma (2 m x 0,90 m), non achevé.

Les céramiques coptes trouvées en 2014 dans la zone de décharge proviennent des fours d'un atelier de poterie situé sur la terrasse du haut (à 7 m)[87]. La plupart des fragments sont le résultat d'erreurs pendant la cuisson et les pièces ont été jetées dans la décharge se trouvant au-dessous. En général, ce sont des terrines et des plats à bord et vernis en rouge, le type étant bien connu dans la région. Les structures de l'atelier de production de céramique, avec une ligne de petits fours de 45 cm, 50 cm et 1,5 m de diamètre et deux plus grands, mesurant 3,50 x 2,50 m, sont en rapport avec le monastère voisin de Deir Qoubbet el-Haoua et datent des VIe-VIIe siècles.[88]

5.7.4. Fouilles dans la tombe QH35p

Cette tombe, qui n'a pas été documentée dans sa totalité jusqu'à présent, est composée de deux plateformes de roche mère à côté de la porte, de trois chambres funéraires voûtées, bâties en murs d'adobe (deux d'entre elles sont au sud et l'autre au nord), et d'un couloir central.[89]

La première chambre sera étudiée lors de la campagne suivante. Dans la seconde chambre, nous avons trouvé quatre sépultures avec huit céramiques (bouteilles globulaires et terrines hémisphériques). Tous les cercueils sont des caisses de bois rectangulaires simples, sans décoration ni écriture. La troisième chambre contient deux sépultures avec des caisses de bois rectangulaires, peintes avec une fine couche de stuc, sans corps, mais accompagnées d'un vaste ensemble de céramiques (lieu d'offrandes). Dans le couloir, nous avons trouvé cinq sépultures, l'une étant celle d'un enfant. Il y avait aussi des caisses de bois rectangulaires peintes avec une fine couche de stuc, ne présentant ni décoration ni écriture. De plus, un ensemble funéraire de riches objets de céramique (jarres globulaires et grandes terrines hémisphériques avec engobe rouge) ont été trouvés. Par ailleurs, à l'angle nord du couloir, nous avons découvert une petite stèle appartenant à Sattjeni, fille de Gaut-Anouket (Figure 25). À côté de cette stèle, il y avait un cercueil de bois sans texte et une grande quantité d'objets de luxe : une fine boîte à cosmétique, un anneau, des perles de collier, des bracelets, une petite bouteille globulaire en calcite et des coquilles variées de nacre.[90] Pour finir, on a trouvé une momie de femme, dans le secteur extérieur A3, présentant un cancer du sang (QH35p/2015/A3/US16/ind. 5). La momie a été scannée au TAC à l'Hôpital Universitaire d'Assouan en février 2017. Nous ne connaissons pas le propriétaire de la tombe QH35p, dont la partie extérieure a été utilisée depuis le règne d'Amenemhat I jusqu'à celui de Sésostris III dans la XIIe Dynastie.

5.7.5. Fouilles dans QH-Nord, au nord de QH36

Dans cette zone planifiée pour les fouilles au nord de la QH36 (27 m de long x 30 m de large), on n'a trouvé aucune tombe mais il y avait cinq sépultures dans le sable datées de la XIIe Dynastie et leur mobilier (terrines hémisphériques et carénées) était déposé aux pieds de chaque sujet. Les cercueils rectangulaires, simples, ont été détruits. Ils appartenaient probablement à des gens modestes, peut-être en lien avec Sarenpout I dans une relation de subordination.[91]

5.7.6. Étude épigraphique à Qoubbet el-Haoua

On a étudié les objets provenant des tombes QH31 et QH33, ainsi que le matériel trouvé dans les campagnes précédentes. L'analyse épigraphique des objets de la tombe QH33 montre une éventuelle relation généalogique entre les trois sujets de la niche C18 (parmi eux, Psammétique) et quelques-uns des sépultures de C24, selon la corrélation des noms et la chronologie associée. Ainsi, grâce aux inscriptions sur l'un des cercueils (celui

---

[86] Bardonova – Barba Colmenero (sous presse).
[87] Barba Colmenero (sous presse).
[88] Barba Colmenero *et al.* (2017).

[89] Alarcón-Robledo – García-González (sous presse).
[90] García-González (sous presse).
[91] García-González *et al.* (sous presse).

d'Hor-Wedja) et des trois statues de Ptah-Sokar-Osiris (PSO C18-1 appartenant à Psammétique ; PSO C18-2 appartenant à Djed-Satet, et PSO C18-3 appartenant à Hor-Wedja), toutes datées de la Basse Époque (XXVIe Dynastie), nous avons pu identifier les individus et les relations généalogiques qui apparaissent dans les inscriptions de C18. Dans le cas de C24, l'analyse est plus complexe à cause de la grande quantité des équipements funéraires et des cercueils déposés dans cette chambre. La liste des objets comporte : cinq statuettes de Ptah-Sokar-Osiris (PSO C24-1 à appartenant à Maat-em-ankh, fils de Psammétique, Pa-di-Iah, Hor-Wedja, Nespaper et Psammétique, respectivement), deux briques magiques de bois, appartenant peut-être à Psammétique (MB 1-2) (US 287, 321), trois ensembles de cercueils (ensembles 1 et 2 avec cercueils extérieur et intérieur ; ensemble 3 avec trois cercueils : extérieur, intermédiaire et intérieur).

Par ailleurs, la tombe QH33 contenait, au sud-est de la cour, la sépulture auxiliaire d'un jeune membre de la famille gouvernante d'Éléphantine, nommé Sarenpout, fils de Sattjeni (QH34β, trouvée en 2009, fouillée en 2012 et 2013). L'épigraphiste Antonio Morales, de l'Université d'Alcalá de Henares, a transcrit les textes classiques, stéréotypés, apparaissant sur les statuettes de C18 et C24, ainsi que les textes du sarcophage du jeune Sarenpout fils de Sattjeni, en attendant de réaliser une analyse de l'iconographie des objets. Nous avons mené à bien l'étude d'une jarre avec une inscription en hiératique d'un texte religieux écrit sur un papyrus (Nouvel Empire), ainsi que des fragments du sarcophage détruit de Sarenpout II. Enfin, nous avons étudié les fragments des sarcophages intérieur et extérieur de Sarenpout II (QH31). Dans le cercueil intérieur, figurait une liste d'objets offerts au défunt et la représentation de sandales, de l'*ankh* et de petites jarres.

5.7.7. *Rapport d'anthropologie physique*

L'étude anthropologique réalisée pendant cette campagne consistait à revoir et à analyser le matériel de la campagne de 2014 (QH33-C17 ; QH34aa ; les momies d'Héqaïb III, Gaut-Anouket et Khema provenant de QH33, et celle du jeune Sarenpout, fils de Sattjeni (QH34β), ainsi que celui de cette campagne 2015 (QH33-C24 ; extérieur et intérieur de la tombe QH34cc ; QH-Nord).

Dans le puits nord (C17) et la chambre funéraire C24, on a trouvé un minimum de 46 individus. Comme dans la salle des piliers, il y avait deux groupes humains : les leucodermes et les mélanodermes, avec des sous-groupes différents. Les processus pathologiques observés correspondent à des épisodes de stress ambiant, d'infections, de traumatismes et de maladies dégénératives. Dans QH34aa, on a analysé 17 sujets. En ce qui concerne les squelettes de la tombe QH33, 100 traits épigénétiques ont été considérés en chacun des individus : Héqaïb III, Gaut-Anouket, Sarenpout, fils de Sattjeni, et Khema (prêtre) ne donnent pas de similitudes suffisantes, ce qui empêche toute confirmation de relations familiales claires, suggérées par l'épigraphie. Dans la tombe QH34cc, ont été analysés 18 sujets avec le même

schéma de leucodermes et de mélanodermes, et 9 autres individus, l'un d'eux présentant des traits ethniques négroïdes. Enfin, ont été découverts, dans QH-Nord, 5 sujets, dont trois de type négroïde.

Outre les travaux archéologiques, épigraphiques et anthropologiques, ont été réalisées dans cette campagne, différentes études techniques. En premier lieu, nous avons analysé la composition chimique des pigments utilisés dans des objets variés provenant des tombes QH33 et QH34, avec la technique du spectromètre Raman. Nous avons essentiellement étudié les pigments de cercueils variés, des fragments de cercueil et des masques de cartonnage des Empires Moyen et Nouveau et de la Basse Époque.[92]

D'autre part, nous avons réalisé des travaux de restauration sur le cercueil d'Hor-Wedja de la tombe QH33 (C18) et de protection dans le couloir de la QH31 (Sarenpout II) avant l'intervention archéologique.

Nous avons également entrepris une étude technique sur la stabilité et la conservation des tombes de Qoubbet el-Haoua, qui a confirmé les conditions antérieures de stabilité (2012, 2013, 2014).

Enfin, nous avons avancé dans le projet de digitalisation avec le scanner 3D de divers objets archéologiques à Qoubbet el-Haoua.

5.8. Campagne de 2016 : tombes QH33, QH34aa, QH34dd, QH35n[93]

Les travaux archéologiques de la huitième campagne de fouilles à Qoubbet-el-Haoua par l'équipe espagnole ont donné lieu à des études multidisciplinaires : conservation de la colline, études anthropologiques, carpologie, reproduction des pièces, étude de la céramique, restauration et conservation des matériaux.

5.8.1. *Travaux dans C24 de QH33*

Les travaux réalisés dans le secteur C24 de la tombe QH33 ont été centrés dans l'extraction de divers matériaux de la Basse Époque, essentiellement cinq momies (de

---

[92] Ayora et al. (2015).

[93] 7 fevrier-16 mars 2016. Dr. Alejandro Jiménez-Serrano (Directeur), Juan Luis Martínez de Dios (Sous-directeur, archéologue), Luisa M. García-González (Sous-directrice), Dr. José M. Alba-Gómez (Égyptologue), Dr. Antonio Morales-Rondán (Égyptologue), Dr. María José López-Grande (Céramologue), Dr. Martina Bardonova (Égyptologue), Osama Amer (Égyptologue), Yolanda de la Torre Robles (Égyptologue), Salomé Zurinaga Fernández-Toribio (Céramologue), Dr. Miguel Botella López (Médecine légiste), Dr. Inmaculada Alemán Aguilera (Médecine légiste), Ángel Rubio Salvador (Médecine légiste), Ramón Martínez-Martos (Médecine légiste), Vicente Barba Colmenero (Archéologue), Dr. Eva Montes (Carpologie), Dr. Maria Paz Sáez-Pérez (Architecte), Teresa López-Obregón Silvestre (Restauratrice), Silvia Miró Terán (Restauratrice), Eduardo Trigo Sánchez (Ingénieur), Patricia Mora-Riudabets (Photographe), Ana Belén Jiménez-Iglesias (Dessinatrice), Mahmoud Mamdouh Mokhtar (Inspecteur, MoA), Moataz Sayed Ibrahim (Inspecteur, MoA) Manal Mohamed Mohager (Inspectrice en formation), Essam el-Din Farag Abdalhakim (Restaurateur) and Mohamed Gomaa Mohamed (Restaurateur).

Psammétique (US328), Nespaper (US355), Hor-Wedja (US348), Paefy (US364) et d'un sujet inconnu (US331)), ainsi que deux cercueils (celui de Paefy (US334) et le cercueil interne d'Hor-Wedja (US329)). Nous avons découvert, en lien avec l'inhumation de Paefy, une petite statue de Ptah-Sokar-Osiris. La découverte de la sépulture d'un canidé (US353) et un dépôt de céramique local appartenant à la Seconde Période Intermédiaire sont venus s'ajouter à nos découvertes.

5.8.2. Travaux dans QH34aa (incluant l'aire nord de QH33) et QH34dd

En second lieu, on a fouillé dans les tombes QH33aa et QH34bb, y compris la décharge copte située au nord de la QH33, entre les deux tombes. Dans cette campagne, on a achevé la fouille des treize strates de la décharge, au bas de la plateforme rocheuse qui comporte un atelier de potier copte des VIe-VIIe siècles. Parmi les très nombreux restes de céramiques, on distingue un fragment de coupe décoré d'une image du Christ en majesté, fabriqué dans la première moitié du VIIe siècle, ainsi que des ostraca de cette époque et des *chaouabtis* du Moyen Empire. Par ailleurs, on a trouvé une nouvelle tombe, partiellement détruite, la QH34dd, coupée par le puits de la QH34aa.

Les travaux archéologiques dans la tombe QH34aa ont révélé que seul son puits s'est conservé à cause de l'effondrement de la roche dans l'Antiquité. L'entrée de ce puits mesure 1,30 m x 1,50 m, et en sa partie inférieure : 1,20 m x 1,10 m. Les moines du monastère de Deir Qoubbet el-Haoua considéraient probablement ce puits comme un lieu sacré, car les murs nord et sud présentent un « pater noster » en copte et en grec. Le puits a 10,40 m de profondeur, le premier tronçon est d'un travail grossier, le second est plus raffiné. La chambre funéraire C1 (3,20 m x 2,50 m), orientée dans la direction nord-sud, est située dans le mur sud du puits, à neuf mètres de profondeur environ, et comporte une forme orthogonale. Dans la chambre, on trouve quelques cercueils en bois relativement bien conservés appartenant à neuf individus, dont deux, ceux de Sattjeni et du prêtre et scribe Dedu-Tjeni (contenant le corps d'une femme), avaient deux cercueils, intérieur et extérieur.

Les inscriptions et le style datent le cercueil le mieux conservé de la tombe des règnes de Sésostris III – Amenemhat III.

De même, nous avons réalisé des travaux dans la tombe QH34dd, couverte par la décharge copte, qui s'est aussi écroulée dans l'Antiquité. Nous avons documenté le sol d'une chapelle (vraisemblablement) et un puits peu profond, de 1,50 m, avec une chambre funéraire orientée nord-sud, présentant une légère inclinaison vers le sud (2,60 m x 1,10 m x 1,20 m). L'angle sud-est de cette chambre funéraire a par la suite été bouché par le puits de la tombe QH34aa. Le puits de la QH34dd, qui mesure 2,20 m x 1,10 m, est rempli de matériel de l'époque copte. Dans cette tombe, on a trouvé la partie supérieure du panneau des

pieds d'un cercueil appartenant à Dedu-Amon, deuxième époux de Sattjeni, laquelle avait épousé auparavant le gouverneur Héqaïb II (QH30). De cette seconde union est né le jeune Sarenpout (QH34β).

Finalement, on a découvert la petite chambre funéraire, QH33ee (3,30 m x 0,96 m), orientée dans la direction est-ouest, laquelle sera fouillée prochainement.

5.8.3. Travaux dans QH35n et QH122

En troisième lieu, une intervention a été effectuée dans la tombe QH35n, dans une zone de fouille réduite. Les matériaux associés à cette tombe appartiennent au Moyen Empire. Dans le niveau stratigraphique US10, a été trouvée une grosse pierre, tombée d'en haut, utilisée comme toit pour la construction d'une autre tombe, la QH122. La fouille de cette tombe a été conditionnée, à l'égal de la QH35n, par les limites de notre concession. Nous avons documenté trois inhumations de différentes phases et une fausse porte avec une table d'offrandes et un puits (82 cm de long, 1,50 m de large). Cette tombe appartient à la VIe Dynastie.

5.8.4. Travaux dans la QH35p

En quatrième lieu, nous avons fouillé la tombe QH35p, datée de la première moitié de la XIIe Dynastie (règnes de Sésostris II et d'Amenemhat II). Nous avons découvert plusieurs sépultures :

- N°9 (B2, 3 US27) : située au milieu du couloir, à côté du mur sud. Elle appartient à une femme d'âge moyenne, ayant été enroulée dans des bandeaux et placée en position latérale dans un cercueil de bois avec une mince couche de stuc blanc et de la polychromie, maintenant détruit. La momie est ornée d'un collier de faïence bleue, d'une amulette *s3* en métal, d'un petit bijou aux pieds également en métal, qui semble représenter deux cobras ou des sandales, ainsi qu'une une bouteille globulaire de céramique de taille moyenne à la tête du cercueil.
- N°15 (B1, US52) : située aussi dans le couloir de la tombe, dans le mur sud, et couverte de dalles de grès. Il y avait un cercueil en bois avec un corps de femme d'âge moyen, couvert de stuc blanc, un collier de faïence de fines perles et une caisse de bois, très détériorée, avec des perles et des fruits.
- N°16 (B2, 3, US54) : nous avons découvert un individu allongé sur le dos, les bras le long du corps, sans cercueil ni mobilier funéraire.
- N°17 (A4, US62) : nous avons trouvé un corps et un cercueil de bois, dans la chambre orientée nord-ouest, sous lequel il y avait des offrandes et une grande quantité de fragments de céramique.

Quant à la partie la plus profonde de l'hypogée, elle contenait un petit hall donnant accès sur trois espaces. Le premier s'ouvre sur le mur nord et se divise en trois autres chambres. Dans le deuxième (F3), il y avait au moins un individu enroulé dans des bandeaux avec du cartonnage blanc, et des fragments d'un cercueil de bois recouvert d'une fine couche de stuc blanc, avec des hiéroglyphes peints en bleu. Dans le troisième (F4), nous avons découvert un cercueil de bois dans un état très fragmentaire, avec du stuc jaune et des hiéroglyphes bleus.

5.8.5. *Travaux dans la QH36*

En dernier lieu, une intervention a été réalisée dans la tombe QH36 (Sarenpout I, Figure 2), dont les puits n'ont jamais été fouillés. Le travail a commencé par la documentation et la fouille de la partie externe de la tombe. Les cavités du mur sud de la cour peuvent être des chambres funéraires de personnes proches du propriétaire de la tombe. Par ailleurs, des chapelles se trouvent des deux côtés du portique de l'entrée, ainsi qu'un petit puits qui peut avoir été destiné à un usage funéraire ou votif.

5.8.6. *Matériel céramique de QH33*

Nous avons mené à bien l'examen de la céramique des campagnes antérieures de 2013 et 2014, en particulier les secteurs C12, C17 et C24 de la tombe QH33 (Figure 16) :

• Le dépôt de C12, US206, avec treize terrines hémisphériques et carénées, faites entre Sésostris II et Amenemhat IV.
• Une terrine carénée de la XIIIe Dynastie.
• L'abondant matériel du puits principal C17 (US235, 242 et partiellement 256), avec de la céramique de la Seconde Période Intermédiaire, de la première moitié de la XVIIIe Dynastie et de la période saïte-perse. On distingue, en particulier, un fragment de « vase d'Hathor » et un ostracon portant une inscription hiératique (tous deux étant dans QH33/14/C17/ UE235/1).
• La céramique d'un premier groupe d'inhumations de la chambre funéraire C24, avec des pots complets (encensoirs) de la Deuxième Période Intermédiaire et un groupe de céramiques du commencement de la XVIIIe Dynastie, notamment deux jarres complètes (contenant peut-être des produits de luxe, comme des huiles parfumées) qui font partie d'un mobilier funéraire (QH33/16/C24/UE349/10 et UE350/1), ainsi qu'une grande jarre allongée pour stockage datant du début de la XVIIIe Dynastie (QH33/C24/UE347/18), laquelle présente une marque avec le signe *ankh* exécuté avec grand soin. L'autre groupe d'inhumations de la chambre C24 appartient à l'époque saïte-perse.

5.8.7. *Étude épigraphique*

On a documenté et analysé les matériaux provenant de divers lieux :

1. Le secteur C24 de la QH33, XXVIe Dynastie. Nous avons recherché des détails généalogiques sur les sujets, ainsi que sur leurs titres ou professions pour comprendre le contexte social ou professionnel des défunts. Ainsi a-t-on revu l'épigraphie et la décoration des cercueils de Psammétique (« Superviseur des soldats de la flotte » : *ḥry nfw.w*), Nespaper (scène de momification avec Anubis, le défunt et quatre canopes sont à remarquer), Paefy (décoration en jaune, blanc et bleu, hiéroglyphes en noir) et Hor-Wedjat (défunt portant un masque vert), avec informations sur les pratiques funéraires et la réutilisation de la tombe. On a aussi examiné les restes de la maille de perles qui couvrait la momie de Psammétique.

2. Les tombes QH34aa et QH34dd, avec les matériaux coptes en particulier.

3. La tombe QH35p.

4. Le cercueil de Sarenpout, fils de Sattjeni, « Superviseur de Swnw » (*Ḥr(j) (-pr) Swnw*),[94] de la tombe QH34β, fouillée en 2012 et 2013, afin d'en comprendre la tradition textuelle et décorative et de le dater avec davantage de précision. Nous avons fait ressortir la référence au sort d'incantation de Nout (PT 588) et à l'usage du sort de la « Révélation du visage » (*wn-Ḥr*), montrant l'émergence d'un nouveau programme décoratif et textuel à Assouan, à Thèbes, à Hu et en d'autres lieux liés au culte solaire en vogue à la fin du Moyen Empire. Les côtés externes du cercueil présentent également des textes du corpus traditionnel des Textes des Sarcophages.

5. La tombe QH31, qui a fourni des matériaux de grande importance, nous a permis de connaître son usage originel et les réutilisations postérieures. En particulier, un fragment du panneau des pieds du cercueil intérieur du gouverneur Sarenpout II (C3), décoré sur la partie intérieure de façon classique avec un registre supérieur contenant l'inscription, ainsi qu'un registre inférieur décoré avec trois paires de sandales, deux signes *ankh* et deux groupes de différents types de jarres. Sur la partie extérieure, les hiéroglyphes sont gravés de façon monumentale en bleu sur fond jaune. Par ailleurs, a été mis au jour un fragment intérieur d'un autre cercueil de cette tombe (S5), avec une section des Textes des Sarcophages 335 (conflit entre Horus et Seth et justification du défunt dans l'au-delà), distribuée en 17 colonnes. Dans la partie externe de ce fragment de bois, il existe une référence à la déesse Serket-Hatyt, un signe *ankh* et un T, ce qui peut renvoyer à une femme défunte. Un fragment de cercueil a enfin été découvert dans cette tombe QH31 (S1), pouvant appartenir à l'épouse de Sarenpout II ou à une autre parente. Sur la partie externe du panneau des pieds, nous avons distingué une reprise de la polychromie du fragment de cercueil décrit en dernier lieu et, sur la partie interne, décoration typique des greniers.

En plus de ces travaux épigraphiques, on a révisé d'autres objets qui nécessitaient d'être reconsidérés par un examen ou une traduction, comme le vase canope du scribe Maani (QH33), remontant probablement au début de la XVIIIe Dynastie : le couvercle avec une inscription apotropaïque *djed-wen-ankh* (« stabilité, existence et vie ») ; les rouleaux

---

[94] Jimenez-Serrano et García-González (forthcoming).

de lin pour la momification d'Aménémopé, vénéré sous le dieu Imsety, datant du Nouvel Empire (QH31), ainsi qu'un fragment de cercueil de Dedu-Amon, père du jeune Sarenpout (QH34β), avec inscriptions.

5.8.8. Anthropologie physique

Nous avons examiné le matériel osseux de la campagne 2015 provenant de la tombe de Sarenpout II (QH31), ainsi que la partie extérieure de la QH35p et de la QH122 :

- Dans les 48 sujets de la QH31, nous avons trouvé tous les groupes d'âge et de sexe, et les deux groupes de population négroïde et méditerranéenne. Au sujet des pathologies, nous avons distingué la malnutrition enfantine, les dégénérations de la maturité et la présence d'abondants traumatismes.
- Dans la QH122, nous avons distingué trois sujets avec lésions du squelette.
- Dans la QH35p, nous avons trouvé une représentation des deux sexes, de même que divers groupes d'âge et de population, présentant des pathologies à processus infectieux (brucellose)[95], des traumatismes et des carences nutritionnelles.

5.8.9. Rapport sur la stabilité et la conservation des tombes de Qoubbet el-Haoua

On a mené à bien l'étude technique de la façade de plusieurs tombes, comparé leurs dimensions et analysé les témoins et la stabilité de la masse rocheuse (campagnes de 2012, 2013, 2014 et 2015).

5.8.10. Rapport sur la restauration

Nous soulignons les actions sur les objets extraits du secteur C24 de QH33 en 2015 et 2016 : des masques provenant des cercueils de Nespaper et Hor-Wedja, quatre momies (Psammétique, Hor-Wedja, Nespaper et Paefy), deux cercueils (Hor-Wedja et Paefy) et une statue de Ptah-Sokar-Osiris. Enfin, il faut mentionner l'extraction et le nettoyage de fragments de cercueils de cèdre de la QH34aa/C1.

5.9. Campagne de 2017 : les tombes QH32, QH33, QH34aa, QH34bb, QH35p, QH36, QH122[96]

5.9.1. Fouilles des zones souterraines de QH32

Cette tombe, attribuée à un officier du Nouvel Empire nommé Aku, a été utilisée comme laboratoire et dépôt

par Elmar Edel, directeur de la mission de l'Université de Bonn entre 1959 et 1984. Bien que les plans de la tombe aient déjà été publiés par H.-W. Müller, nous avons entrepris le nettoyage et une nouvelle planimétrie de la zone souterraine.

Après avoir nettoyé la rampe-couloir (A-1) d'accès à la zone souterraine, avec des marches, nous y avons découvert des restes de céramiques du Moyen Empire et de la réoccupation du Nouvel Empire. On accède à l'antichambre (A-2) d'où sort le puits funéraire. Dans ce secteur, nous avons trouvé un grand « flower pot » et une couverture de canope. De là, un second couloir conduit aux chambres funéraires. Cette partie de l'hypogée est propre, mais elle a probablement été pillée dans l'Antiquité. Les principales découvertes sont des morceaux de céramiques du Moyen Empire et de la fin de la Seconde Période Intermédiaire, ainsi que des restes de végétaux et d'animaux.

5.9.2. Travaux réalisés dans la tombe QH33

On s'est centré sur le secteur C24, afin de poursuivre le travail commencé pendant la campagne antérieure. Dans la strate US350, nous avons continué la documentation du matériel et le nettoyage de la nouvelle structure C26 ; cette chambre est nettoyée. On accède à cette nouvelle chambre, qui mesure 2,90 m x 1,30 m x 1,33 m, par une rampe de 2,55 m. Nous avons trouvé des traces de pillage tant dans C24 que dans C26. Entre C24 et C26, apparaît un individu placé par terre avec des restes de cartonnage, de nombreux fragments d'une barque de bois et des morceaux de bois d'un cercueil du Moyen Empire. Il y avait aussi des restes d'un autre sujet.

Dans la partie est de C24, en face de C25, se trouvaient divers matériaux d'un sujet, des fragments de céramiques, du bois et des os dans un niveau ayant été pillé.

5.9.3. Continuation des fouilles de la tombe QH34aa

La chapelle funéraire de cette tombe a disparu dans le passé pour des raisons inconnues. Seuls demeurent encore le puits et le fond de la chambre funéraire. Le puits (1,30 m x 1,50 m pour la partie du haut et 1,20 m x 1,10 m pour la partie en bas, 10,40 m pour la profondeur) a été

[95] Rubio *et. al.* (sous presse).
[96] 16 janvier-13 mars 2017. Dr. Alejandro Jiménez-Serrano (Directeur), Dr. José M. Alba-Gómez (Co-directeur), Luisa M. García-González (Sous-directrice), Yolanda de la Torre Robles (Égyptologue), Vicente Barba Colmenero (Archéologue), Dr. Martina Bardonova, (Égyptologue), Osama Amer (Égyptologue), Abdel Hakim Karrar (Égyptologue), Antonio Caño Dortez (Archéologue), Dr. Miguel Botella López (Médecine légiste), Dr. Inmaculada Alemán Aguilera (Médecine légiste), Mr. Ángel Rubio Salvador (Médecine légiste), Dr. Antonio Morales-Rondán (Égyptologue), Dr. Sofía Torallas Tovar (Épigraphie copte), Dr. María J. López-Grande (Céramologue), Dr. Oliva Rodriguez Ariza (Anthracologie), Dr. Eva Montes Moya (Carpologie), Dr. Maria Paz Sáez-Pérez (Architecte), Teresa López-Obregón Silvestre (Restauratrice), Eduardo Trigo Sánchez (Ingénieur), Patricia Mora-Riudabets (Photographe), María Naranjo Piñar (Dessinatrice), María Isabel Puerto (Dessinatrice), Dr. Win Van Neer (Archéozoologie), Dr. Gersande Eschenbrenner (Égyptologue), Jose F. Molinero Reyes (Technicien 3D), Dr. Jose Luis Perez García (Topographe), Dr. Antonio Mozas Calvache (Topographe), Dr. Juan A. Martinez Hermoso, Architecte), Sergio Alarcón Robledo (Architecte), Michael Kamal (Inspecteur, MoA), Fatma Magdy (Inpectrice, MoA), Mr. Mohamed Salah Eldin Abdelkawy (Inspecteur, MoA), Moataz Sayed Ibrahim (Inspecteur, MoA),Sara Mohamed Mohamed Hassan (Inspectrice en formation), Rehab Sabry Abd Elateef (Inspectrice en formation), Essam el-Din Farag Abdalhakim (Restaurateur, MoA) et Naglaa Fathy Ramadan Salem (Restauratrice, MoA).

complètement fouillé en 2016. La chambre funéraire au fond du puits (C1), de forme quadrangulaire (3,20 m x 2,50 m, Figure 3), a commencé à être fouillée en 2016 avec la sépulture de Sattjeni (A), très bien conservée (Figure 22). Dans cette chambre, furent inhumés 10 sujets, à la fin de la XIIe Dynastie, selon les phases suivantes :

A. Première phase : un sujet (n° 6) avec une coupe hémisphérique ;
B. Deuxième phase : Sattjeni (A) (individu n° 1), d'âge mûre, à traits ethniques négroïdes, est inhumée dans un cercueil double dans la zone ouest de la tombe, couverte de cartonnage de la tête au bassin. Dans le bandage, entre les jambes, a été laissée une coupe hémisphérique, peut-être avec une intention rituelle. Ici, ont été déposées à côté du mur de la chambre deux caisses funéraires de bois (rouge et blanche, respectivement), avec probablement un équipement funéraire ;
C. Troisième phase : nous avons découvert deux cercueils avec le nom de Dedu-Tjeni, scribe et prêtre, lesquels contenaient une jeune femme (18 ans), à traits ethniques négroïdes, revêtue d'un cartonnage (sujet n° 3) (Figure 20). Dedu-Tjeni est certainement le même scribe, fils de Mery et Dedet-Ouseret, qui a réalisé un graffito à el-Hosh pendant l'année 17 du règne d'Amenemhat II.[97] Il était peut-être en rapport avec le propriétaire de la tombe QH108 portant le même nom ;
D. Quatrième phase : le sujet n° 8 a été inhumé avec une petite caisse à côté de lui contenant un *chaouabti*. Sur cet objet apparaît son nom : Sarenpout, fils de Neferet-Hesou (Figure 21) ;
E. Cinquième phase : le sujet n° 9 a été déposé parmi les sujets 3 et 8 ;
F. Sixième phase : un enfant (sujet n° 10) a été placé dans un endroit auparavant occupé par les deux caisses à côté du mur avec un petit mobilier (un vase d'albâtre, un autre de faïence, un bracelet, un collier de perles et des amulettes) ;
G. Septième phase : trois inhumations (sujets nos 2, 4 et 5) étaient situées sur les sépultures antérieures, faute de place. L'individu n° 4, appelé Sattjeni (B) (nom écrit sur le cercueil), d'âge sénile, à traits ethniques méditerranéens, est peut-être la dame Sattjeni, fille du gouverneur Sarenpout II et mère du gouverneur Héqaïb III, inhumé dans la QH33 ;
H. Huitième phase : le sujet n° 7 est déposé près de la porte.

5.9.4. *Fouilles dans la tombe QH34bb*

Découverte en 2014, cette tombe datant de la XIIe Dynastie est constituée de trois espaces : un couloir, partiellement effondré avant la période copte (Espace 1), une chambre principale (Espace 2) et une chambre pillée dans l'Antiquité (Espace 3). Dans le couloir, est apparue une structure funéraire avec un puits (Espace 4) et une chambre funéraire (Espace 5) qui contenait une inhumation très détériorée, comportant un double cercueil de cèdre

avec des signes hiéroglyphiques, quelques modèles de bois représentent des barques (Figure 23), des pots, etc. Le nom du défunt est (Ii)-Shemai, né de Satethotep et de Khema, frère du gouverneur d'Éléphantine Sarenpout II (règnes de Sésostris II et de Sésostris III).[98]

5.9.5. *Fouilles de la tombe QH122*

On a découvert à l'extérieur de la tombe une sépulture de femme, avec un cercueil de bois détruit, datant de la fin du Moyen Empire ou de la Seconde Période Intermédiaire. Sur la cour extérieure, on a trouvé des restes d'offrandes d'animaux. On a aussi réalisé la photogrammétrie de la tombe QH122. Dans la chambre funéraire (1,7 m x 2,7 m x 1 m), à laquelle on accède par un couloir descendant, puis horizontal, et où l'on a trouvé de la céramique de la VIe Dynastie ou du début de la Première Période Intermédiaire. Il y avait une inhumation relativement pauvre, avec un cercueil de bois détruit par les termites, trois grandes jarres de forme ovoïde et une terrine peu profonde. Le cercueil contenait un papyrus hiératique endommagé.[99]

5.9.6. *Poursuite des travaux archéologiques dans QH35p*

On s'est focalisé sur le secteur F2, dans l'angle nord-est de la partie intérieure de la tombe, dans les chambres F2a et F2b. Les deux ont été pillées, présentant des restes d'objets en bois généralement détruits par les termites. On a aussi fouillé la partie extérieure du couloir de la tombe, espace utilisé pour les offrandes et comme chambres funéraires.

5.9.7. *Fouilles des puits 7 et 9 de la tombe QH36*

En 2012, la mission espagnole a documenté l'existence des 9 puits funéraires de la QH36. Le puits n° 9, situé dans l'angle nord-ouest de la cour de la tombe, contient une grande quantité de céramiques appartenant à la XIIe Dynastie. La chambre funéraire de ce puits est vide. Dans un petit couloir adjacent est apparu un sphinx polychrome fragmenté de la XIIe Dynastie, qui représente un roi (?) au corps de lion qui marche sur deux ennemis : un Nubien et un Libyen (?). Aucune des trois figures n'a gardé la tête (Figure 27).

Le puits n° 7, pillé et incendié dans l'Antiquité, est situé juste à côté du pilier 1 qui mentionne le gouverneur Héqaïb I. Ce puits est rempli de matériel funéraire de différentes périodes, en particulier du Moyen Empire et de la fin du Nouveau. On a découvert cinq visages du Nouvel Empire qui appartenaient, à l'origine, à des cercueils anthropomorphiques. Dans la chambre funéraire associée à cet espace, il y avait du matériel de la première moitié de la XIIe Dynastie appartenant à des inhumations variées : 1) un cercueil polychrome en rouge, vert et blanc, avec la représentation de la façade du palais ; 2) une sépulture avec deux cercueils, interne et externe, ce dernier mentionnant le nom de Khnoumhotep, « Chef des autels »,

---

[97] Málek (1977, 51).

[98] Pérez-García et al. (2019).
[99] Bardonova *et al.* (sous presse).

probablement un contemporain de Sarenpout I (Figure 26) ; 3) une inhumation semblable à celle antérieure, mais dépourvue de signes hiéroglyphiques ; 4) un cercueil de femme.

Finalement, un aperçu du matériel de pierre des puits de QH36 montre l'existence de trois tables d'offrandes anépigraphes et une autre table d'offrandes appartenant au gouverneur Héqaïb de la VIe Dynastie, découverte à l'origine par L. Habachi dans la tombe QH35d (Edel, 2008, 769).

5.9.8. Rapport anthropologique

Nous avons révisé le matériel osseux provenant du secteur C24 de QH33, du puits et de la chambre de QH34aa, de la tombe QH34dd, des chambres intérieures de la QH35p, de l'extérieur de la QH35n, ainsi que du puits 7 de la QH36. Notre équipe a également réalisé, début février 2017, une preuve radiologique de TAC à quatre sujets à l'Hôpital Universitaire d'Assouan (deux individus de QH33-C18, un de QH34cc trouvé en 2015, et un de QH35p découvert en 2015, les deux derniers ayant diagnostiqué un cancer du sein chez la femme et un cancer du sang chez l'homme). En général, on observe des pathologies en rapport avec les carences nutritionnelles chez les enfants, et les maladies dégénératives et traumatiques chez les adultes.

5.9.9. Travaux de restauration et de conservation

Pendant cette campagne, nous avons travaillé sur trois axes : 1) intervention *in situ* dans les tombes QH34aa (des cercueils, comme celui de Dedu-Tjeni, et cartonnage), QH34bb (scellage de la dalle de pierre, un mur protecteur de briques, une porte à l'entrée du puits, un panneau d'isolement), QH35p (des fragments de cercueil et des objets de bois), QH36 (deux cercueils anthropomorphiques et deux autres) et QH122 (fausse porte) ; 2) intervention dans le cabinet (objets de bois attaqués par les termites, carbonisés ou déshydratés, comme dans QH35p et QH36, ou d'autres objets en os, faïence, cornaline, métal, albâtre, céramique, plâtre), et 3) confection de l'emballage pour préserver des parois, des piliers (QH32, QH36 et QH122) ainsi que d'objets.

5.9.10. Céramique de QH33

Le principal objectif de cette campagne était l'étude de 21 jarres datées de la première moitié de la XVIIIe Dynastie, au large col, recouvertes d'une fine couche de boue, destinées au stockage. Dans cinq d'entre elles, ont été trouvées des marques de céramique incises. Dans le même temps, nous avons travaillé sur les céramiques de la chambre funéraire C24, dont le nettoyage a commencé en 2016, spécialement sur un groupe d'assiettes et de coupes de la Seconde Période Intermédiaire et du début du Nouvel Empire, mais aussi sur quelques fragments des périodes saïte et perse. Nous avons également revisité d'autres pièces de la QH33 des campagnes antérieures, spécialement de la Basse Époque.

5.9.11. Étude sur le matériel de bois

Nous avons étudié les fragments des modèles de bois provenant de QH31, découverts principalement dans le puits, à l'intérieur de la chambre funéraire et dans la zone adjacente de Sarenpout II (S1, S2, S4, S5, S6 et C1, C2, C3). Les modèles sont notamment trois canots avec deux barques funéraires : une portant probablement une momie sur un lit funéraire aux pieds de lion, et une autre contenant le défunt assis, enroulé dans un suaire, un grenier, un atelier de poterie (?) et une cuisine, ainsi qu'un édifice. La chronologie se situe entre les règnes d'Amenemhat II et de Sésostris III. Nous avons encore étudié deux fragments de modèles en bois provenant de la QH33. Il s'agit d'un fragment de gouvernail, avec la décoration de plantes, d'yeux *oudjat* et de rosaces, et de la tête d'un homme provenant probablement d'un canot, avec une chronologie globale datant de la seconde moitié de la XIIe Dynastie.

Par ailleurs, nous avons analysé les cercueils et les caisses funéraires de bois, comme les fragments du sarcophage de Sarenpout II (QH31/15/C2/US15 n° inv. 100) ainsi que les cercueils de Sattjeni (QH34aa/15/US375/3045 ind.1), Dedu-Tjeni (QH34aa/17/US377, morceaux), Gaut-Anouket (QH33/13/C22/US212 n° inv. 442, complet) et Khema (QH33/C19/US237 t.2765 n° inv. 82). Nous avons comparé la décoration de ces objets avec la production de Meir, en particulier la « fausse porte » rare et originale, peinte en sombre sur un des côtés du cercueil de Dedu-Tjeni, avec celui de Nephtys (New York, Metropolitan Museum of Art, 10. 150. 15a) découvert dans la tombe de Senbi II à Meir. Nous avons, en outre, étudié les restes du mobilier en bois comme des coffres et des petites de caisses de cosmétiques.

Tout ce matériel en bois des trois tombes peut provenir d'un atelier de Meir qui fleurit pendant la XIIe Dynastie ou d'un atelier de Memphis.

5.9.12. Analyses anthracologique et dendrochronologique

L'étude anthracologique a été effectuée sur 114 exemplaires de bois de l'époque pharaonique provenant de cercueils et de modèles de QH31, QH35p et QH36 et sur quinze sacs de cendres et de bois d'époque copte, issus du monastère situé face à la tombe de Khounes (QH34h). Une partie importante était composée de *Cedrus Libani, Ficus Sycomorus, Ziziphus Spina-Christi et Tamarix nilotica*. L'étude dendrochronologique a été réalisée sur les côtés du cercueil intérieur de Sattjeni A.

5.9.13. Rapport sur la faune

L'équipe a analysé du matériel provenant des tombes QH31, QH32, QH33, QH35p et QH-Nord mis au jour en 2009. Elle a produit une liste des espèces identifiées. À cet égard, elle a remarqué le canidé trouvé avec un cercueil propre à la tombe QH33-C24.

5.9.14. *Étude architectonique de la QH35p*

Nous avons tenté de comprendre les techniques architecturales employées lors de la construction de cette tombe et de les mettre en rapport avec le niveau économique de l'élite provinciale.

5.9.15. *Rapport architectonique de Qoubbet-el-Haoua, campagne 2017*

Les principaux objectifs de cette campagne, dans la tombe QH31 (Sarenpout II), sont l'étude de la construction des piliers et du naos et la réalisation d'une planimétrie détaillée de la zone souterraine. Ici, les niches secondaires, les couloirs, les puits et les chambres funéraires sont distribués selon un nouvel axe orienté face au nord. Le couloir descendant (C0), avec une inclinaison de 4 : 10, mesure 9,60 m de long et 1,60 m de large, et contient des chambres latérales secondaires (S3 et S4). Le grand puits rectangulaire C1 (2,80 m x 1,65 m et 6,10 m de profondeur), suit ce couloir ; une chambre funéraire se trouve du côté gauche de ce puits (S2) et, derrière, en direction du nord, il y a une antichambre (S1) et deux niches (S6 et S5). Dans la base du puits principal C1, se trouvent une antichambre (C2) et la chambre funéraire principale de Sarenpout II (C3) (3,10 m x 1,25 m et 1,22 m de haut), à 19 m de la salle des offrandes.

Mais cette campagne dans la tombe QH32 comportait d'autres objectifs, notamment les mesures de son intérieur, l'étude de la situation des deux puits dans la salle des piliers et de la construction du naos, ainsi que la réalisation la planimétrie détaillée de la zone souterraine de la tombe (qui complète la publication de H.-W. Müller de 1940). Un premier couloir descendant, comportant de petites marches (1,10 m de large x 2,10 m de longueur x 1,65 m de hauteur), mène à la chambre du puits (3,80 m x 2,60 m x 1,70 m) et au puits rectangulaire (2,45 m x 1 m), orienté dans la direction ouest. Depuis la base du puits, on accède à un tunnel qui va dans les directions nord, ouest et sud, se tenant juste au-dessous de la chambre des offrandes.

Un autre objectif de cette campagne dans la tombe QH33 était la réalisation de la nouvelle planimétrie de la zone souterraine de la tombe. La chambre du puits nord a une forme trapézoïdale. Le puits principal est de forme carrée (1,64 m x 1,59 m et 9,50 m), au fond duquel se trouve la chambre funéraire principale, de forme rhomboïdale (3,90 m x 2,93 m x 1,57 m). Elle compte deux chambres parallèles de 2,80 m x 1,05 m x 1,05 m.

En quatrième lieu, on a mesuré le puits et la chambre funéraire de la tombe QH34bb, zone 5, découverte intacte pendant cette campagne. Ce dernier a une section rhomboïdale (1,61 m x 0,90 m, 2,60 de m) et donne accès à une chambre funéraire (2,40 m x 0,75m x 0,75 m) qui compte aussi une niche latérale de moindre hauteur.

En cinquième lieu, nous avons terminé une étude détaillée des traits architectoniques de la tombe QH35p, construite au début du Moyen Empire, avant la QH36 (Sarenpout I). En fait, le mur nord de la QH35p joint le mur sud de la QH36.

Enfin, dans cette campagne, l'équipe a travaillé dans la cour extérieure de la tombe QH36, qui avait été fermée par un gros mur de construction irrégulière et par une porte d'accès construite en blocs de calcaire blanc.

5.9.16. *Cartographie et photogrammétrie de Qoubbet el-Haoua, campagne 2017*

Les travaux dans ce domaine avaient pour but de mettre à jour la cartographie du site élaborée en 2008 et 2009, moyennant, d'une part, l'établissement d'un réseau de points sur le terrain, d'autre part, l'obtention d'un nuage de points du terrain et d'autres produits photogrammétriques des zones d'intérêt du projet espagnol.[100]

5.9.17. *État des tombes des nobles, Assouan*

L'étude technique menée à bien pendant cette campagne 2017 s'est centrée sur l'évolution des témoins (campagnes 2012 à 2016), la détérioration des façades de plusieurs tombes, la fissuration dans les pilastres de certaines tombes. Notre équipe a également effectué la reconnaissance visuelle de la séquence de construction dans les tombes en fouille. L'état de stabilité antérieure du massif rocheux a ainsi été confirmé.

5.9.18. *Étude épigraphique*

Cette année, l'étude épigraphique s'est concentrée sur les matériaux provenant des tombes QH33, QH34aa, QH35p et QH122 :

- scarabée avec forme de cœur de Djaou-Hor (QH33-C 24, US349, n° inv. 748), datant probablement de la Basse Époque, découvert en 2017. Le texte reproduit le début du sort LdM 30B, et a pour but d'assurer l'appui du propre cœur du défunt dans l'autre vie en vue de convaincre les dieux de son bon comportement moral dans la vie qu'il vient de quitter.
- 43 petites jarres pour encens ou épices (QH33-C24, C25), comportant des inscriptions en hiératique, lesquelles ont probablement un usage rituel.
- un rouleau de papyrus (presque pourri) trouvé sur un sujet de la QH122, datant de la fin de l'Ancien Empire ou début de la Première Période Intermédiaire.
- fragment en bois d'un cercueil du Moyen Empire avec des textes incrustés en faïence, contenu dans la tombe QH35p, appartenant au « Chef des autels » Khnoumhotep, enseveli juste à côté, dans le puits 7 de la QH36.

---

[100] Pérez-García *et al.* (2018).

5.10. Campagne de 2018 : les tombes QH32, QH33, QH34bb, QH35n, QH35p, QH36 et QH122[101]

Les travaux ont été développés pendant cette campagne 2018 dans différents secteurs :

- Conservation, restauration et analyse des pièces découvertes dans les campagnes précédentes, avec des méthodes traditionnelles telles que le dessin et la photographie, ainsi qu'avec de nouvelles techniques comme le scanner 3D, la méthode Raman ou encore la spectrographie.
- Paléo-paysage : identification du bois (anthracologie), dendrochronologie et carpologie.
- Les anthropologues légistes ont poursuivi l'étude des restes humains en utilisant, dans certains cas, le CT Scan grâce à la collaboration du Ministère des Antiquités, de l'Université d'Assouan et de son Centre Hospitalier Universitaire.
- Les travaux archéologiques se sont concentrés sur six zones de fouilles :
  a) QH32, avec une structure funéraire plus complexe que prévu.
  b) QH33, dont les fouilles ont été achevées après dix ans de travail sur le terrain.
  c) QH34bb, où ont été fouillées les chambres funéraires intérieures et la chambre, demeurée intacte, d' (Ii-) Shemai.
  d) QH35n, et ses éventuels rapports avec la tombe QH122.
  e) QH35p.
  f) QH36, où est apparue une grande quantité de matériaux funéraires, en particulier dans la zone funéraire principale.

---

[101] 17 janvier-20 mars. Dr. Alejandro Jiménez Serrano (Directeur), Dr. José Manuel Alba Gómez (Co-directeur), Yolanda de la Torre Robles (Sous-directrice), Luisa M. García González (Sous-directrice), Juan Luis Martínez de Dios (Sous-directeur), Vicente Barba Colmenero (Archéologue), Dr. Martina Bardonova (Égyptologue), Antonio Caño Dórtez (Archéologue), Abdel Hakim Karrar (Archéologue), Cristina Lechuga Ibáñez (Documentation), Ana María Espejo (Documentation), Dr. Eva María Montes Moya (Carpologie), Dr. Oliva Rodríguez Ariza (Anthracologie), Dr. José Luis Pérez García (Topographe), Dr. Antonio Mozas Calvache (Topographe), Dr. Juan A. Martínez Hermoso (Architecte), Dr. Gersande Eschenbrenner (Égyptologue), Dr. María José López Grande (Céramologue), Ana Díaz Blanco (Céramologue), Desiré Pérez (Céramologue), María Correas (Céramologue), Dr. Miguel Botella López (Médecine légiste), Dr. Inmaculada Alemán Aguilera (Médecine légiste), Ángel Rubio Salvador (Médecine légiste), Rosario Guimarey (Médecine légiste), José Molinero Reyes (Technicien 3D), Patricia Mora Riudabets (Photographe), Teresa López-Obregón Silvestre (Restauratrice), Sara Tapia Ruano (Restauratrice), Rebeca Hernández (Restauratrice), Ana Belén Jiménez Iglesias (Dessinatrice), María Naranjo Piñar (Dessinatrice), Dr. Asunción Jódar Miñarro (Dessinatrice), Javier Ramos Cabello (Dessinateur), Dr. Ricardo Marín Viadel (Photographe), Dr. Ana Domínguez Vidal (Analyse chimique), Dr. María Jose Ayora Cañada (Analyse chimique), Myriam Krutzsch (Restauration de papyrus), Dr. Sofia Torallas Tovar (Épigraphie copte), Dr. Amalia Zomeño Rodríguez (Épigraphie árabe), Ahmed Awad-Allah Selim (Inspecteur, MoA), Ahmed Masoud Hassan (Inspecteur, MoA), Tahssen Mohamed Atiya (Inspecteur, MoA), Omaima Helmy Abbas (Inspectrice, MoA), Waffaa Mohamed Essa (Inspectrice, MoA), Abber Abd-Radi (Inspecteur, MoA), Mohamed Abd-El-Dayem Mohamed (Inspecteur, MoA), Ahmed Tawfic Mustafa (Inspecteur, MoA), Naglaa Fathy Ramadan Salem (Restauratrice, MoA) et Mohamed Saad-Allah Hassam (Restaurateur).

5.10.1. *Poursuite des fouilles des zones funéraires de QH32*

Nous avons continué les fouilles, l'étude et la documentation des zones funéraires de QH32, notamment le puits-couloir incliné (A3) et l'antichambre (A4). En même temps, on a réalisé une nouvelle planimétrie de ces zones.

La tombe QH32 fut construite pendant la XIe Dynastie et pillée peu de temps après. Elle fut ensuite réoccupée entre la XVIIe Dynastie et la XVIIIe. La QH32 comprend une petite porte qui donne accès à un naos plus grand, sans décoration, soutenu par six piliers. Le naos contient, au fond, une chapelle destinée au culte avec deux piliers et une niche décorée de peintures et d'inscriptions. De plus, on observe deux niches funéraires dans les murs avec deux puits en face. Un couloir étroit descendant (A1) donne accès aux zones d'inhumation. Ce couloir mène à la chambre du puits (A2). De son fond sort un autre couloir incliné (A3), plus ample et plus long, qui conduit à une antichambre (A4) contenant également deux niches funéraires (A5 et A6), une pour le propriétaire de la tombe et l'autre pour son épouse (?). Lors de cette campagne, un nouveau puits a été mis au jour dans cette zone (A7).

Nous avons découvert, dans la chambre du puits A2, une jarre chypriote avec une base cylindrique de type II (QH32/18/A2/US2/INV43). Elle possède un corps globuleux, un long cou svelte, un long nez, une bouche en forme de trompette et une décoration linéaire datant de la seconde moitié de la XVIIIe Dynastie. Est également apparue une terrine avec un bord dentelé, une base plane, ornée de lignes ondulées, remontant à la XVIIe Dynastie ou au début de la XVIIIe (QH32/18/A2/US2/INV54). Quelques fragments de terrines hémisphériques ainsi que de grandes terrines, datés du Moyen Empire (QH32/18/A2/US4), ont aussi été découverts.

Les restes matériels du puits-couloir incliné A3 (US6) présentent une chronologie de la XVIIIème Dynastie, confirmée par un micro-masque de momie en argile (QH32/18/A3/US6/B88). Ici, apparaît une amphore svelte de taille moyenne, avec un col haut, deux anses et une marque de céramique sur le dos, datant de la XVIIIe Dynastie (QH32/18/A3/US8/INV50). Également, des fragments de calcite, de cartonnage, de bois, de céramique avec une inscription hiéroglyphique (QH32/18/A3/US8/INV30) et les pieds d'un *chaouabti* noir avec une inscription jaune (QH32/18/A3/US8/INV29), ont été mis au jour.

L'antichambre funéraire A4 présente des restes de matériaux variés en surface appartenant au Nouvel Empire : pierres, os, céramiques (US7). Dans l'US10, ont été trouvés des restes de bandage, de céramique, d'os, de bois, de stuc, de vannerie, de carton et de papyrus ; ici prédominent les « flower pot » en céramique, ainsi que les fragments de grands récipients, datés du Nouvel Empire. Un nouveau puits funéraire a aussi été découvert dans cette zone (A7), mesurant 0,97 x 2,35 x 0,97 x 2,33 m. Enfin, dans l'US9, est apparu une terrine carénée décorée de bandes parallèles et d'une ligne ondulée.

5.10.2. Fouilles dans la chambre funéraire principale de la QH33

Dans la chambre funéraire principale C24, figurent deux niches funéraires, C25 et C26, avec un puits d'accès séparé par une paroi géologique d'un mètre de large. Sur l'US415 (Nouvel Empire), ont été ensevelis au moins douze individus très âgés, la plupart étant des femmes. Dans l'US417 (Moyen Empire), des preuves de pillage apparaissent. En ce qui concerne la céramique du Moyen Empire, ont été découverts des bords de terrines hémisphériques et de la céramique pour le stockage. Pour le Nouvel Empire, notamment la première moitié de la XVIIIe Dynastie, des céramiques fines vernies ainsi que des poteries de type domestique et des encensoirs de production locale ont été mis au jour. En même temps, nous avons découvert, dans la chambre funéraire principale, des fragments des deux cercueils d'un individu, datant de la deuxième moitié de la XIIe Dynastie (Sésostris III – Amenemhat III).

5.10.3. Fouilles dans la tombe QH34bb et dans les environs

Cette tombe, qui date de la deuxième moitié de la XIIe Dynastie, a été découverte en 2014 par notre équipe. Elle était située dans une zone de décharge du monastère Deir Qoubbet el-Haoua (VIe-VIIe siècles), sous la terrasse. L'hypogée peut être divisé en plusieurs espaces :

- Cour, où apparaissent des offrandes.
- Façade et porte : la ciselure de la façade est semblable à celle des tombes contemporaines de la XIIe Dynastie.
- Espace 1 : couloir (partiellement conservé).
- Espace 2 : antichambre, partiellement recouverte de matériaux de l'époque copte. On a trouvé là une petite table d'offrandes de grès, juste à côté du couloir.
- Espace 3 : chambre funéraire construite au même niveau que l'Espace 2, pillée dans l'Antiquité.
- Espace 4 : puits situé dans le centre d'un couloir, avec plusieurs offrandes au fond.
- Espace 5 : chambre funéraire d'(Ii-)Shemai, intacte. Apparaissent ici un double cercueil et quatre modèles en bois représentant des bateaux, dont l'état de conservation reste très fragile à cause des termites. Figurent également quelques vases en céramique ainsi que des biens funéraires de prestige.
- Espace 6 : un puits de grandes dimensions comportant 3 m de profondeur a été construit dans l'antichambre de la tombe (Espace 2). Dans la partie inférieure, était située la chambre funéraire principale de la tombe QH34bb. Le matériel trouvé ici est hétérogène : restes humains, céramiques et fragments de grandes pièces calcaires. Dans la partie ouest du puits, on a documenté les restes du système de fermeture, déplacé par les pillards. Ont

été découverts, sous ce système de fermeture, une offrande composée d'un bucrane et les restes des quatre pattes de l'animal.
- Espace 7 : chambre funéraire principale de la tombe, pillée peu après l'enterrement. Apparaît ici une grande quantité de fragments calcaires, polis d'un seul côté, laissant apparaître un dessin incurvé dans quelques cas, probablement le moulage d'un sarcophage non décoré et partiellement brûlé. En outre, ont été trouvés des restes humains, calcinés.

La fouille de la zone extérieure située entre QH34aa et QH34bb a commencé cinq campagnes auparavant. Ce secteur était utilisé comme zone de décharge du monastère de Qoubbet el-Haoua aux VIe et VIIe siècles. Bien que la plupart des matériaux trouvés appartiennent à l'époque copte, nous avons découvert des offrandes du Moyen Empire près de l'entrée de la tombe QH34bb (coupes et terrines carénées).

5.10.4. Fouilles de la tombe QH35n

La cour de cette tombe mesure 4,60 m x 5 m. La chapelle (5 m x 4 m) contient deux piliers ainsi qu'une fausse porte au centre du mur ouest. Ces zones avaient été blanchies à la chaux, sans être décorées. Bien qu'elle ait été documentée par la mission de l'Université de Bonn, cette chapelle n'a pas été jusqu'à présent entièrement nettoyée. Comme la cour, elle était couverte de sable. La partie sud (secteur T2), contenait une densité plus élevée de sépultures pillées (US27). Y a également été découverte une momie presque complète, qui, selon les fragments de cartonnage, appartenait à une dame nommée Senbet. Ont aussi été mis au jour d'autres restes tels que des morceaux de cartonnage et de masques de momies, des céramiques pouvant dater du Moyen Empire au Nouveau, une tablette hiératique, des fragments de vases de pierre, des pinceaux et des flèches ainsi que des fragments de perles. Dans le secteur nord (T3), le matériel était plus rare. Cependant, on y a trouvé le fragment d'un cercueil rectangulaire, très pourri (US28), comportant quelques morceaux de stuc décoré (INV23). Ce cercueil est daté de la fin du Moyen Empire.

À côté du puits principal de la chapelle (puits 1), figuraient deux autres espaces funéraires dans le secteur sud (T2) : un dans le coin sud-ouest, très proche du puits principal, légèrement plus petit que ce dernier (puits 2-secteur S2), l'autre, encore plus petit, dans le coin sud-est (puits 3-secteur S3). Tous deux peuvent être mis en rapport avec une réutilisation de la tombe au Moyen Empire. Ces puits présentent moins de 2 m de profondeur et contiennent des espaces funéraires : une niche dans le cas des puits 2 et 3, et un couloir avec une chambre dans le cas du puits 1. Ces espaces comportent une hauteur de 80-90 cm.

Le puits 1, accessible par un escalier et mesurant 2,40 m x 1,20m x 1,70 m, mène à un couloir de 5 m de long qui ouvre sur une chambre funéraire de 3,40 m x 1,40 m, laquelle ne comprenait pas de matériaux. Le puits 2, avec un escalier moins défini que le précédent, mesure 2 m x 1,10 m x 1,70 m et donne accès à une seule niche funéraire dans son mur ouest (1,80 m x 1 m). Ce puits contient des matériaux pillés, tels que des restes humains, des cartonnages, des fragments de cercueils, des fragments de bois, des flèches, des instruments d'écriture et des matériaux en céramique. Ici sont apparus le cartonnage de haute qualité d'un dénommé Sety-Heqaib-aa-iNet, le cartonnage de Gaut-Anouket, ainsi que le cartonnage d'un inconnu. La niche comporte trois cercueils complètement détruits par les termites, avec quelques restes humains et de poterie. Deux d'entre eux sont les cercueils interne et externe d'un individu resté anonyme (US39), placés sur un cercueil antérieur (US40). Le puits 3, semblable au puits 2 mais plus petit, est orienté nord-sud. Mesurant 1,60 m x 1 m, il est légèrement moins profond que ce dernier et contient une niche funéraire de dimensions irrégulières dans le mur nord comportant une sépulture pauvre d'une femme très âgée. Son système de fermeture est maintenu intact.

5.10.5. Travaux de terrain dans la tombe QH35p

D'abord, nous avons effectué des fouilles dans l'entrée, où l'on a documenté cinq niveaux stratigraphiques, notamment un riche niveau d'offrandes funéraires. Ensuite, a été effectuée la fouille de la céramique du niveau des offrandes près du mur qui clôt la chambre voûtée A4. En troisième lieu, nous avons procédé à l'organisation et à la classification des matériaux archéologiques, et l'on a réalisé l'étude spécifique des matériaux funéraires, en particulier les céramiques, des sépultures n° 8 (QH35p/15/B2, 3/US26), n° 9 (QH35p/15/B2, 3/US27), n° 10 (QH35p/15/B1/US28), n° 11 (QH35p/15/B 3/US29), n° 12 (QH35p/15/B3/US30) et n° 15 (QH35p/16/B1/US52). Dans la sépulture n° 8, on remarque une grande terrine carénée de base plane, avec le bord extérieur décoré, remontant à la fin de la XIIe Dynastie. La n° 9 contient une bouteille globulaire de taille moyenne du début de la XIIe Dynastie (QH35p/15/B2, 3/US27/716/INV172). Dans la n° 10, une petite jarre de la fin de la Première Période Intermédiaire / XIe Dynastie (QH35p/15/B1/US28/475/INV131), ainsi qu'une bouteille globulaire arrondie du règne d'Amenemhat II, ont été découvertes. Dans la sépulture n° 11, apparaissent deux grandes terrines carénées, décorées, probablement destinées à la présentation rituelle de nourriture et de liquide, datées respectivement de la fin et du début de la XIIe Dynastie (QH35p/16/B3/US29/505/INV103 ; QH35p/17/B3/US29/432/INV178). La sépulture n° 12, appartenant à un enfant, contient des bouteilles et une terrine carénée de la première moitié de la Dynastie XII, ainsi que des amphores, datant peut-être du début de la XIIe Dynastie (QH35p/15/B3/US30/541/INV175 ; QH35p/15/B3/US30/545/INV100). Enfin, dans la sépulture n° 15, un gros fragment d'une grande terrine hémisphérique au bord modelé, remontant à la fin de la XIe Dynastie, ainsi que quelques petits fragments d'une terrine et probablement d'une jarre.

5.10.6. Travaux archéologiques dans QH36

Les travaux se sont focalisés sur le puits 1, zone funéraire principale de la tombe, partiellement ouverte par Budge en 1886. Il s'agit d'une structure funéraire complexe. Ainsi, d'un large puits (secteur 1 ; 3,55 m x 1,6 m) sort un long couloir vers l'ouest (secteur 1a ; 5,30 m x 1,56 m), donnant accès à une grande chambre (secteur 1b ; 5,26 m x 4,16 m), dans laquelle a été construit le vrai puits (3,30 m x 1,60 m). Dans sa partie inférieure, deux antichambres sont orientées au nord et au sud, respectivement (secteur 1c ; 4,14 m x 1,66 m et secteur 1d ; 5,20 m x 1,50 m). A également été découverte une chambre dans le mur est du puits, non documentée par De Morgan en 1894 (secteur 1aa). En plus des fragments d'os, de bois et de céramique, figurent quelques matériaux importants comme des inscriptions gravées dans des fragments de cercueils et des restes de vases canopes, tous datés du Nouvel Empire.

5.10.7. Restauration

La restauration a été développée selon trois domaines : intervention *in situ*, intervention dans le cabinet et conception de l'emballage pour la conservation des pièces. L'intervention sur place a été déployée, d'abord sur les objets de la chambre du puits 2 de la tombe QH35n, une attention particulière ayant été accordée au cartonnage, aux masques et aux fragments de cercueil ; en second lieu, sur les objets divers en bois de la tombe QH36 ; en troisième lieu, sur le cercueil, la momie, le cartonnage et les quatre bateaux en bois d' (Ii-) Shemai (QH34bb) et, enfin, sur le cartonnage de QH35o. L'intervention dans le cabinet s'est centrée notamment sur des objets en bois, pourris par les termites (QH34bb, Espace 5, (Ii-) Shemai) ou déshydratés.

5.10.8. Tâches de conservation sur des fragments de papyrus

Ces fragments ont été trouvés près d'une momie (QH122/17/US18) et sont datés de la fin de l'Ancien Empire. D'autres fragments proviennent de QH33/12/C11/US107.

5.10.9. Étude épigraphique

Nous avons analysé les matériaux du Moyen et du Nouvel Empire trouvés dans les tombes QH32, QH33, QH34bb, QH35n et QH36.

Le matériel écrit de QH32 est fragmentaire : apparaissent les lignes de deux *chaouabti* du Nouvel Empire (QH32/18/A3/US8/95/INV29 ; QH32/18/A3/US8/28/INV11) et de l'inscription hiératique d'une terrine dans laquelle on peut lire Qebehsenuf (QH32/18/A3/US8/147/INV30). Le matériel écrit de QH33/C25 est également fragmentaire et ne fournit aucun nom.

Les textes écrits de QH34bb apparaissent comme des formules funéraires fragmentaires du type *ḥtp dj nsw*, avec mention d'Anubis et d'Osiris, dans les cercueils d'

(Ii-)Shemai, « Superviseur de l'Entrepôt » (Espace 5), datant de la première moitié de la XIIe Dynastie. Les textes mentionnent ses parents, Khema et Satethotep, et confirment qu'il était l'un des frères du gouverneur Sarenpout II. La momie d' (Ii-)Shemai contient une coquille comportant une cartouche royale qui mentionne le pharaon Sésostris Ier.

Dans la tombe QH35n, on a trouvé trois cartonnages avec des inscriptions dans un contexte de matériaux du Nouvel Empire. Le premier (QH35n/18/S2/US31/606) est un fragment de ce qui semble être une formule de type *ḥtp dj nsw*, le texte étant consacré à la « Maîtresse de la Maison » (*nbt pr*) Gaut-Anouket, remontant à la Deuxième Période Intermédiaire. Le second cartonnage (QH35n/18/S2/US31/598/INV26) doit également être daté entre les XIIIe et XVIIe Dynasties. Le troisième cartonnage (QH35n/18/T2/US27/537) est plus compliqué car le nom qui y apparaît, Senebet, peut correspondre à la XIIe Dynastie ou à la XVIIIe.

Enfin, dans la tombe QH36, ont été découverts quelques textes fragmentaires du Nouvel Empire avec des formules d'offrandes, ainsi que quelques restes d'un autre cercueil appartenant probablement à une femme « aimée devant la Cour » (QH36/18/1b-5/US56/1158).

5.10.10. Céramique

Les céramiques de la chambre funéraire C24 de QH33, provenant des Unités Stratigraphiques 391, 403 et 404, fouillées en 2017 et datant de la première moitié de la XVIIIe Dynastie, ont été étudiées. Il faut souligner, parmi elles, une amphore pour le stockage du vin avec le nom de Thoutmosis I écrit sur une cartouche. Celle-ci a le bord modelé, le cou court, le dos arrondi, deux anses verticales, le corps svelte et la base légèrement carénée (QH33/C24/US403/100).

La poterie de C24 comprend également des vases complets de la Deuxième Période Intermédiaire ou du début de la XVIIIe Dynastie. On remarque une petite jarre ovoïde complète pour le stockage du vin, au col haut et au bord épais peint en blanc (QH33/177C24/US403/108). Elle comporte des lignes horizontales avec de vagues incisées au sommet, ainsi qu'une frise de petits cercles excisés dans une ligne peinte en blanc tout autour. D'autre part, on a trouvé un fragment de bord avec une ligne incisée autour, des lignes perpendiculaires et deux lignes irrégulières parallèles de vagues, remontant au début de la XVIIIe Dynastie (QH33/17/C24/US403/189). Une jarre carénée peinte en noir sur fond brun, de la XVIIIe Dynastie (QH33/17/C24/US403/107), a également été découverte. Sa décoration est constituée de trois lignes parallèles verticales et horizontales sur le bord, le corps et le fond. On doit aussi ajouter une terrine moyenne, au bord arrondi et à base instable (datée entre la fin de la Deuxième Période Intermédiaire et le début du règne de Thoutmosis III) (QH33/17/C24/US403/142). Une autre trouvaille a été réalisée : un vase au long cou et à parois minces,

brûlé, datant probablement du Nouvel Empire (QH33/17/C24/US403/109 et un vase similaire, QH33/17/C24/US403/13). Ont aussi été mises à jour : une jarre globulaire avec un col haut, deux anses horizontales et le bord plat et non décoré (QH33/10/C7, C10/US100/100) ; une jarre au corps rond, à la bouche large, au bord incurvé, à la base arrondie, comportant des lignes décorées, datant de la Dynastie XVIII (QH33/10/C7/US90/6) ; une terrine à fond plat avec un bord irrégulier (QH33/09/C4/US49/41) ; une jarre globulaire ovoïde, à large bouche et à base instable, du Nouvel Empire (QH33/13/C6/US187/2) ; enfin, une jarre haute à large bouche, au bord modelé, au corps ovoïde et à petite base plate (Nouvel Empire) (QH33/09/C24/US49/39).

5.10.11. Briques

Ont notamment été analysés les murs de brique des cours des tombes QH34 et QH35p (ainsi que certaines chambres funéraires externes), et les briques détachées de QH31, QH32, QH33, QH35p et QH36.

5.10.12. Analyse chimique

On a réalisé des travaux dans l'entrepôt du Musée d'Assouan, et sur le terrain, ainsi que la suite de l'étude par spectroscopie Raman des décorations polychromes des cercueils du Moyen Empire et de la Basse Époque, lancée en 2013 et 2014. On a travaillé, par ailleurs, sur des objets métalliques en argent, en cuivre, en bronze, en fer et en électrum (spécialement sur la dague de la tombe QH33/C19 découverte en 2013), ainsi que sur les peintures murales (en particulier de QH32) et sur des objets hétérogènes tels que des éléments lithiques en calcite, des pierres semi-précieuses (grenades, cornalines, améthystes) et des fragments de cartonnage.

5.10.13. Analyse des meubles en bois

On a analysé le matériel provenant des tombes QH31, QH32, QH33, QH34aa, QH34bb, QH34β, QH35n, QH35o et QH35p :

- Fragments de bois stockés au Ministère des Antiquités : cercueils des tombes QH31 (de Sarenpout II : QH31/15/C2/US6/128/INV28 et QH31/15/S1/US16/279/INV29) et QH34β (de Sarenpout, fils de Sattjeni : QH34β/13/E3/US128/1337 et 1338) ; fragments d'objets funéraires de QH33 et *chaouabti* (avec son cercueil) de QH34aa (QH34aa/17/C1/US395/INV756).
- Bois *in situ* dans la tombe QH32 : cercueils, masques funéraires, meubles, petites boîtes, petits objets manufacturés. La plupart d'entre eux appartiennent au Nouvel Empire, quelques au Moyen Empire.
- Cercueils en bois dans les tombes QH33 et QH34aa : reconstruction des fausses portes du cercueil extérieur de Héqaïb III (QH33/13/C23/US225/T2754) et de Dedu-Tjeni (QH34aa/17/C1/US373/3047).
- Cercueils en bois découverts dans QH35n, très pourris : on a réalisé la reconstruction partielle de la décoration

de l'un des panneaux latéraux d'un cercueil (QH35n/INV23).

- Cercueils en bois découverts dans QH35o, très pourris, provenant de la cour de cette tombe (QH35o/18AB/US2/25 et QH35o/18/US3/38-48, respectivement).
- Divers objets de bois de la tombe QH35p.

5.10.14. *Étude anthropologique*

On a effectué plusieurs tâches :

- Étude des restes humains de la tombe QH33 (C24 et C25) : la plupart appartient à des individus très âgés, en particulier des femmes de plus de soixante-dix ans, présentant des pathologies de la colonne vertébrale, de l'ostéoporose et une atrophie sénile au crâne.
- Dans le secteur C1 de la tombe QH34aa, on a identifié cinq individus : les nos 7 et 9 (mâles méditerranéens), le n° 6 (mâle adulte négroïde), le n° 8 (femme méditerranéenne sénile), ainsi qu'un enfant négroïde de six ans.
- Dans la tombe QH34bb, on a étudié 49 individus dans l'entrée et la première chambre, 21 dans le puits et 4 dans la chambre principale.
- Dans la tombe QH35n, on a examiné les restes trouvés dans les secteurs T et S, ainsi que dans le puits et les chambres C1, C2 et C3, soit 20 individus au total.
- Dans la QH35o, on a analysé les trois individus figurant dans la partie extérieure de la tombe.

5.10.15. *Études anthracologique et dendrochronologique*

Les bois des cercueils d' (Ii-)Shemai, de Sarenpout II et du cercueil QH34/09/INV628 et 629 ont été analysés d'un point de vue dendrochronologique. D'autre part, nous avons étudié les restes de bois de plusieurs groupes de tombes de Qoubbet el-Haoua (une liste d'exemples est fournie).

5.10.16. *Étude carpologique de la nécropole de Qoubbet el-Haoua*

Un corpus de plantes utilisées dans les offrandes funéraires est proposé, dont la grande majorité (82%) correspond aux fruits suivants : *Hordeum vulgare* (orge) en QH35p ; *Vitis vinifera* (raisins) en QH33 ; *Zyziphus spina-christi* (jujube) dans QH33 et QH35p ; *Phoenix dactylifera* (dattes) dans QH31 et QH34bb ; *Hyphaene thebaica* (fruits de doum) en QH33.

5.10.17. *Étude architecturale*

Nous avons progressé dans l'étude de l'architecture funéraire du Moyen Empire à Qoubbet el-Haoua, notamment dans l'examen des tombes QH32 (première moitié de la XIIe Dynastie) et QH33 (deuxième moitié de la XIIe Dynastie). On a également analysé les systèmes de construction et les facteurs géologiques déterminants.

5.10.18. *Topographie et cartographie de Qoubbet el-Haoua*

La mise à jour de la cartographie et l'obtention de quelques produits photogrammétriques étaient les objectifs de la campagne 2018. Les tâches ont été divisées, d'une part, en un travail de topographie pour obtenir des structures de points avec des coordonnées 3D connues -support géométrique à photogrammétrie-, d'autre part, en des tâches de photogrammétrie afin d'obtenir des photos du terrain à partir de différentes positions, y compris à l'intérieur des tombes (c'est le cas de QH32, QH33, QH34aa, QH34bb, QH35n et QH36). Il en résulte des produits photogrammétriques tels que « Digital Elevation Models », ortho-images, etc. Nous avons égalememnt utilisé la technique Scanner laser terrestre pour les zones dans lesquelles la photogrammétrie ne pouvait être appliquée.

5.10.19. *Projet de numérisation à Qoubbet el-Haoua*

Des objets provenant des tombes QH32, QH33, QH34, QH34aa, QH34bb, QH34cc, QH35n et QH35p ont été scannés.

5.10.20. *Tâches de conservation et de gestion à Qoubbet el-Haoua*

Nous avons réalisé diverses tâches de conservation et de gestion, notamment concernant le tourisme : le nettoyage et l'adaptation des chemins touristiques -cours et entrées des tombes QH31 et QH34n (Herkhouf), zone devant QH122 et QH35n, partie haute des escaliers de la tombe QH34h (Khounes)- ; le placement de panneaux d'informations en anglais et en arabe, avec des dessins de la section et du plan de la tombe, des photographies et des renseignements (QH31) ; l'installation et la peinture de portes métalliques pour la protection ; la pose d'un treillis métallique en QH31 ; la mise en place d'un système de sécurité dans l'escalier montant de QH102 à QH133 ; le nouvel éclairage de la tombe de Sarenpout I (QH36) et, enfin, la fixation de la clôture du couloir incliné de la tombe de Sarenpout II (QH31) pour la sécurité des touristes.

5.10.21. *Tâches de conservation et de préparation de l'exposition au Musée de la Nubie*

Dans l'entrepôt du Ministère des Antiquités à Assouan, ont été réalisés des travaux de préparation des pièces de céramique, d'albâtre, de faïence et de bois qui seront présentées à l'exposition du dixième anniversaire des campagnes de la mission espagnole à Qoubbet el-Haoua, en 2019.

Summary

Qubbet el-Hawa was the main necropolis for the high officials of Elephantine from the Old to the Middle Kingdoms. In the succeeding periods, only lower officials constructed their rock tombs or simply reoccupied the earlier ones. That means that it is a very complex site to analyse, which requires a full understanding of the local history as well as a deep knowledge of the material culture.

One of the elements which makes Elephantine and Qubbet el-Hawa more attractive is their situation between Upper Egypt and Lower Nubia. This region, traditionally known as the First Cataract, was during different periods the political border between Egypt and Nubia. Therefore, the situation in both regions at different times determined the local events and the political role played by both territories. In this sense, Elephantine and its Egyptian officials facilitated the contacts between Egypt and the heterogeneous peoples who lived in the Southern regions, from the Central Nile to the Red Sea hills and most probably the areas connected by the Route of the Oases. They also supplied the royal missions, which frequently arrived at the granite quarries of Aswan. In addition, the sandstone quarries of Gebel es-Silsila were in the same province administrated from Elephantine. Finally, the First Cataract had a remarkable religious significance, since it was considered in palace circles to be the place where the annual flood took place. Thus, the local deities Khnum, Satet and Anuket become popular in the rest of Egypt from the earliest periods of Egyptian history.

The administrative duties of the high officials of Elephantine were quite complex, because they included the daily labours of a province but also those related to the role of a frontier, which included relations with neighbouring populations as well as the control of trade through the Nile Valley, but also the Red Sea hills route. In addition, they had to supply royal missions who wanted to extract the granite or were stationed for a short period before the crossing into Lower Nubia.

In short, the tasks carried out by the officials of Elephantine were decisive at many moments of Egyptian history. Over half a millennium they were buried in Qubbet el-Hawa together with their relatives, officials, court members and assistants. The information unearthed in those tombs is still important for understanding the history of Egypt and its relation with southern regions. The quality and the quantity of the data discovered in Qubbet el-Hawa has been the result of the diverse methods and methodologies practised by its different archeologists. Unfortunately, there were several difficulties which determined the first steps of the research: missing or too-brief descriptions of the material culture published by earlier archaeological missions, archaic archaeological methodology, deficient restoration and conservation works and the absence of a cartography of the site.

In this context, with a magnificent, rich and promising site but also with a deficiency in published material in many aspects, the University of Jaén launched in 2008 its research project in Qubbet el-Hawa with the collaboration of the Supreme Council of Antiquities (today the Ministry of Antiquities). The main aims of the new project were the creation of a multidisciplinary team to continue the archaeological excavations in the hill and the conservation of the tombs and valorisation of the archaeological site of Qubbet el-Hawa, to make it a tool for local development. Concerning the former goal, the main aim of the research is not only to study the material culture, but also to reconstruct the history of the region.

From the Egyptological point of view, the project of the University of Jaén has focused on the Middle Kingdom tombs, which had already been discovered, but only partially excavated. Thus, none of the funerary shafts of the tombs dated during this period were ever cleared or, as in the case of the tomb QH33, excavated. This opened up a great opportunity to contrast the epigraphic information found in the sanctuary of Heqaib in Elephantine with the data from contemporary tombs.

Since 2008, the University of Jaén Project in Qubbet el-Hawa has excavated or is still in the process of excavating the following tombs: Sarenput I (QH36), QH35p, QH32, Sarenput II (QH31), QH33 (Heqaib III and Heqaib-Ankh or Ameny-Seneb), QH34, all of them dated to the Middle Kingdom. Other tombs dated to the same period have been discovered and catalogued: 34aa, 34bb and 34ee. Some from the Old Kingdom or First Intermediate Period have been also excavated (QH35n) or discovered and cleared: QH34cc, QH34dd and QH122.

During ten archaeological seasons (2008–2018) different works have been carried out by a great number of researchers coming from multiple disciplines. Their results have enriched our vision of Qubbet el-Hawa and those who were buried in that cemetery.

The high number of tombs excavated during these years can be classified according to the administrative position of their main occupant. The largest tombs were constructed for the nomarchs and governors of the Twelfth Dynasty. They usually had single burial chambers. The second group is composed of different tombs dating from the end of the Old Kingdom to the Late Middle Kingdom which are much smaller in size compared to the former group.

In general these tombs show multiple burials in the same chamber, although individual burial chambers can be also found.

Research

The full excavation of tomb QH33 showed that it was originally constructed during the Late Twelfth Dynasty (Senwosret III to Amenemhat III). Although it has not been possible to confirm who the original constructor was (Heqaib-ankh or Ameny-Seneb), we discovered the intact chamber of the burial of a governor of Elephantine, Heqaib III. It was found in a secondary burial area composed of a shaft and two burial chambers, one of which, the main one, falls directly under a naos. The burial of Heqaib III was quite simple: a single coffin and the body covered by a well preserved cartonnage. The second burial chamber, partially plundered in antiquity, was occupied by a young woman named Gaut-Anuket.

Also in QH33, two other intact Late Middle Kingdom burial sites were found. One of them was found in a subsidiary chamber carved in the southern lateral of the funerary chapel and containing the remains of an individual named Khema. His burial site was composed of a set of two cedar coffins with inscriptions on their exteriors. Inside his casket a bronze dagger was found. The last burial site belonged to a certain Sarenput, who held the title of "Overseer of *Swnw*." His coffin, which might be dated to the very Late Twelfth Dynasty or early Thirteenth Dynasty, was originally decorated with impressive drawings and texts.

Apart from the Middle Kingdom remains, in QH33 two other periods were detected: the end of the Second Intermediate Period and early Eighteenth Dynasty and the Late Period (sixth–fifth centuries BC). The former phase was composed of the remains of different burial sites plundered in Antiquity. In many cases, these burial sites were of high quality. They were originally accompanied by a great quantity and variety of pottery, which suggests that the sites were originally well-equipped. Only one administrative title, "Scribe of the Nome", has been discovered, which may perhaps confirm that all the people buried at that time in QH33 belonged to the same social level.

The last phase of occupation, the Late Period, was originally composed of a high number of (re)occupants of QH33. From the stratigraphy and the type of coffins, two different phases can be differentiated: The sixth century AD, characterised by burials in wooden coffins, and the fifth century AD, showing wooden and stone coffins. Two intact multiple burial sites dated to the former phase were found in two different spaces in QH33. The first one was found in the funerary chapel in 2008, but not excavated until 2013. It was in a subsidiary (burial?) chamber constructed during the Middle Kingdom, but reoccupied at least during the sixth century AD. Inside, three different burials were found with some funerary goods (pottery and statues of Ptah-Sokar-Osiris). The second multiple burial

site was found in the antechamber of the main burial shaft of QH33, where six different burials were documented. Basically, these burials shared many characteristics with those found in the subsidiary burial chamber, although the presence of double coffins was more common in the latter than in the former. Only one of the coffins found in the antechamber showed the title of the owner: "Supervisor of Sailors", being again the only clear evidence to relate all these burials to a social group. In all the cases (from the Late Middle Kingdom to the Late Period), all the intact burials were decayed by termites to various degrees of destruction.

The most complex funerary structure yet found in Qubbet el-Hawa was documented and excavated in the tomb of Sarenput II (QH31) in 2015. The area, adjacent to the inner sanctuary of the funerary chapel, was preliminarily explored by Wallis Budge, but, as with the rest of the major Middle Kingdom shafts, was not excavated. The funerary area is composed of a descending corridor with a couple of chambers in its east side. The corridor ends in a 7 m shaft, which gives access to Sarenput II's burial chambers but at the same time marks a second burial area. Sarenput II's burial rooms and the northern space, perhaps originally built for Dedet-Khnum (Sarenput's wife), follow basically the same structure: an antechamber and the burial chamber. The main difference is the size of the antechambers. Effectively, Sarenput II's antechamber is characterised by its monumentality. In contrast, the antechamber of the northern chamber was not so large and presented a smaller burial chamber in its west wall.

The archaeological material found in the funerary chambers has been dated to three different periods: the second half of the Twelfth Dynasty, the end of the Second Intermediate Period and the early New Kingdom and Late Period. These three phases mainly coincide with the use and reuse of QH33, which clearly confirms intensive funerary uses of the area of the Twelfth Dynasty tombs in both periods. All the original burials were plundered and destroyed in Antiquity, although it is difficult to know how Budge's partial clearing works affected the original situation of these chambers.

Among the remains of the different funerary goods are highlighted those which belonged to the Twelfth Dynasty ruling family of Elephantine. In the northern burial chambers a fragment of coffin front was found with a Spell of the Coffin Texts dedicated to a woman. In Sarenput II's funerary chamber and antechamber, several fragments of the outer and inner coffins of the nomarch were found. Both were made of cedar wood, the outer just with incised decoration, and the other with incised and polychrome motifs. The fragments of the latter clearly confirm that it has original decoration like that of the first half of the Twelfth Dynasty. The discovery of dozens of wooden figurines and pieces confirmed the existence of daily-life models together with boats, showing that the original burial sites should contain funerary goods as seen in other elite burials of the first half of the Twelfth Dynasty, in contrast to those of QH33, whose intact burials presented a smaller quantity of funerary equipment.

Similarly to the tomb of Sarenput II, QH32 was only cleared in the funerary chapel: the funerary chambers were described by early scholars, but not excavated. It was even used by Elmar Edel as the main store for the pieces found during his excavations. Although the texts found in the tomb are dated to the New Kingdom, the construction of the tomb clearly dates back to the Twelfth Dynasty, ante-dating Sarenput II's funerary complex. One of the major goals for its excavation was to determine who its original constructor was. The excavations began in 2017 and are still in progress. The plan of the funerary chambers differs from what we have seen in the early summarised tombs (QH33 and QH31). The only coincidence is the access to the funerary space, which is from the northern side with respect to the naos. Then it opens into a shaft. In QH32, this is not very deep and then there begins a small descending corridor, which gives access to an antechamber with three burial chambers, perhaps constructed at different times. In the northeast side of the antechamber there is a secondary shaft or pit, which is being excavated in 2019.

Similarly to the cases described above, QH32 presents three different phases of occupation: the Twelfth Dynasty, the New Kingdom and the Late Period. In contrast to QH33 and Sarenput II, the majority of the material found so far dates to the New Kingdom, with the Twelfth Dynasty and the Late Period represented by a small percentage. The small occurrence of the material contemporary to the construction of the tomb might be due to diverse reasons. Perhaps the intense reuse of QH32 during the New Kingdom, which was also complemented with painted decoration of the inner chapel, included an intense cleaning of the Twelfth Dynasty burial sites, which may already have been plundered. What seems clear is that during the Late Period, QH32 was not so intensively occupied as the neighbouring QH33.

As in the preceding case, the funerary complex of Sarenput I (QH36), the nomarch who inaugurated the family who controlled Elephantine during the Twelfth Dynasty, had only been cleared in the cultic spaces. None of the nine shafts had ever been excavated and only two of them seem to have been explored by Grenfell's troops. As in all the cases seen before, the funerary complex of Sarenput I was not recorded archaeologically by the British.

We numbered the shafts from the inner sanctuary to the courtyard. In 2017, we decided to excavate two shafts: Number 7, situated in the southeast corner of the hall of pillars, showed a three-meter-deep shaft full of Late New Kingdom material with an associated burial chamber with remains of three early Middle Kingdom burials, which were burnt after plundering. The most significant find was a group of fragments of a coffin with faience inlays, whose owner was a certain Khnumhotep. Shaft number 9, situated in the northwest corner of the patio, had been (partially) cleared during the twentieth century. Therefore,

the bottom of the four-meter-deep shaft still contained the remains of the offerings, composed of different early Middle Kingdom pottery and a sculpture of a sphinx whose body lay on two fallen enemies (a Nubian and another unidentified enemy). A large burial chamber was found at the bottom of this shaft, but it was completely empty.

In 2018, the archaeological excavation of shaft Number 1 began. This area seems to contain the burial site of Sarenput I, at least. The preliminary results show an early New Kingdom reuse of this zone of the funerary complex for dozens of burials, which were accompanied by a large quantity of pots.

Concerning the smaller tombs, the great majority of those discovered and excavated by the University of Jaén mission are located in the area immediately to the north of QH33. In fact, tomb QH34 was constructed during the Late Twelfth Dynasty or early Thirteenth Dynasty using as its base the non-extracted rock platform situated in the northern side of the QH33 courtyard. Although the interior of the hypogeum was mainly excavated by Grenfell and Edel, the access was never excavated beyond the door of the hypogeum. Thus, in the corridor, apart from the three Late Middle Kingdom burial sites already documented by Edel, three more child burial sites were excavated, probably dating to the Second Intermediate Period. Some funerary goods which belonged to the original occupants of the tombs were found in disturbed contexts. In the interior of the hypogeum a small number of fragments dated to the New Kingdom remains were found. The rest of the chamber, the shaft and the burial chamber and a small space in the northern part had been cleared by previous missions. For the first time since its discovery, the tomb was completely documented.

To the north of QH34, there opens an irregular circular shape in the rock, of 10 m. The area was mainly full of Coptic material dating to the sixth and seventh centuries. This material was the daily rubbish from the monastery as well as some pottery and crystal kilns found in the vicinity.

Under these Coptic strata, the remains were discovered of the inner part of a tomb, which was numbered as QH34aa. It consisted basically of a narrow, nine-meter-deep shaft. The rest of the tomb had been quarried or had collapsed. At the top of the shaft, two prayers in Coptic and in Greek had been written on the southern and northern sides. Below, the shaft was full of severely damaged Late Period funerary equipment. A funerary chamber originally belonging to an earlier pre-existing tomb (numbered QH34dd) was integrated as part of the burial spaces during the Late Middle Kingdom. Among the plundered material dated to different periods, but mainly the Late Period, was discovered part of the upper part of a Middle Kingdom coffin which belonged to a Dedu-Amun.

At the bottom of the shaft of QH34aa a square chamber was found with multiple burials contemporary to QH33. At first sight the majority of the burials seems to have been plundered, but in reality the ten sites were intact, although much decayed by the action of the xylophages. Only one inner coffin was conserved in perfect condition, but without a name. The outer coffin, however, identified the owner as Sattjeni, who may well have been the mother of Heqaib III, buried in QH33, and Ameny-Seneb. The coffin of the scribe Dedutjen(i), son of Dedet-Wosret, was also interesting, being unexpectedly occupied by a young woman. Another coffin which it was possible to identify was that of a certain *shabti*, which mentioned Sarenput, son of Neferethesu. The richer coffin belonged to a child, who was originally interred accompanied with collars with small amulets.

Immediately to the north of what was once QH34dd, another hypogeum (QH34bb) was discovered in which, in this case, only part of the corridor was missing. Originally, the tomb consisted of a rectangular chamber with the main shaft and a subsidiary chamber in the southwest. In the middle of the corridor, another shaft, in this case much smaller, was constructed. In 2017, a complete offering assemblage was discovered in the latter shaft, which was completely excavated in 2018. At the bottom of the shaft, beside a pottery offering set, was found an intact burial chamber sealed with stone labs. The interior of the room contained a single burial in two coffins. The exterior was much decayed by the xylophages, but the inner was almost complete. The inscriptions mentioned a certain Ii-Shemai, son of Satethotep and Shemai (Khema), doubtless Sarenput II's parents. Inside, the mummy of Ii-Shemai was accompanied by a cartonnage mask and a shell amulet showing the name of Senwosret I. To the east of the outer coffin four wooden boat models were oriented south–north. Although all of them were much decayed, two of them showed the transportation of the mummy.

The main burial chamber of QH34bb was looted in antiquity. From the remains discovered it is possible to confirm that at least a couple of individuals occupied the main funerary chamber, situated at the bottom of a shaft larger than Ii-Shemai's. Beside the stone labs, which sealed the burial chamber, a varied offering set was found, which included a complete bucranium. The burial chamber originally contained several limestone fragments, which seem to belong to an anepigraphic stone sarcophagus. If so, it would be the first Middle Kingdom example of this type found in Qubbet el-Hawa.

Four meters to the north of the door of QH34bb, another burial chamber was also discovered in 2017, which was catalogued as QH34ee. The interior evidenced clear marks of ancient plundering, although it seems to date to the Twelfth Dynasty. This burial chamber is expected to be excavated in 2019.

Immediately beside QH34ee, but in a higher location, during the improvement works on the tourist pathway, a Late Old Kingdom tomb was discovered (QH34cc), whose occupation seems to extend into the First Intermediate Period. Different intact burials were discovered in the

funerary chapel together with their funerary equipment, mainly formed of pots. Two burial chambers were discovered and named with letters in the Greek alphabet. The first one (alpha) was occupied by two women buried towards the end of the third millennium. One of them was found in the corridor which leads to the burial chamber and her bones showed multiple small drillings, which led the anthropologists of the team to suggest with a high level of accuracy that this woman had suffered breast cancer. Unfortunately, in order to confirm this diagnosis it will be necessary to undertake DNA analysis, which until the present has been impossible due to lack of permission from the Ministry of Antiquities. The second chamber, cut just below the false door, was plundered in antiquity and reoccupied much later, perhaps during the Late Period. Due to the decayed state of the burials, it was decided not to excavate this funerary chamber but to leave it for future research with better analytical capacity in the field.

In the northeast part of Qubbet el-Hawa, the University of Jaén Project has also concentrated its efforts on improving the touristic pathway, which required the excavation of different tombs (described above), but was not itself excavated. Among these tombs is found QH35n. Apparently it was described by Edel, but the complete excavation of it revealed that the German scholar mistook this tomb for another. The results of the excavations carried out in 2018 have preliminarily revealed that it was constructed during the Late Old Kingdom, but reused either during the end of the Twelfth Dynasty or, more likely, the Thirteenth Dynasty. One of the chambers was found sealed, with a pottery coffin which contained an old woman covered only by a linen shroud. The burial was accompanied with a single pot. The rest of the burials in the tomb were found completely plundered, indicating that there were two reuses of the tomb during the Second Intermediate Period and the New Kingdom. Different fragments of cartonnages were found dated to both periods.

In 2016, during the improvement of the touristic pathway and almost in front of QH35n there was found a fracture in the soil, which was the ceiling of a small burial chamber. It was numbered QH122 and it was constructed in the Late Sixth Dynasty, although the funerary chapel was reoccupied not many years later by the burial of three individuals, interred with no funerary goods. The funerary chapel consisted of a roughly carved room with an undecorated false door made of plaster. At the bottom of the anepigraphic false door there was a square stone, which probably worked as an offering table. Under that slab there opened a carved corridor, which was blocked at the end. Behind it was a single burial accompanied by a small group of large jars dated to the Late Sixth Dynasty or early First Intermediate Period. The body belonged to an elderly man who was buried in a chest, which was completely decayed. Among the remains of the coffin, the remains of a papyrus were found. Its state of conservation was very delicate and it has not been possible to open it without a high risk of total destruction. Examination of some of the fragments has allowed us to confirm that the text was in hieratic, although the nature of the text has not yet been determined.

Another tomb already unearthed at the end of the nineteenth century was the one later labelled QH35p. As is the case for the majority of these tombs, QH35p was not fully excavated as it did not present any decoration or monumentality. Due to its position beside QH36 (Sarenput I) and some constructive features, it seemed very likely – as was later confirmed – that QH35p dated to the Twelfth Dynasty. It basically consists of a long corridor with a vault before the hypogeum. The tomb presents a shallow pit which gave access to two burial chambers in the north and in the south. A structure in the northeast side of the hypogeum was later carved with three burial chambers. The archaeological material found in all the chambers of the hypogeum was scarce due to the action of the ancient plunderers and the nineteenth-century excavators. By contrast, the corridor was found intact, showing multiple burials with a high concentration of pottery. The majority of the burials, all but one, were placed beside the south wall. The burial in the north wall was near the entrance and showed a decorated stela settled on the coffin, which, like the others, was much decayed. The stela was a clear example of work produced in a non-royal workshop of the early Twelfth Dynasty. It mentions the name of a woman named Sattjeni, daughter of Gaut-Anuket, an anthroponym which is common in the female members of the ruling family of Elephantine, although it has not been possible to connect her with the earliest governor of the Twelfth Dynasty.

The number of candidates to be buried in QH35 increased and it was necessary to add three vaulted rooms to the tomb. One of them was found intact, with the funerary equipment consisting of wooden coffins with pottery jars.

In 2015 we decided to see if the monumental tombs extended beyond Sarenput I (QH36) to the north. Therefore, it was decided to excavate a large area where no constructions were discovered. However, up to five burial-pits were discovered, all of them dated to the first half of the Twelfth Dynasty. All of them seem to belong to poor people who may however in certain ways be related to the elite of Elephantine.

Concerning historical research, the resumption of excavations in tombs QH31-QH36 has allowed us to revisit the prosopography of the governors of Elephantine during the Twelfth Dynasty. From the earlier data, together with the new discovered material, we have developed a new approach to the genealogy and history of the ruling family of the southernmost nome in Upper Egypt. We have analysed the composition of this group and we have studied the origin and the political and ideological legitimation of the power of this group of governors (onomastic, monumental constructions and the funerary cult of ancestors) as well as the non-standard mechanism of its transmission (the role of women in the dynastic crisis and the provincial "co-regencies").

All the data seem to show that all the governors of Elephantine during the Twelfth Dynasty and the early decades of the Thirteenth Dynasty belonged to a single family founded by Sarenput I. After the short rule of his eldest son, Heqaib I, the male line disappeared and the dynastic rights passed to Sarenput I's eldest daughter, Satethotep. During this dynastic crisis the palace sent two interim officials to Elephantine with epithets and court titles with a certain importance: Ameny, at the end of the Senwosret I's reign, and Ipi, during the early years of that of Amenmhat II. Doubtless, the king sent those officials to supervise the local rule of the southernmost nome of Upper Egypt during the minority of Khema, Sarenput I's nephew. Khema married Satethotep, Sarenput I's daughter, and after the birth of Sarenput II the dynastic line was restored.

The discovery of a short hieratic inscription on a piece of ceramic in the south shaft in QH33, which mentions Sattjeni as a daughter of the governor (*s3t ḥ3tj-ꜥ*), gave us the clue to connecting as a single family the two groups of governors of Elephantine, from Sarenput I to Khakaure-Seneb. After the death of Ankhu, the son of Sarenput II, the male line disappeared and the dynastic rights passed to his eldest daughter, Gaut-Anuket. Her marriage with Heqaib II produced a male heir, the governor Heqaib-ankh. A later marriage of Heqaib II with her sister Sattejni V produced two children, Heqaib III and Ameny-Seneb, who succeeded to the governorship after Heqaib-ankh's death. It seems likely that Sattjeni married again during these years, but with an official named Deduamun, who might have been the father of Sarenput (QH34β), Amenmhat and Khema (QH33, C19). The end of this second marriage was to increase the number of offspring, which would help to prevent future dynastic crises. The solution of both crises shows the important role of the women in the continuity of the ruling lineage of Elephantine.

Other recently discovered secondary members of the ruling family of Elephantine are Khnumhotep (QH36), "Chief of the Altars", Shemai (QH34bb), "Overseer of the Magazine", Sarenput II's brother, Dedutjen(i), son of Dedet-Wosret, whose coffin was used by a young woman in QH34aa, Sarenput (QH34aa), son of Neferet-hesu and likely a governor who ruled in the times of Amenemhat III, and finally Sattjeni A (QH34aa).

Therefore, the main historical conclusions about the ruling family of Elephantine may be summarised as follows:

First, from the study of the remains of the ruling family of Elephantine (around thirty individuals), we obtained information about the composition, the population groups and the branches of the family. Thus, the percentage of negroid individuals belonging to the elite of the Twelfth Dynasty coincides with the usual rates in the province (7–10%). In other respects, there is a genealogical continuity in the family founded by Sarenput I. In this sense, we must stress that they were a single family, with two branches: the first one would include the governors from Sarenput I to Ankhu; the second one would comprise the governors from Heqaib II to Khakaure-Seneb. In addition, there is another close family relation to the rulers of Elephantine represented by the consort Heqaib II.

Our interpretation of the sources suggests that the ruling family of Elephantine had two dynastic crises, the first one after Heqaib I's death and the second one after Ankhu's death. Apart from the governors of Sarenput I's dynasty there were at least two governors who were not direct members of the family, Ameny and Ipi, who probably acted as temporary governors, and perhaps Khnumhotep, who ruled in the first third of the Thirteenth Dynasty. In addition, Khema and Heqaib II attained the position of consort governors after their marriage to governors' daughters.

Secondly, the king directly nominated the governors of Elephantine during the first half of the Twelfth Dynasty, which shows his authority over the whole territory. Simultaneously, the monarch maintained a close relationship with the provincial ruling families, as in the case of Elephantine, which was set up by Senwosret I. This circumstance makes manifest a political balance between the monarchy and provincial nobility during the first half of the Twelfth Dynasty.

Sarenput I, educated in the royal palace, inaugurated a dynasty by claiming his divine origin as the son of the divinised governor of the Late Old Kingdom Heqaib. Afterwards, the king, in the course of the two local dynastic crises after the extinction of the male line, appointed two temporary governors (Ameny and Ipi) and two consort governors (Khema and Heqaib II).

Thirdly, although the governors' appointment came directly from the king, the local community also provided him with prosperity and authority as well as a part of the political legitimation of his power. In Elephantine, the power of the governors during the first half of the Twelfth Dynasty had a double legitimation from the political balance between the monarchy and the provincial nobility.

1. A local legitimation: an onomastic use of the divine ancestor in the eldest sons of the ruling family (Sarenput I and II, Sarenput son of Sattjeni and Sarenput son of Neferet-hesu; Heqaib I and III, Heqaib […]d […] (?), and Heqaib-ankh); the construction of *ka* chapels in the funerary temple of Heqaib in Elephantine (Sarenput I, Khema, Sarenput II, Heqaib II, Ameny-Seneb and Khakaure-Seneb); the construction of monumental funerary complexes in the necropolis of Qubbet el-Hawa (Sarenput I – QH36, Khema – QH32, Sarenput II –QH31, Heqaib II – QH30, Heqaib III – QH33, and Heqaib-ankh or Ameny-Seneb – QH33). Apart from the onomastic *ka* chapels and tombs, at the local level the cult of the ancestors set up by Sarenput I worked as another form of legitimation of the governors' power and authority. In this sense, the founder of the family built a *ka* chapel in Elephantine to his father,

Hapi. In addition, Sarenput I refurnished the chapel of the god Heqaib and built a new statue. Finally, he erected his own *ka* chapel showing the names of his ancestors back four generations. This cult to the ancestors was continued by his grandson Sarenput II, who built a *ka* chapel with a statue dedicated to his father, Khema. In addition, Sarenput II's grandson Ameny-Seneb dedicated statues and offering tables to his father Heqaib II and his step-brother Heqaib-ankh and his brother Heqaib III. Therefore, the cult of the ancestors normalised the lineage after the dynastic crisis, maintained the "divine" character of the family and reinforced the social ties with the community. On the other hand, the temporary governors Ameny and Ipi did not erect their own *ka* chapels in the sanctuary of Heqaib nor their funerary complexes in Qubbet el-Hawa, perhaps because of their indirect connections with the ruling family of Elephantine. In contrast, they dedicated their statues in the sanctuary, which related them to divine ancestors and the local gods. Similarly, the funerary complex of Sarenput I was originally constructed in the vicinity of the divinised ancestor Heqaib (QH35d). Afterwards, due probably to a lack of space for the dynastic cemetery, the funerary zone moved to the southeast of the necropolis, where there is a large unused space. This new area was sub-divided into two different zones, one for the governors (QH32, QH31, QH30 and QH33) in the south, and the other for the secondary members of the family (QH34 to QH34ee), in the north.

2. A national legitimation, the royal appointment. The epithets are granted by the king as moral favours to legitimise the appointment and support the succession in Sarenput I's family, especially in the case of Ameny and Ipi. After the administrative reforms carried out by Senwosret III, who displaced the administrative centre to Thebes and established the southern frontier at Semna, the local legitimation disappeared, keeping only the national legitimation of their power: first, the names of the successors of the divinized ancestor – Sarenput, Heqaib – disappeared from the names of the governors, being substituted by basiliphorus names – Ameny-Seneb and Khakaure-Seneb; second, the monumental tombs constructed in Qubbet el-Hawa cease after QH33, built by Heqaib-ankh or Ameny-Seneb; third, the title of nomarch in Elephantine disappeared after Sarenput II.

The first nome of Upper Egypt lost administrative importance, coinciding with the creation of new larger and smaller territorial units (*wrt*, in this case "the Head of the South", and *njwt*, the towns and their districts, in this case Elephantine).

Apart from the names of the female members of the ruling family of Elephantine, which related to the local divinities (Sattjeni, Satethotep, Dedet-Khnum and Gaut-Anuket), after Senwosret III's reform new female names appeared, such as Senet-Ankhu, Dedet-Wosret, Neferet-hesu and Senet-Seneb.

The political balance between the monarchy and the provincial hereditary nobility definitively broke in favour of the royal institution after the political and administrative centralisation by Senwosret III, and the provincial nobility of the First Upper Egyptian nome was integrated into the royal court nobility (Franke, 1991). Therefore, from Heqaib II to the Thirteenth Dynasty the governors of Elephantine lost a part of their political power, basing their power in the traditional administrative titles: *ḥ3tj-ꜥ* "Governor" and *jmj-r3 ḥmw-nṯr* "Overseer of the Priests". Despite this loss of political power, the ruling family remained as a local economic elite, as the construction of larger and larger *k3*-chapels by Ameny-Seneb and Khakaure-Seneb shows in the sanctuary of Heqaib in Elephantine. It seems very likely that both governors were buried in the royal necropolis, as happened with Khnumhotep of Beni Hasan, which would demonstrate a change in the funerary practices of the ruling family (Lloyd, 1992).

Fourth, as a consequence of a problematic male succession, the provincial dynastic legitimacy rested on the eldest daughters of the governor, particularly Sarenput I's daughter (Satethotep) and Sarenput II's daughter Gaut-Anuket, followed by Sattjeni "The Daughter of *ḥ3tj-ꜥ*". Both women inherited, maintained and transmitted the power of the provincial dynasty after the deaths of Heqaib I and Ankhu.

Finally, it is possible to see an echo of the royal ideology in the "co-regencies" of the nomarchs and governors of Elephantine with the eldest sons, which help to assure and transmit the power through the male line, especially in a provincial dynasty recently established at the beginning of the Middle Kingdom, and after the two crises. This is the case of the "co-regency" of Sarenput II and Ankhu as well as of Ameny-Seneb and Khakaure-Seneb; the "co-regency" of Sarenput I with his eldest son Heqaib I should correspond to a direct emulation of the mechanism established by Amenemhat I and Senwosret I. In all these cases (with the exception of Ankhu), the governors and their eldest sons were always represented alive, in the same context and with the same administrative titles of "Governor" and "Overseer of the Priests". This proves that they shared the local power during a temporary period and after the royal sanction.

Conservation

The second goal of the Qubbet el-Hawa project was the conservation of the archaeological site.

The initial research of the Spanish mission focused on the design of the first cartography of the site as well as the creation of a geological stratigraphy in order to evaluate the risks of the whole necropolis. Therefore, a basic topographic survey was performed in 2008. The following year, the cartography was improved with great precision, including some of the tombs discovered by Lady Cecil at the beginning of the twentieth century. This cartography was essential for the spatial, archaeological and geological analyses, as well as for the conservation and valorisation of the site. In 2017, the cartography of the hill was updated with photogrammetric techniques.

The cartography created in the earliest years of the project was used by the geologists to carry out a geo-mechanic study of the hill in order to determine the stability of the monuments. This analysis has permitted the design of the strategies of conservation in those areas with risk of collapse. In this sense, the tomb of Khunes (QH34h) was the first objective between 2009 and 2010. This tomb was constructed in the place where the geological fissures coincide with the slope of the hill, provoking the fall of part of the original façade. The ceiling of the tomb is completely fractured, threatening collapse. In 2009, different mortars were tested for consolidating the pillars and the severely damaged ceiling. This intervention was continued in 2010 as well as 2011 and in the fall of 2012 the tomb of Khunes was partially consolidated. In 2013 and 2014 the tests were continued.

In addition, various analyses of the stability and the conservation of the tombs of Qubbet el-Hawa (2012, 2015, 2016 and 2017) were carried out, as well as an architectonic study of the necropolis (2012 and 2017).

Local development

Finally, the third goal of the project was the valorisation of the site. Basically, the scientific works of the present mission must have an impact on the improvement of the living conditions of the local population. To this end, the present project has designed various strategies to improve the presentation of the site, making it more attractive for visitors, contributing to the enrichment of a region where the economy depends on small agricultural properties, together with immigration to the Gulf countries. With all of this in mind, we have developed some urgent measures:

1. As mentioned above, we have prepared a complete cartography of the site (2008, 2009 and updated in 2017), which is the basic tool for designing tourist itineraries.
2. Together with the collaboration of the Ministry of Antiquities (then Supreme Council of Antiquities), a new reception building for visitors was constructed in 2009, which was inaugurated on 12 October 2010. In addition, the tourist police and the Ministry of Antiquities Inspector of the site have their own offices where they can work.
3. Since 2013, a number of young inspectors and restorers from the Ministry of Antiquities have been trained in different techniques related to their specialties.
4. Since 2011/2012, various conferences and exhibitions on the conservation of the heritage have been carried out in diverse spheres in the local area.
5. In 2015 and 2017 we began to digitise by means of 3D scans the most prominent archaeological objects found by the mission, such as the remains of the burial of the governor Heqaib III.

6. Finally, since 2010 we have been proposing an archaeological site management project to the Ministry of Antiquities, which is a report on the monumental resources of the site according to the Ministry of Antiquities' policy.

Bibliographie

Liste des abréviations

ASAE : *Annales du Service des Antiquités de l'Égypte*

BAEDE : *Boletín de la Asociación Española de Egiptología*

BASP : *Bulletin of the American Society of Papyrology*

BIFAO : *Bulletin de l'Institut Français d'Archéologie Orientale*

CCO : *Collectanea Christiana Orientalia*

Cd'É : *Chronique d'Égypte*

EAO : *Égypte, Afrique et Orient*

ECA : *Eastern Christian Art*

GM : *Göttinger Miszellen*

JEA : *Journal of Egyptian Archaeology*

JEOL : *Jaarbericht Ex Oriente Lux*

MDAIK : *Mitteilungen des Deutschen Archäologischen Instituts, Abteilung Kairo*

PSBA : *Proceedings of the Society of Biblical Archaeology*

Rd'É : *Revue d'Égiptologie*

RecTrav : *Recueil des travaux relatifs à la philologie et l'archéologie égyptiennes et assyriennes*

SAK : *Studien zur Altägyptischen Kultur*

ZÄS : *Zeitschrift für Ägyptische Sprache und Altertumskunde*

ABDIN, M.A., 2013 : "The monastery of Qubbet el-Hawa", in D. Raue *et al.* (eds.), *The First Cataract on the Nile. One region – diverse perspectives*, Berlin-Boston, 1-3.

ALARCÓN-ROBLEDO, S. – GARCÍA-GONZÁLEZ, L. M. : "Tomb Qubbet el-Hawa 35p : An Architectural Approach", in *Current Research in Egyptology 2018*, Prague, June 2018 (sous presse).

ALBA GÓMEZ, J.M. : "Informe preliminar de las cerámicas halladas en la cámara de enterramiento de Sarenput II en Qubbet el-Hawa", *Cahiers de la Céramique Égyptienne* (sous presse).

ALBA GÓMEZ, J.M. – MORALES RONDÁN, A. : "The outer and inner coffins of Sarenput II", *Proceedings Second Vatican Coffin Conference. Edizioni Musei Vaticani* (sous presse).

ALBA-GÓMEZ, J. M. et TOOLEY, 2018: "Finds from the Tomb of Sarenput II (QH31) in 2015: An Unusual Limestone Head", in L. Hudáková *et al.* (eds.): *Artfacts and Artefacts. Vizualising the Material World in Middle Kingdom Egypt*, London, 1-13.

AL-KHAFIF, G., 2016 : *Ancient Egyptian Diet Reconstruction. The Elemental Analysis of Qubbet el Hawa Cemetery Bones*, Saarbrücken.

AL-KHOURY, M., 2005 : "Gharbi Aswan : A research for the conservation of the mural paintings", in M. Al-Khoury – G.C. Infranca – R. Salti, 2005 : *Archaeology and conservation in the Middle East*, ISAD, Roma, 188-199.

ANGUITA ORDÓÑEZ, J. M., 2008 : in *Report of the Project "Qubbet el-Hawa : Cleaning, Documentation and Future Musealisation of n° 33 (2008)"*, A. Jiménez-Serrano (UJA, Spain) – M. el-Bialy (SCA, Egypt) (Inédit).

AYORA-CAÑADA, M. J., DOMÍNGUEZ-VIDAL, A., DE LA TORRE ROBLES, Y., 2015 : *"On site spectroscopic investigation of pigments in archaeological Egyptian funerary artifacts at Qubbet el-Hawa necrópolis (Aswan)"* in 8th International Conference on Advanced Vibrational Spectroscopy. Vienna, Austria (sous presse).

BARBA COLMENERO, V. *et al.*, 2017 : "Cerámica bizantina del monasterio copto de Qubbet el-Hawa en Asuán, primer análisis arqueológico", *Bulletin de liason de la Céramique Égyptienne* n° 27 : 83-133.

BARBA COLMENERO, V. : "El taller cerámico de época bizantina del monasterio de Qubbet el-Hawa en Asuán (Egipto)", *Actas del Congreso Internacional sobre Cerámicas Altomedievales celebrado en 2016, Zamora* (en prensa).

BARDONOVA, M. – BARBA COLMENERO, V. : ""I never deprived any man of his belongings". Late Old Kingdom-First Intermediate Period intrusive burials at Qubbet el-Hawa necropolis"", in *Old Kingdom Art and Archaeology (Milan, July 2017)* (sous presse).

BARDONOVA, M. *et al.*, "An intact late Sixth Dynasty tomb from Qubbet el-Hawa", in *Old Kingdom Art and Archaeology (Milan, July 2017)* (sous presse).

BELZONI, G. B., 1820 : *Narrative of the Operations and Recent Discoveries within the Pyramids, Temples, Tombs, and Excavations, in Egypt and Nubia*, London.

BISSING, F.W. VON, 1915 : "Les Tombeaux d'Assouan", *ASAE* 15, 1-14.

BOMMAS, M., 2016 : « Qubbet el-Hawa, 2016 », *JEA* 102, 1-35.

— 2017 : « Displaying social mobility during the reign of Snwosret I », *Egyptian Archaeology* 51, 26-29.

BOURIANT, U., 1888 : "Les tombeaux d'Assouan", *RecTrav* 10, 189-198.

BÖWE, CH., 2004 : "Vergleichende Datierung der Objekte der Kirche des Isi in Edfu anhand der Objekte der Kirche des Heqaib auf Elephantine", *GM* 203, 11-27.

BRÖCKELMANN, D., 2006 : "Die "Schiffsfahrten" im Grab Sarenputs I. auf der Qubbet el-Hawa : ein früher Hinweis auf Prozessionsfeste der Anuket ? », *GM* 209, 7-31.

BUDGE, E.A.W., 1886-1887 : "Description of the tombs of Mechu, Ben and Se-Renpu, discovered by Major-Gen. Sir F. Grenfell", *PSBA* 9, 78-82.

— 1987-1888 : "Excavations made at Aswân by Mayor-General Sir F. Grenfell during the years 1885 and 1886", *PSBA* 10, 4-40.

— 1920 : *By the Nile and Tigris*, vol. I, London.

BURCKHARDT, J.L., 1819 : *Travels in Nubia*. London.

CARDELL, C., 2008 : "Examen visual y estado de conservación de la decoración arquitectónica interna de la tumba QH33 de Qubbet el-Hawa (campaña 2008) », *BAEDE* 18, 7-19.

CARTER, H. – LEGRAIN, G., 1905 : "Report on the work done in Upper Egypt (1903-1904)", *ASAE* VI, 112-129.

CECIL, Lady W., 1903 : "Report on the work done at Aswân", *ASAE* 4, 51-73.

— 1905 : "Report on the work done at Aswân", *ASAE* 6, 271-283.

CHIOFFI, M. – RIGAMONTI, G., 2013 : *Qubbet el-Hawa. L'inedita tomba rupestre di Ishemai*, Imola.

CLÈRE, J.-J., 1970 : "Notes sur l'inscription biographique de Sarenpout Ier à Assouan", *Rd'E* 22, 41-49.

COQUIN, R.-G. – MARTIN, M., 1991 : « Dayr Qubbat al-Hawa : History », in S. A. Atiya (ed.), *The Coptic Encyclopedia* III, New York, 850-851.

COULL, L.S.B. MAC, 1990 : "Christianity at Syene / Elephantine / Philae", *BASP* 27, 151-162.

DAWSON W.R. – UPHILL, E.P., 2012 : *Who was who in Egyptology*, fourth revised edition by M. L. Bierbrier, London.

DEKKER, R., 2008 : "'New' Discoveries at Dayr Qubbat al-Hawa, Aswan : Architecture, Wall Paintings and Dates", *ECA* 5, 19-36.

— 2013 : "An Updated Plan of the Church at Dayr Qubbat al-Hawa", in G. Gabra – H.N. Takla, *Christianity and Monasticism in Aswan and Nubia*, Cairo-New York, American University in Cairo Press, 117-135.

DE LA TORRE ROBLES, Y., 2012 : "Sarcófagos y ataúdes de Qubbet el-Hawa", in L. M. De Araujo – J. Das Candeias Sales (eds.), *Novos Trabalhos de Egiptologia Ibérica : IV Congresso Ibérico de Egiptologia*, Lisboa, I, 569-578.

— 2013 : "Tabla de madera policromada con figura femenina arrodillada en actitud oferente. Pieza Nº inv. 372 (QH33)", *Mastaba, Revista de la Fundación Qubbet el-Hawa*, 21-23.

-2017 : "Evidencias de reocupación en la tumba 33 de Qubbet el-Hawa", in Burgos Bernal, Laura – Antonio Pérez Largacha – Inmaculada Vivas Sainz (eds), *Actas V Congreso Ibérico de Egiptología : Cuenca 9-12 de marzo 2015*, Cuenca, Universidad Castilla-La Mancha, 1045-1057.

— "Late Period Coffins from Qubbet el-Hawa tomb 33", in *Ancient Egyptian Coffin Conference 2016*, Cambridge, United Kingdom (sous presse).

DÍEZ BEDMAR, M.C., 2010 : "Propuesta de estudio, análisis e intervención para la puesta en valor y muscalización del yacimiento Qubbet el-Hawa / Management of the Archaeological Site of Qubbet el-Hawa", in *Report Of the Proyect "Cleaning and Conservation of tombs nº 33, 34 and 34h of Qubbet el-Hawa (Aswan), Third season (2010)*, A. Jiménez-Serrano (UJA, Spain) (Inédit).

DIJKSTRA, J.H.F., 2008 : *Philae and the End of Ancient Egyptian Religion. A Regional Study of Religious Transformation (298-624 C.E.)*, Leuven-Paris-Dudley (Mass.).

DORN, A, 2000 : *Die Funde aus dem älteren Hegaibheiligtum auf Elephantine* (unveröff. Lizensiatsarbeit, Universität Basel).

— 2005 : « Les objets d'un dépôt de sanctuaire à Éléphantine et leur utilisation rituelle », in L. Pantalacci – C. Berger-el-Nagger (eds.), *Des Néferkarê aux Montouhotep*, Lyon, 129-143.

DOXEY, D., 1998 : *Egyptian non-royal epithets in the Middle Kingdom. A social and historical analysis*, Leiden.

-2009 : "The nomarch as ruler : provincial necropoleis of the Old and Middle Kingdoms", in R. Gundlach – J.H. Taylor (éds.), *Egyptian Royal Residences*, 4. Symposium zur ägyptischen Königsideologie / 4th. Symposium on Egyptian Royal Ideology, London, 1-11.

DREYER, G., 1986 : *Der Tempel der Satet. Die Funde der Frühzeit und des Alten Reiches*, Mainz am Rhein (Elephantine VIII).

EDEL, E., 1967 :*Die Felsengräber der Qubbet el Hawa bei Assuan. II. Abteilung : Die althieratischen Topfaufschriften. 1. Band : Die Topfaufschriften aus den Grabungsjahren 1960, 1961, 1962, 1963 und 1965. 1. Teil : Zeichnungen und hieroglyphische Umschriften*, Wiesbaden.

— 1970 : *Die Felsengräber der Qubbet el Hawa bei Assuan. II. Abteilung : Die althieratischen Topfaufschriften. 1. Band : Die Topfaufschriften aus den Grabungsjahren 1960, 1961, 1962, 1963 und 1965. 2. Teil : Text (Fortsetzung)*, Wiesbaden.

— 1971 : *Beiträge zu den Inschriften des Mittleren Reiches in den Gräbern der Qubbet el Hawa*, Berlin.

— 1971 : *Die Felsengräber der Qubbet el Hawa bei Assuan, II. Abteilung : Die althieratischen Topfaufschriften. 2. Band : Die Topfaufschriften aus den Grabungsjahren 1968, 1969 und 1970. 1. Teil : Zeichnungen und hieroglyphischen Umschriften*, Wiesbaden.

— 1975 : *Die Felsgräbernekropole der Qubbet el Hawa bei Assuan, II. Abteilung : Die althieratischen Topfaufschriften aus den Grabungsjaren 1972 und 1973*, Opladen.

— 1980 : *Die Felsgräbernekropole der Qubbet el Hawa bei Assuan. II. Abteilung : Die althieratischen Topfaufschriften. Paläographie der althieratischen Gefässaufschriften aus den Grabungsjahren 1960 bis 1973*, Opladen.

— 2008 : *Die Felsgräbernekropole der Qubbet el-Hawa bei Assuan. I. Abteilung : Architektur, Darstellungen, Texte, archäologischer Befund und Funde der Gräber [QH 24 – QH 209]*, 3 vols., Paderborn.

EL-DIN, M., 1994 : "Discovery of a Tomb of the Late Old Kingdom below the Rock Tombs of Qubbet el-Hawa, Aswân", *MDAIK* 50, 31-34.

FAVRY, N., 2003 : „La double version de la biographie de Sarenpout Ier à Qoubbet el-Haoua", *BIFAO* 103, 219-234.

— 2004 : *Le nomarque sous le règne de Sésostris Ier*, Paris, Presses de l'Université de Paris-Sorbonne.

— 2005 : „Les nomarques au début de la XIIe dynastie", *EAO* 37, 15-24.

— 2009 : *Sésostris Ier et le début de la XIIe dynastie*, Paris.

FRANKE, D., 1984 : *Personendaten aus den Mittleren Reich, 20-16. Jahrhundert v. Chr. Dossiers 1-796*, Wiesbaden, Harrassowitz.

— 1989 : „Anchu, der Gefolgsmann des Pinzen (Grabrelief Boston MFA 1971.403), in : H. Altenmüller (ed.) *Miscellanea Aegyptologica. Wolfgang Helck zum 75. Geburtstag*, Hamburg, 67-87.

— 1991 : „The career of Khnumhotep III of Beni Hasan and the so-called "decline of the nomarchs"", in S. Quirke (ed.), *Middle Kingdom studies*, New Malden, 51-67.

— 1993 : „Der Fundort der Statue Amenemhets III. Auf der Qubbet el-Hawa, oder : Wer fand mit wem wannwas wo ?, *GM* 134, 35-40.

— 1994 : *Das Heiligtum des Heqaib auf Elephantine. Geschichte eines Provinzheiligtums im Mittleren Reich,*Heidelberg.

GABRA, G., 2004 : ""New" Discoveries of Coptic Monuments : Problems of their preservation and publication", in M. Immerzeel – J. Van Der Vliet (eds.), *Coptic studies on the Threshold of a New Millenium*, II, Leuven, 1074-1075.

GARCÍA GONZALEZ, L. M., 2011 : *Sarenput I. Estudio histórico de un nomarca de Ta-Seti a principios de la Dinastía XII*, Unpublished MA Thesis, Universidad de Jaén, Jaén.

— 2012 : "Sarenput I, nomarca de Elefantina durante el Reino Medio", in L. M. De Araujo – J. Das Candeias Sales (eds.), *Novos Trabalhos de Egiptologia Ibérica : IV Congresso Ibérico de Egiptologia*, Lisboa, I, 469-484.

— 2017 : "Dos casos de 'hombres nuevos' y el inicio de nuevas dinastías de nomarcas a principios de la dinastía XII : similitudes entre Sarenput I y Jnumhotep I", in L. Burgos Bernal *et al.* (eds.), *Actas V Congreso Ibérico de Egiptología : Cuenca 9-12 de marzo 2015*, Cuenca, Universidad Castilla-La Mancha, 397-408.

— "The burial in Qubbet el-Hawa of a woman named Sat-Tjeni", in Jiménez-Serrano, A. – Morales-Rondán, A. (eds.), *Palace Culture and its Echoes in the Provinces of the Middle Kingdom of Egypt*, Brill (sous presse).

GARCÍA-GONZALEZ, L. M. and JIMÉNEZ-SERRANO, A. 2018, "Burial Customs of the Elite of Elephantine in the Second Half of the Twelfth Dynasty", in L. Hudáková *et al.* (eds.) *Art-facts and Artefacts. Visualizing the Material Wolrd in Middle Kingdom Egypt*, London.

GARCÍA GONZALEZ, L. M. *et al.,* "Egyptian non-elite burials in a Middle Kingdom outdoor cemetery : the case of the Northern area in Qubbet el-Hawa", in *Mitteilungen des Deutschen Archäologischen Instituts Abteilung Kairo (MDAIK)* (sous presse).

GARDINER, A., 1908 : „Les inscriptions de Sirenpowet I, prince of Elephantine", *ZÄS* 45, 123-142 et pl. 6-8.

GÖDE, B. – BENDERITTER, T., 2005 : „Das Gräb von Sa-renput II. in der Qubbet el Hawa", *Kemet* 14, 3, 26-28.

GRAJETZKI, W., 2004 : *Burial customs in Ancient Egypt*, London.

— 2006 : *The Middle Kingdom of Ancient Egypt. History, Archaeology and Society*, London.

— 2007 : *Life and afterlife in Ancient Egypt during the Middle Kingdom and Second Intermediate Period*.

— 2009 : *Court officials of the Egyptian Middle Kingdom*, London.

GRAJETZKI, W. – STEFANOVIC, D., 2012 : *Dossiers of ancient Egyptians. The Middle Kingdom and Second Intermediate Period. Addition to Franke's 'Personendaten'*, London.

GRAN-AYMERICH, E., 1998 : *Naissance de l'archéologie moderne : 1798-1945*, Paris.

— 2001, *Dictionnaire biographique d'archéologie 1798-1945*, Paris.

GRECA, R., 2005 : "Proposal for a Conservative Intervention", in M. Al-Khoury-G. Infranca, *Final report of the archaeological study and conservation at the site of Gharbi Assuan. By the Italian Mission of I.S.A.D., 19th November – 1st December 2005, and Proposal for the Archaeological and Restoration research activities (2006-2010)* (Inédit).

GROSSMANN, P., 1985 : "Ein neuer Achtstützenbau im Raum von Assuan in Oberägypten", in P. Posener-Kriéger (ed.), *Mélanges Gamal el-Din Mokhtar*, Le Caire, I, 339-348.

— 1991 : « Dayr Qubbat al-Hawa : Monuments », in S.A. Atiya (ed.), *The Coptic Encyclopedia* III, New York, 1991, 851-852.

GUNDLACH, R., 1961, "Zur Rolle Sarenputs I., Gaufürsten von Elefantine, als königlichem Beauftragten für nubische Erzeugnisse", *ZÄS* 86, 32-38.

HABACHI, L., 1981 : *Sixteen Studies on Lower Nubia.* Cairo.

— 1985 : *The Sanctuary of Heqaib. With Contributions by Gerhard Haeny and Friedrich Junge*, 2 vols., Mainz am Rhein (Elephantine IV).

HELLINCKX, B. R., 2014 : "Results of the Bonn Mission to the rock-necropolis of Qubbet el-Hawa, 1959-1984", *Cd'É* 89 (178), 269-290.

HÖVELER-MÜLLER, M., 2006 : *Funde aus dem Grab 88 der Qubbet el Hawa bei Aswan*, Wiesbaden.

JACKSON, R.B., 2002 : *At Empire's edge. Exploring Rome's Egyptian frontier*, New Haven, Yale University Press.

JARITZ, H., 1980 : *Die Terrassen vor den Tempeln des Chnum und der Satet*, Mainz am Rhein (Elephantine III).

JENKINS, M.R., 2000 : „Notes on the Tomb of Setka at Qubbet el-Hawa, Aswan", *The Bulletin of the Australian Center for Egyptology* 11, 67-81.

JENNINGS, A.M., 1995 : *The Nubians of Western Aswan. Village Women in the Midst of Change*, Boulder-London.

JIMÉNEZ-SERRANO, A., 2009 : « Proyecto Qubbet el-Hawa : la tumba n° 33 », in M.C. Pérez Díe – W. Al-Sadiik (eds.), *120 años de arqueología española en Egipto*, Ministerio de Cultura, Madrid, 140-145, 362-364.

— 2011 : "Das Projekt der Universidad de Jaén auf der Qubbet el-Hawa : neue Ansätze zum Totenkult im Alten Ägypten / The Universidad de Jaén Project in Qubbet el-Hawa : New Approaches to the Egyptian Funerary past", in L. D. MORENZ et al. (eds.), *Zwischen den Welten.Grabfunde von Ägyptens Südgrenze / Between Worlds. Finds from tombs on Egypt's Southern border*, Rahden, 182-205.

— 2012 : "Proyecto Qubbet el-Hawa : la tumba n° 33, Las tres primeras campañas (2008-2010)", in L. M. De Araujo – J. Das Candeias Sales (eds.), *Novos Trabalhos de Egiptologia Ibérica.IV Congreso Ibérico de Egiptologia*, Lisboa I, 555-567.

— 2012 : "Projet Qubbet el-Hawa", *Pharaon* 10, 14-18.

— 2012 : « Los nobles de la VI Dinastia enterrados en Qubbet el-Hawa », in A. Agud et al. (eds.), *Séptimo centenario de los estudios orientales en Salamanca*, Universidad de Salamanca, 2012, 29-37.

— 2013 : "Different individuals named Khunes in the Cataract region", *ZÄS* 140, 13-23.

— 2015a : "The exceptional case of a lady's tomb in Qubbet el-Hawa at the end of the Old Kingdom", in A. Jiménez-Serrano – C. von Pilgrim (eds.), *From the Delta to the Cataract. Studies dedicated to Mohamed el-Bialy*, Leiden-Boston, 78-87.

— 2015b : "A unique funerary complex in Qubbet el-Hawa for two governors of the Late Twelfth Dynasty", in G. Miniaci – W. Grajetzki (eds.), *The World of the Middle Kingdom Egypt (2000-1550 B.C.). Contributions on archaeology, art, religion, and written sources*, Middle Kingdom Studies, vol. I, London, 169-175.

— 2015c : "Middle Kingdom Funerary Statues of Governors in Qubbet el-Hawa", in N. Castellano et al. (eds.), *Ex Aegypto lux et sapientia. Homenatge al profesor Josep Padró Parcerissa*, Barcelona, 321-333.

— 2017 : Una visión panorámica sobre los resultados del Proyecto Qubbet el-Hawa : 2008-2015", in L. Burgos Bernal et al. (eds.), *Actas V Congreso Ibérico de Egiptología : Cuenca 9-12 de marzo 2015*, Cuenca, Universidad de Castilla-La Mancha, 539-550.

— 2017 : "New Light on the Funerary Complexes of the Governors of Elephantine during the 12th Dynasty", *Nile Magazine* 10, 54-55.

— "Some Notes on Harkhuf's career", in *Old Kingdom Art and Archaeology (Milan, July 2017)* (sous presse).

— "The Construction of the Administration in Elephantine during the Third Millennium", in *Generous Patron, Loyal Clients*, edited by M. Bardonova and V. Novakova, Prague (sous presse).

— "The Social Organization of a funerary space : Qubbet el-Hawa from the Old to the Middle Kingdoms", in *Beyond Memphis : The Transition of the Late Old Kingdom to the First Intermediate Period*, edited by E. Lange and M. De Meyer (sous presse).

JIMÉNEZ-SERRANO, A. - FORSTNER-MÜLLER, I. : "A Late Middle Kingdom Dagger from Qubbet el-Hawa", in M. Barta et alii, *Festschrift Zahi Hawass*, Prague (sous presse).

JIMÉNEZ-SERRANO, A. - GARCÍA GONZÁLEZ, L. : "The earliest mention of the toponym Swnw (Aswan)" (forthcoming).

JIMÉNEZ-SERRANO, A. - MORALES RONDÁN, A., 2018 (eds.) : *Palace Culture and its Echoes in the Provinces*, Leyden-Boston, Brill (sous presse).

JIMÉNEZ-SERRANO, A. - SÁNCHEZ LEÓN, J.C., 2011 : "La mision de la Universidad de Jaén en Egipto. El proyecto Qubbet el-Hawa (Asuan)", in F. Estrella (ed.), *Docta Minerva. Homenaje a la profesora Luz de Ulierte Vazquez*, Jaén, 535-546.

— 2015 : "A forgotten governor of Elephantine during the Twelfth Dynasty : Ameny", *JEA* 101, 117-130.

— 2016 : "Ipi, a new governor of Elephantine under Amenemhat II", *Cd'É* 91 (181), 5-13.

— "Co-regencies" in the First Upper Egyptian Nome during the Twelfth Dynasty", in A. Jiménez-Serrano - A. Morales Rondán (eds.), *Palace Culture and its Echoes in the Provinces*, Leyden-Boston, Brill (sous presse).

JIMÉNEZ-SERRANO, A. - VON PILGRIM, C. (eds.), 2015 : *From the Delta to the Cataract. Studies dedicated to Mohamed el-Bialy*, Leiden-Boston.

JIMÉNEZ-SERRANO, A. *et al.*, 2008 : "Proyecto Qubbet el-Hawa : La tumba n° 33. Primera campaña (2008)", *BAEDE* 18, 35-60.

— 2009 : "Proyecto Qubbet el-Hawa : Las tumbas n° 33, 34 y 34h. Segunda campaña (2009)", *BAEDE* 19, 41-75.

— 2010 : "Proyecto Qubbet el-Hawa : las tumbas n° 33, 34 y 34h. Tercera campaña (2010)", *BAEDE* 20, 65-97.

— 2012 : "Cuarta campaña (2012) de excavaciones en las tumbas 33 y 34 de la necrópolis de Qubbet el Hawa (Asuán, Egipto)", *BAEDE* 21, 107-136.

— 2013 : « Proyecto Qubbet el-Hawa : las tumbas 31 (Sarenput II), 33 y 34. Quinta campaña », *BAEDE* 22, 7-58.

— 2014 : "Proyecto Qubbet el-Hawa : las tumbas 33, 34aa y 34bb. Sexta campaña (2014)". *BAEDE* 23, 7-48.

— 2015 : "Proyecto Qubbet el-Hawa : las tumbas n° 31, 34cc y 35p. Séptima Campana (2015)", *BAEDE* 24, 7-88.

— 2016 : "Proyecto Qubbet el-Hawa : las tumbas 31, 33, 34 aa, 34 bb, 35 n, 35 p y 122. Octava campaña, 2016", *BAEDE* 25, 11-62.

— 2017 : "La novena campaña (2017) del Proyecto Qubbet el-Hawa : los trabajos arqueológicos de las tumbas QH32, QH33, QH34 aa, QH34 bb, QH122, QH35 p y QH36", *BAEDE* 26 (sous presse).

KAISER, W., 1998 : *Elephantine : The Ancient Town. Official Guidebook of the German Institute of Archaeology Cairo*, Cairo.

KAMIL, J., 1993 : *Aswan and Abu Simbel. History and Guide*, The American University in Cairo Press.

— 1996 : *Upper Egypt and Nubia. The antiquities from Amarna to Abu Simbel*, new revised edition, Cairo (first ed. 1983).

— 2007 : *Labib Habachi. The life and legacy of an Egyptologist*, The American University in Cairo Press.

KHUN, R., 2013 : "Qubbet el-Hawa – Elitebestattungen am Westufer von Assuan", *Kemet* 22, 4, 21-25.

LLOYD, A., 1992 : "The Great Inscription of Khnumhotpe at Beni Hassan", in Id. (ed.), *Studies in Pharaonic Religion and Society in Honour of J. Gwyn Griffiths*, London, 21-36.

LOCHER, J., 1999 : *Topograpphie und Geschichte der Region am Ersten Nilkatarakt in griechisch-römischer Zeit*, Sttutgart.

LÓPEZ GRANDE, M. J., 2016 : « Cerámicas halladas en la tumba QH33 de Qubbet el-Hawa. Estudio preliminar de recipientes del Tercer Período Intermedio y de los Periodos Saita y Persa », *BAEDE* 25, 113-144.

LÓPEZ GRANDE, M. J. - VALENTI COSTALES, M., 2008. "Qubbet el-Hawa (Asuán). Recipientes cerámicos con decoraciones incisas y plásticas hallados en el patio de la tumba QH 33", *BAEDE* 18, 111-135.

MÁLEK, J., 1977 : "A graffito of Year 17 of Amenemhet II at el-Hôsh", *GM* 24, 51-52.

MARTIN FLORES, A. - LOPEZ HERVAS, M.V. (eds.), 2004 : *Espanoles en el Nilo, I. Misiones arqueológicas en Egipto*, Madrid.

MARTÍN VALENTÍN, F.F., 1992-1994 : "Notas para una Historia de la Egiptología en España", *BAEDE* 4-5, 173-195.

MARTINEZ DE DIOS, J.L., 2010 : *Los hipogeos de Qubbet el-Hawa (Asuan) en la VI Dinastia. Estado evolutivo*, Unpublished MA. Thesis, Universidad de Granada, Granada.

MARTINEZ HERMOSO, J.A., 2015 : « El « canon egipcio » en la capilla funeraria de Sarenput II », *BAEDE*, 24, 183-191

— 2017 : "Arquitectura funeraria durante el Reino Medio en Qubbet el-Hawa : el complejo funerario de Sarenput II", in L. Burgos Bernal *et al.* (eds.), *Actas V Congreso*

Ibérico de Egiptología : Cuenca 9-12 de marzo 2015, Cuenca, Universidad Castilla-La Mancha, 613-627

MARTINEZ HERMOSO, J.A. *et al.*, 2015 : "Geometry and Proportions in the Funerary Chapel of Sarenput II", *Nexus Network Journal* 17, 287-309.

— 2018 : "The construction of tomb group QH31 (Sarenput II) through QH33 – Part I : The exterior of the funerary complexes", *Journal of Ancient Egyptian Architecture* 3 : 25-44.

MEDINA SÁNCHEZ, Mª CRUZ – PRADO CAMPOS, B., 2016 : "La realidad de la conservación-restauración de campo en la arqueología egipcia : el caso de Qubbet el-Hawa (Asuán, Egipto)", *Actas de las V Jornadas de Investigación del Departamento de Prehistoria y Arqueología de la Universidad Autónoma de Madrid. Jóvenes Investigadores de la Comunidad de Madrid*, Universidad Autónoma de Madrid, 89-101.

MELLADO GARCÍA, I., 2008 : in *Report of the Project "Qubbet el-Hawa : Cleaning, Documentation and Future Musealisation of Nº 33 (2008)"*, A. Jiménez-Serrano (UJA, Spain) – M. el-Bialy (CSA, Egypt) (Inédit).

MIDDLETON-JONES, H., 2013 : « The Digital 3D Virtual Reconstruction of the Monastic Church, Qubbat al-Hawa », G. Gabra – H.N. Takla, *Christianity and Monasticism in Aswan and Nubia*, Cairo-N. York, American University in Cairo Press, 221-229.

MOLINERO POLO, M.A., 2004 : "El pozo y el péndulo. La actividad egiptológica de anticuarios y arqueólogos españoles, 1868-1966", in A. Martín Flores – Mª.V. López Hervás (eds.), *Españoles en el Nilo, I. Misiones arqueológicas en Egipto*, Madrid.

MORGAN, J. DE *et al.*, 1894 : *Catalogue des Monuments et Inscriptions de l'Égypte antique. Première série. Haute Égypte. Tome Premier : de la frontière de Nubie à Kom Ombos*. Vienne.

MORENO GARCÍA, J.C., 1997 : Études sur l'administration, le pouvoir et l'idéologie en Égypte, de l'Ancien au Moyen Empire, Liège.

— 2013 : *Ancient Egyptian Administration*, Leiden-Boston.

MORENZ, L. *et al.* (eds.), 2011 : *Zwischen den Welten. Grabfunde von Ägyptens Südgrenze / Between Worlds. Finds from tombs on Egypt's Southern border*, Rahden.

MÜLLER, H. W., 1940 : *Die Felsengräber der Fürsten von Elephantine aus der Zeit des Mittleren Reiches*. Glückstadt.

OBSOMER, C., 1995 : *Sésostris Ier. Étude chronologique et historique du règne*, Bruxelles.

PARKINSON, R.B. – FRANKE, D., 2007 : "A song for Sarenput : texts from Qubbet el-Hawa tomb 36", in Z.A. Hawass – J. Richards (eds.), *The Archaeology and Art of Ancient Egypt. Essays in Honor of David B. O'Connor*, Cairo, II, 219-235.

PÉREZ DÍE, M. C. – AL-SADIIK, W. (eds.), 2009 : *120 años de arqueología española en Egipto*, Ministerio de Cultura, Madrid.

PÉREZ-GARCÍA, J. L., MOZAS-CALVACHE, A., GÓMEZ-LÓPEZ, J. M., JIMÉNEZ-SERRANO, A., 2018 : « Three dimensional modelling of large archaeological sites using images obtained from masts. Application to Qubbet el-Hawa site (Aswan, Egypt) », *Archaeological Prospection* 2018 : 1-15.

PÉREZ-GARCÍA, J. L. MOZAS-CALVACHE, A. T., BARBA-COLMENERO, V., JIMÉNEZ-SERRANO, A., 2019 : « Photogrammetric studies of inaccessible sites in archaeology : Case study of burial chambers in Qubbet el-Hawa (Aswan, Egypt), *Journal of Archaeological Science* 102 : 1-10.

PIACENTINI, P., 2006 : *Gli Archivi Egittologici dell'Università degli Studi di Milano, I. Il fondo Elmar Edel*, Milano.

PILGRIM, C. VON, 1996 : *Untersuchungen in der Stadt des Mittleren Reiches und der Zweiten Zwischenzeit*, Mainz am Rhein (Elephantine XVIII).

— 2006 : „Zur Entwicklung der Verehrungsstätten des Heqaib in Elephantine", in E. Cerny (ed.), *Timelines. Studies in honor of Manfred Bietak*, Leuven, 403-418.

PORTER, B. – MOSS, R.L., assisted by E.W. Burney, now edited by J. Málek, 2004 : *Topographical Bibliography of Ancient Egyptian Hieroglyphic Texts, Statues, Reliefs and Paintings, V : Upper Egypt, Sites (Deir Rîfa to Aswân, excluding Thebes and the temples of Abydos, Dendera, Esna, Edfu, Kôm Ombo and Philae*, Oxford (third edition).

QUIRKE, S., 1990 : *The administration of Egypt in the Late Middle Kingdom. The hieratic documents*, New Malden.

— 2004 : *Titles and Bureaux of Egypt, 1850-1700 B.C.*, London.

RANKE, H., 1935, 1952 : *Die Ägyptische Personennamen*, Glückstadt, 2 vols.

RAUE, D., 2002 : "Nubians on Elephantine Island", *Sudan and Nubia* 6, 20-24.

RAUE, D. *et al.* (eds.), 2013 : *The First Cataract on the Nile. One region – diverse perspectives*, Berlin-Boston.

RÖSING, F.W., 1990 : *Qubbet el Hawa und Elephantine. Zur Bevölkerungsgeschichte von Ägypten.* Stuttgart – New York.

— 1988 : "The negroid population component in the border city of Aswan from the Predynastic to the Late Period", in S. Schoske *et al.* (eds.), *Akten des vierten Internationalen Ägyptologen Kongresses, München, 1985*, I, Hamburg, 307-315.

— 2013 : "The people in Ancient Aswan and how they have been studied", in D. Raue (ed.), *The First Cataract on the Nile. One region – diverse perspectives*, 224-230.

RUBIO, Á. *et al.*, "Tuberculosis and brucellosis in the necropolis of Qubbet el-Hawa (Aswan, Egypt), in *Athanathos. Extraordinary World Congress on Mummy studies.* Tenerife, May 2018 (sous presse).

SÁNCHEZ-LEÓN, J.C. – JIMÉNEZ-SERRANO, A., 2015 : "Sattjeni : daughter, wife and mother of the governors of Elephantine during the end of the Twelfth Dynasty", *ZÄS* 142 (2), 154-166.

-2016 : "Keeping provincial power in the lineage during the Twelfth Dynasty : the case of Khema, Governor of Elephantine", *SAK* 45, 307-314.

SCHIAPARELLI, E., 1892 : "Una tumba egiziana inedita della VIª dinastia con iscrizioni storiche e geographiche", *Atti della Reale Accademia dei Lincei* CCLXXXIX (ser. 4, vol. X, pt. I) : 21-35.

SEIDLMAYER, S.J., 1996 : "Town and State in the Early Old Kingdom. A view from Elephantine", in J. Spencer (ed.), *Aspects of Early Egypt*, London, British Museum Press, 112-113.

— 2002 : "Nubier im ägyptischen Kontext im Alten und Mittleren Reich", in S. Leder – B. Streck (eds.), *Akkulturation und Selbstbehauptung. Beiträge des Kolloquiums am 14.12.2001*, Halle-Wittenberg, 89-113.

— 2006 : "Landschaft und Religion – die Region von Aswân",*Archäologischer Anzeiger* 1, 223-235.

— 2006 : „Zum Verständnis der „Liste von Grabbeigaben" vonQubbet el-Hawa", *GM* 208, 95-103.

— 2012 : „Die Südgrenze Agyptens am Ersten Nilkatarakt", in O. Dally *et al.* (eds.), *Politische Räume in vormodernen Gesellschaften. Gestaltung-Wahrnehmung-Funktion*, Rahden.

SEYFRIED, K.-J., 2005 : "Qubbet el Hawa. Stand und Perspektiven der Bearbeitung", in S. J. Seidlmayer, *Texte undDenkmäler des ägyptischen Alten Reiches*, Berlin, 309-334.

SMITH, S.T., 1996 : *Askut in Nubia. The economics and ideology of Egyptian imperialism in the second millennium B.C.*, London.

-2003 : *Wretched Kush. Ethnic Identities and Boundaries in Egyt's Nubian Empire*, London.

TALLET, P., 2015 : *Sésostris IIIet la fin de la XIIe dynastie*, Paris (édition augmentée et mise à jour).

TORALLAS, S., 2010 : "Cristianismo en Asuán : nuevos y viejos hallazgos epigráficos en la orilla oeste del Nilo", *CCO* 7, 297-299.

TORALLAS, S. – ZOMEÑO, A., 2011 : "De nuevo en la orilla oeste del Nilo : tercera campaña en los restos cristianos de Qubbet el-Hawa (Asuán)", *CCO* 8, 305-308.

— 2013 : "Notas sobre la ocupación cristiana de la orilla oeste de Asuán : a propósito de una campaña arqueológica española a orillas del Nilo", en L. A. García Moreno – E. Sánchez Medina (eds.), *Del Nilo al Guadalquivir, II. Estudios sobre las fuentes de la conquista islámica. Homenaje al Profesor Yves Modéran*, Real Academia de la Historia, Madrid, 393-403.

TÖRÖK, L., 2009 : *Between Two Worlds. The Frontier Region between Ancient Nubia and Egypt 3700 BC-500 AD.*, Leiden.

VALBELLE, D., 1981 : *Satis et Anoukis*, Mainz am Rhein.

VALENTI COSTALES, M., 2011 : "La detección de diferentes periodos de ocupación a través del análisis del material cerámico hallado en el patio de la tumba 33 en la necrópolis de Qubbet el-Hawa (Asuán, Egipto), *Estrat Crític. Revista d'Arqueologia* 5, 2, 340-350.

— 2012a : "La evolución histórica en el patio de la tumba QH33 mostrada a través del material cerámico", en L.M. De Araujo – J. Das Candeias Sales (eds.), *Novos Trabalhos de Egiptologia Ibérica : IV Congresso Ibérico de Egiptologia*, Lisboa, II, 1197-1212.

— 2012b : "Diferentes periodos cronológicos detectados a partir del material cerámico hallado en la tumba n° 34 de Qubbet el-Hawa (Asuán)", in A. Agud *et al.* (eds.), *Séptimo Centenario de los Estudios Orientales en Salamanca*, Universidad de Salamanca, 71-78.

— 2013a : "El material cerámico hallado e el patio de la tumba n° 33 en la necrópolis de Qubbet el-Hawa (Asuan)" in L. Giron *et al.* (coords.), *Actas del Congreso Internacional sobre Estudios Cerámicos. Homenaje a la Dra. M. Vegas*, Universidad de Cádiz, 1142-1171.

— 2013b : "Estudio preliminar del material cerámico copto hallado en la tumba 33 de la necrópolis de Qubbet el-Hawa (Asuán)", in S. Carro et al (eds.), *Mediterráneos. An Interdisciplinary Approach to the Cultures of the Mediterranean Sea*, Cambridge Scholar Publishing, 525 ss.

VIELER, G., 2011 : "Die Qubbet el Hawa bei Assuan : Entdeckung und Architektur einer elitären Nekropole an Ägyptens Südgrenze / The Qubbet el-Hawa near Assuan. Discovery and architecture of an élite necropolis on Egypt's southern border", in L. D. Morenz *et al.* (eds.), *Zwischen den Welten. Grabfunde von Ägyptens Südgrenze / Between Worlds. Finds from tombs on Egypt's southern border*, Rahden, 97-121.

VISCHAK, D., 2006 : "Agency in Old Kingdom elite tomb programs : traditions, locations, and variable meanings", in M. Fitzenreiter – M. Herb (eds.), *Dekorierte Grabanlagen im Alten Reich Methodik und Interpretation*, London, 255-276.

—2007, "Identity in/of Elephantine : Old Kingdom Tombs at Qubbet el-Hawa", in Z. Hawass – J. Richards (eds.) *The Archaeology and Art of Ancient Egypt. Essays in Honor of David B. O'Connor*, Cairo, II, 443-457.

— 2015 : *Community and Identity in Ancient Egypt. The Old Kingdom Cemetery at Qubbet el-Hawa*, New York, Cambridge University Press.

VIVANT DENON, D., 1802 : *Voyage dans la Basse et la Haute-Égypte, pendant les campagnes du Général Bonaparte,* Paris.

WEINGARTEN, J., 2017 : "A Leading Lady in Elephantine on the Nile. Meet Lady Sattjeni, daughter of Governor Sarenput II", *Nile Magazine*, 10, 45-53.

WILLEMS, H. A., 1983-1984 : "The Nomarchs of the Hare Nome and Early Middle Kingdom History", *JEOL* 28, 80-102.

— 1988 : *Chest of Life. A Study of the Typology and Conceptual Development of Middle Kingdom Standard Class Coffins*, Leiden.

-1996, *The Coffin of Heqata (Cairo JdE 36418). A Case Study of Egyptian Funerary Culture of the Early Middle Kingdom*, Leiden.

— 2007 : *Dayr al-Barsha, vol. I. The rock tombs of Djehutinakht (No. 17K74/1), Khnumnakht (No. 17K74/2) and Iha (No. 17K74/3). With an Essay on the History and Nature of Nomarchal Rule in the Early Middle Kingdom*, Leuven.

— 2008 : *Les textes des sarcophages et la démocratie. Éléments d'une histoire culturelle du Moyen Empire égyptien*, Paris.

— 2013 : "Nomarchs and Local Potentates", in J.C. Moreno García (ed.), *Ancient Egyptian Administration*, Leiden, 341-392.

— 2014 : *Historical and archaeological aspects of Egyptian funerary culture. Religious ideas and ritual practice in Middle Kingdom elite cemeteries*, Leiden-Boston.

ZAKI, G., 2009 : *Le premier nome de Haute-Égypte du IIIe siècle avant J.-C. au VIIe siècle après J.-C., d'après les sources hiéroglyphiques des temples ptolémaïques et romains*, Turnhout.

ZIBELIUS-CHEN, K., 1988 : *Die ägyptische Expansion nach Nubien. Eine Darlegung der Grundfaktoren*, Wiesbaden.

www.ingramcontent.com/pod-product-compliance
Lightning Source LLC
Chambersburg PA
CBHW061010030426
42334CB00033B/3431